Thilo Thielke

Philippinen

Seit 1993 hält sich *Spiegel*-Reporter Thielke immer wieder auf den Philippinen auf. Seine Reisen führen ihn von der Metropole Manila über die Inselgruppen Luzon im Norden, die Visayas in der Mitte und Mindanao im Süden. Er trifft die exzentrische Imelda Marcos und ihren Sohn, den erfolgreichen Politiker Bongbong, verbringt einige Tage mit dem Boxchampion Manny Pacquiao. Er erzählt vom Überlebenskampf der Müllmenschen von Pier 18, von Reisforschern und Moslemrebellen, von Umweltschützern und Friedenskämpfern.

Thielke versteht es, die wechselvolle Geschichte der Filipinos lebendig zu machen. Seine Berichte über aktuelle Politik, Wirtschaft, Kultur und Gesellschaft sind präzise; seine Beobachtungen über den Alltag wecken Sympathie für die Lebensweise der Filipinos. Er kommt den Menschen nahe: den kleinen Leuten auf der Straße genauso wie den Großen in Politik, Wirtschaft und Sport.

Man folgt ihm gern auf seinen Routen durch das Land und beginnt zu begreifen, warum die Philippinen den Reporter begeistern.

Thilo Thielke, Jahrgang 1968, ist seit 2008 Südostasien-Korrespondent des *Spiegel* mit Sitz in Bangkok. Von 2003 bis 2008 war er Korrespondent in Nairobi, davor Redakteur beim *Spiegel* und bei *Spiegel TV* in Hamburg. Zahlreiche Buchveröffentlichungen, darunter *Traumfußball. Reportagen aus Afrika*. Bei Brandes & Apsel: *Kenia. Reportagen aus dem Inneren eines zerrissenen Landes*.

Thilo Thielke

Philippinen

Unterwegs
im Land der 7000 Inseln

Brandes & Apsel

Sie finden unser Gesamtverzeichnis mit aktuellen Informationen
im Internet unter: www.brandes-apsel-verlag.de
Wenn Sie unser Gesamtverzeichnis in gedruckter Form wünschen,
senden Sie uns eine E-Mail an: info@brandes-apsel.de
oder eine Postkarte an:
Brandes & Apsel Verlag, Scheidswaldstr. 22,
60385 Frankfurt a. M., Germany

1. Auflage 2011

Lektorat: Cornelia Wilß, Frankfurt a. M.
Umschlag: Angelika Fritsch, Kommunikationsdesign, Frankfurt a. M.
DTP: Franziska Gumprecht, Brandes & Apsel Verlag Frankfurt a. M.
Infografiken: U2, S. 71, S. 78, Stefanie Weber/Infotext, Berlin
Druck: STEGA TISAK d.o.o., Printed in Croatia
Gedruckt auf säurefreiem, alterungsbeständigem und chlorfrei
gebleichtem Papier.

Bibliografische Information der Deutschen Nationalbibliothek:
Die Deutsche Nationalbibliothek verzeichnet diese Publikation in der
Deutschen Nationalbibliografie; detaillierte bibliografische
Daten sind im Internet über www.dnb.de abrufbar

ISBN 978-3-86099-711-6

Inhalt

III Anhang

Vorwort

1992 besuchte ich die Philippinen zum ersten Mal. Der *Mount Mayon*, einer der schönsten, aber auch gefährlichsten Vulkane der Erde war kurz zuvor ausgebrochen, und mein damaliger Chefredakteur Stefan Aust schickte mich gemeinsam mit einem Kamerateam los, um die Reaktionen vor Ort einzufangen. Obwohl wir schreckliche Dinge zu Gesicht bekamen, hat mich die Inselwelt damals verzaubert. Genauer: diese Mischung aus der Naturgewalt des Mayons, einer affektierten Diva in Gestalt der Imelda Marcos, die zwischen den Ruinen herumirrte, und der Tapferkeit und Freundlichkeit seiner Bewohner, die eine nur selten sonstwo anzutreffende Überlebenskunst entwickeln, zugleich aber eine gewisse Leichtigkeit nicht verlieren.

Manchmal trügt der erste Eindruck, bei mir hat er sich eher verstärkt. Seit einigen Jahren bin ich jetzt als Südostasienkorrespondent des *Spiegel* tätig. Obwohl ich in Bangkok lebe, gehören die Philippinen zu den Ländern, die ich am meisten bereist habe. Und nie habe ich eine Reise bereut. Ob in den Rebellencamps von Mindanao oder den Waffenschmieden von Danao, ob bei den Flagellanten in Cutod oder den Bayern-München-Fans auf Boracay – die Philippinen sind für mich immer schillernd bunt, aufregend, auch schaurig-schön, aber nie grau und nie langweilig. Und so soll es bleiben. Schrieb nicht schon der deutsche Ethnologe Fedor Jagor in seinem 1873 erschienenen Klassiker *Reisen in den Philippinen*:

> In diesen abgelegenen, von der Natur so reich ausgestatteten Inseln, wo der Druck von oben, der innere Trieb und jede äussere Anregung fehlte, hat sich das behagliche Leben bei geringen Bedürfnissen in voller Breite entfalten können. Von allen Ländern der Welt mögen die Philippinen wohl den Anforderungen an ein Schlaraffenland am meisten entsprechen.

Jagor überschrieb diese Bemerkungen übrigens mit „Die Bequemlichkeit des Lebens", und man merkt seinen Beobachtungen eine gewisse Sympathie durchaus an. Überall entdeckt er Menschen, deren „Dienst hauptsächlich in Nichtsthun besteht", und der Preuße muss etwas neidisch notieren:

> Die Luft ist so gleichmässig warm, dass man mit Ausnahme eines Sonnenhutes und leichter Schuhe alle Kleider entbehren könnte. Übernachtet man im Freien, so ist aus Palmen- oder Farnwedeln in kürzester Zeit eine Hütte gebaut.

Bleiben die Philippinen also für ewig gefangen – zum Müßigang und Stillstand geradezu verdammt? Verurteilt, der Welt als tropisch-pittoreskes Gemälde aus Slums, Gewalt und katholischer Frömmelei zu dienen? Die Philippinen haben immer wieder hervorragende europäische Autoren inspiriert, unter ihnen Bodo Kirchhoff, Alex Garland oder James Hamilton-Petersen. Ihnen sind wunderbare Werke gelungen, und doch bedienen sie sich fast immer der gleichen Kulisse:

> Die Aura, mit der sich Manila umgab, hatte etwas leichenhaft Schimmerndes im baudelaireschen Sinne: existentiell exotisch, moralisch exotisch, die Beine durch den Druck der eigenen Verwesung hoch in die Luft gereckt, »comme une femme lubrique«. (*Hamilton-Paterson*)
>
> Auf unseren Inseln wurde seit vierhundert Jahren nichts mehr erfunden, nicht einmal Foltermethoden. Wir äffen nach oder kaufen. Doch was bringt uns das Ausland? Ein paar Devisen, viel Sperma und etwas Belehrung in Demokratie. (*Kirchhoff*).
>
> Die Hitze tropfte wie Sirup von der Sonne. (*Garland*)
>
> Das eigentliche Problem besteht darin, dass die Menschen in diesem Land täglich Kreuzigungen über sich ergehen lassen müssen, dass sie durch Armut, Korruption, schamlose Betrüger und brutale Behörden ans Kreuz geschlagen werden. (*Hamilton-Paterson).*
>
> Soldaten morden, Rebellen morden, Kinder morden. (*Kirchhoff*)
>
> Der über und über mit Scheiße bedeckte Weiße lockte seine Verfolger von den Slums in ein wohlhabenderes Viertel. (*Garland*)
>
> Unsere Sonne kann einen umbringen. (*Kirchhoff*)
>
> Normalerweise kommt das Skelett unmarkiert heraus, weiß glänzend, das solide Gerippe eines Mannes, der noch vor vier Tagen in der Stadt herumspazierte, Witze riß und Fehler beging, wie beispielsweise in einen Streifenwagen der Polizei zu geraten. (*Hamilton-Paterson*)

An der Stelle, wo sich die Blutblase gebildet hatte, waren Don Pepes Lippen rot und trocken. Seine Augen waren gebrochen, seine Finger zu Klauen verkrümmt. (*Garland*)

Eine einzige Frage beschäftigte ihn: Hatte dieser Reisende hier ein Ziel, oder war er nichts weiter als ein verirrter Tourist auf einer Insel mit Mord und Totschlag. (*Kirchhoff*)

Die reinste Komödie. Manchmal könnte man meinen, man wäre in Afrika. (*Hamilton-Paterson*)

So entsteht ein morbides Stilleben mit korrupten Bullen, wuchernden Barackensiedlungen und schwitzenden Priestern; dann und wann tauchen Nutten und Rebellen und natürlich Imelda Marcos auf, von der man bald nicht mehr weiß, ob sie noch aus Fleisch und Blut ist oder bereits ein reines Phantasieprodukt. So gut passt sie in dieses Vexierbild, das so unverkennbar lateinamerikanische Spuren aufweist. Und vielleicht hängen wir ja auch deshalb so daran, weil das Original unsere Sehnsucht nach der schwülstig-gewalttätigen Operette nicht mehr so recht zu stillen vermag, seit General Stroessner und Pinochet ausgeschieden sind, die Brasilianer in der Weltwirtschaft mitmischen, statt sich damit zu begnügen, immer nur schokobraune Kaffeepflücker oder krummbeinige Fußballgenies zu sein. Und es sich erwies, dass die Sandinisten aus Nicaragua zu Salonkommunisten verkommen und nicht nur glutäugige Guerilleros waren.

In Chile dämmert heute Margot Honecker etwas bieder ihrem Ende entgegen. Nur auf den Philippinen wird die uralte, betörende Seifenoper immer weitergespielt. Da kandidiert die gierige und einst so schöne Hauptdarstellerin Imelda, nachdem man sie weiland mitsamt Mann und Klan nach Hawaii gejagt hatte, wieder für politische Ämter, während ihre gigantische Schuhsammlung mittlerweile im Museum gelandet ist. Die Leiche ihres verblichenen Gatten hingegen wartet seit mehr als zwanzig Jahren tiefgekühlt darauf, auf dem Heldenfriedhof beigesetzt zu werden. Waffenstarrende Moslem-Rebellen entführen in der Zwischenzeit eine Lehrerfamilien aus Göttingen, verschleppen sie auf eine Südseeinsel und führen sie der Weltöffentlichkeit vor, während die Privatarmee einer größenwahnsinnigen Großgrundbesitzerfamilie wahllos Journalisten erschießt. Kommunistische Rebellen beäugen das sonderbare Treiben von ihren Stützpunkten in den Bergen. Sie warten immer noch auf die Weltrevolution. Aber da gibt es ja noch Manny

Pacquiao, den erfolgreichsten Boxer der Welt, der uns überall im Land zehntausendfach von Reklametafeln entgegenlächelt; der kommt aus ärmlichen Verhältnissen, stammt selbst aus der Unruheprovinz und soll jetzt schlichten. Wird ihm das Kunststück gelingen? Vielleicht tut er sich ja mit *Noynoy* zusammen, der ist Spross einer großbürgerlichen Familie spanischer Abstammung und will die Mission seines Vaters vollenden, der von den Handlangern eben jenes Marcos', dessen Leichnam noch irgendwo herumliegt, damals erschossen worden sein soll. *Noynoy* ist jetzt Präsident. Doch er hat keine leichte Aufgabe, denn einflussreiche Familien und korrupte Richter stehen womöglich gegen ihn. Kann ihm in dieser schwierigen Lage wenigstens die Kirche Trost spenden? Schwer zu sagen, denn viele Priester sind damit beschäftigt, Dämonen zu jagen und Vulkane zu beschwören, während ihre Schäfchen sich selbst auspeitschen und blutspritzend durch die Stadt San Fernando ziehen, um sich dort ans Kreuz nageln zu lassen. Sie wollen damit die Leiden ihres Heilands nachempfinden. Das verurteilt mittlerweile selbst die katholische Kirche, aber es ist allemal besser, als die eigenen vier Wände in eine Waffenschmiede zu verwandeln und dort Bleispritzen für die chinesischen Triaden oder die japanische Yakuza zu basteln. Das machen nämlich die Menschen auf der Magellan-Insel Cebu, wo sich mittlerweile ganze Dörfer vom Waffenhandel ernähren.

Ich gebe zu, dass mich diese schrille und reichlich extravagante Tropenwelt immer schon angezogen hat. Die Philippinen haben definitiv eine Tendenz zum Irrsinn. Das macht sie liebenswert. Die meisten Menschen mögen mit Südostasien orangegewandete Mönche verbinden, folkloristische Bergdörfler bewundern oder strebsame Biotechniker, die wahnsinnig intelligent sind, mit vier Jahren schon rechnen konnten und uns bald alle arbeitslos machen. Mir ist das egal, ich mag die Philippinen.

Ich danke Charmaine für ihre Recherchen und ihre Dienste als unermüdliche Reiseleiterin und Bianca, Arthur und Sophie dafür, dass sie da sind.

Bangkok im August 2011

Die Philippinen – eine Standortbestimmung

Über dreihundert Jahre verbrachten wir im spanischen Konventsmief, fünfzig Jahre lang lebten wir unter dem Joch Hollywoods, drei Jahre lang duckten wir uns unter japanischen Bajonetten und über zehn Jahre verbringen wir im Gefängnis von Marcos. Unser Dilemma: Wir sind Kinder zu vieler Mütter.
Francisco Sionil José

Am Nachmittag des 11. März 2011 betritt ein unscheinbarer Herr das Podium eines Hörsaals in Singapur. Er trägt einen schwarzen Anzug, ein weißes Hemd und eine gelbe Krawatte. Sein Kopf wirkt etwas überproportioniert, seine Lippen sind kräftig, er hat Überbiss. Das Haar ist hingegen schon ziemlich schütter. Der Mann ist Ökonom. Wenn er spricht, wirkt er etwas hölzern, nicht besonders staatsmännisch. Daran ändert auch sein Dauerlächeln wenig. Er könnte die Filiale eines Edeka-Marktes leiten oder dem Lehrer die Tasche tragen.

Es ist kaum zu glauben, dass der Mann vor gut einem Jahr die Präsidentschaftswahlen in seinem Heimatland mit satten zweiundvierzig Prozent der abgegeben Stimmen gewonnen hat und damit seine unbeliebte Vorgängerin Gloria Macapagal Arroyo beerbte – was in dieser Deutlichkeit bemerkenswert ist, wenn man berücksichtigt, dass er sich gegen acht andere Kandidaten, darunter einen ehemaligen Präsidenten, durchsetzen musste. Über 5,7 Millionen Menschen hatten ihn gewählt. Nun ist er der fünfzehnte Präsident der Philippinen, seine Exzellenz Benigno S. Aquino III, und es warten große Aufgaben auf ihn. Aquino wurde in die Politik gewissermaßen hineingeboren. Sein Vater war der Volksheld und Oppositionsführer Benigno *Ninoy* Aquino, der 1983 von den Schergen seines Widersachers Ferdinand Marcos umgebracht worden war, seine Mutter die ehemalige Präsidentin Corazon Aquino – *Cory*. Der in der Singapore Management University vor gut zweihundert ausgewählten Zuschauern spricht, bringt also eine gewisse Erblast mit in sein Amt. Ohne die Popularität seiner beiden Eltern wäre er nie gewählt worden.[1]

Von Boomtowns und Boombranchen

Die Zukunft verspricht turbulent zu werden. Nicht zu unrecht wähnt sich Aquino, den sie in seinem Heimatland nur *Noynoy* nennen, inmitten einer Welt voller Umbrüche, als Regierungschef hineingeworfen in eine Zeit, die förmlich rast. Darüber will er auch heute sprechen. Asiens Wirtschaft kämpft im Frühjahr 2011 mit den Auswirkungen der globalen Rezession, obgleich der Aufwärtstrend nicht zu übersehen ist. Im Nahen Osten proben Millionen gegen ihre autokratischen Führer den Aufstand, und während Aquino in Singapur über die Zukunft spricht, bebt in Japan die Erde, verwüstet ein Tsunami weite Teile des Nordostens, brennen die Atomkraftwerke.

»Ich komme zu einer Zeit in euer Land, in welchem sich in diesem Teil der Welt ein neuer Optimismus ausbreitet«, hebt er – noch nicht ahnend, was sich gerade in Japan ereignet – an und verweist auf die zügige Erholung Asiens von der letzten Weltwirtschaftskrise. Auch die Philippinen liegen voll im positiven Trend – obwohl meist Singapur, Vietnam oder Malaysia erwähnt werden, wenn vom Boom in Südostasien die Rede ist. Über 7,3 Prozent Wirtschaftswachstum und eine Inflationsrate von 3,8 Prozent auf den Philippinen aus dem Jahr 2010 aber können sich durchaus sehen lassen.[2] Und Aquino, der Ökonom,

---

[1] Dazu kam, dass Corazon Aquinos Tod im August 2009 landesweit tiefe Gefühle der Trauer ausgelöst hatte. Erst in dieser Phase der Rückbesinnung auf den Volksaufstand der achtziger Jahre wurde ihr Sohn von der Öffentlichkeit und Freunden nachgerade zur Kandidatur gedrängt. Zur Zeit seiner Vereidigung am 30. Juni 2010 soll er laut Meinungsforschungsinstituten das Vertrauen von achtundachtzig Prozent der Bevölkerung genossen haben. (Wilfrido V. Villacorta: *Noynoy. Triumph of a People's Campaign*, S. 4)

[2] Zum Vergleich das als Wirtschaftswunderland gefeierte Vietnam – Wirtschaftswachstum: 6,8 Prozent, Inflationsrate: 9 Prozent. Quelle: United Nations Economic and Social Commission for Asia and the Pacific (ESCAP):

will die positive Bilanz weiter ausbauen. In seinem Land wachse die Zuversicht, seit seine Regierung »aggressiv Programme fördert, die private Investitionen unterstützen, die Massenarmut mindern und die Korruption bekämpfen«, behauptet er. Natürlich sind das Politikerfloskeln, aber dennoch scheinen die Prognosen günstig, herrscht auf den Philippinen ein Optimismus wie seit langem nicht mehr.

Vom Aufschwung profitiert auch eine Frau wie Christine Corral. Wenn sich ihre Freunde für die Party zurecht machen, ins Kino gehen oder es sich mit einem San Miguel auf der Wohnzimmercouch gemütlich machen, um eine der unzähligen Seifenopern zu schauen, besteigt Christine einen der buntbemalten *Jeepney*-Minibusse und fährt in die Nacht. Sie passiert Manilas glitzernde Hafenpromenade mit den illuminierten Außenfassaden der Nachtclubs und Cabarets, kommt durch die Elendsviertel mit ihren klebstoffschnüffelnden Straßenkindern und erreicht schließlich Makati, das Geschäftsviertel mit den Fassaden aus Glas, Beton und Marmor. In einem der Bürotürme verschwindet sie schließlich und beginnt ihren Arbeitstag.

Christines Schicht fängt abends um neun Uhr an, und sie endet morgens um sechs. In der Zwischenzeit taucht sie in eine andere Welt ein, in eine Welt, in der die Uhren sprichwörtlich anders gehen. Dann hängen sie und ihre Kollegen am Telefon und erklären Menschen in Los Angeles oder New York, wie der Staubsauger funktioniert, buchen reiselustigen Teutonen und Schweden den nächsten Strandurlaub oder hören sich das Gemecker unzufriedener Australier an, die behaupten, dass ihr neuer Grill nicht funktioniert. Christine Corral, 29, arbeitet in einem *Call Center* – in einem Bürohaus mit endlosen Gängen, in denen sich Schreibtisch an Schreibtisch reiht, das Neonlicht nie erlischt, junge Leute Kopfhörer tragen und Mikros vor dem Mund haben und durcheinander französisch, italienisch und, natürlich, englisch sprechen. »Hier wird sieben Tage die Woche vierundzwanzig Stunden lang gearbeitet«, sagt die junge Frau mit leichtem amerikanischen Akzent, »es ist ein ständiges Kommen und Gehen.« Nachts sind die Amerikaner und Europäer dran; wer Australien oder Neuseeland betreut, hat es leichter. Wegen des geringeren Zeitunterschieds wird diese Region von der Tagesschicht abgedeckt.

Kaum ein Markt boomt derzeit auf den Philippinen wie das Geschäft

---

Economic and Social Survey of Asia and the Pacific 2011.

mit den Call-Centern. 2010 wurden 5,7 Milliarden Dollar umgesetzt – und damit rund zweihunderttausend mehr als im Land des bisherigen Marktführers Indien. Schon eine halbe Millionen Filipinos sind bei einem der Telefondienstleister beschäftigt, 2004 waren es gerade einmal zweitausend Menschen. Einundzwanzig Prozent beträgt die Wachstumsrate in der Outsourcing-Branche. Christine Corral ärgert sich derweil mit einem renitenten Amerikaner herum. Es geht um Stromrechnungen. »Wo kommen sie eigentlich her«, blafft der Mann am anderen der Leitung. Corral bleibt höflich. »Siebzig Prozent der Kunden fragen nach, mit wem sie sprechen«, sagt sie. Christine hat vor schon vor sieben Jahren als Call-Center-Agentin angefangen und sämtliche Abteilungen durchlaufen.

»Die Amerikaner reagieren leicht unfreundlich, wenn sie hören, dass sie mit jemandem auf den Philippinen verbunden sind – dann müssen wir deeskalieren«, hat sie festgestellt, »die Neuseeländer hingegen sind in der Regel angenehm.« Am schlimmsten aber seien die Chinesen, eine Weile hat sie in Singapur in einem Call Center gearbeitet – »es war ein Horror«. Besonders unbeliebt ist auch die Arbeit in der Buchführung. Corral: »Wenn es um sein Geld geht, versteht der Kunde wenig Spaß.«

»Die Auswirkungen des Booms sind immens: Allein durch die Call Center nimmt der Staat rund sechs Milliarden Dollar jährlich an Steuern ein«, sagt Bong Borja, Präsident der philippinischen Dependance von *Aegis People Support*, einem indischen Call-Center-Giganten: »Die Wertschöpfung in diesem Sektor liegt bei sagenhaften einhundert Prozent – das Geld, das wir einnehmen, bleibt im Land.« Zudem profitierten andere Wirtschaftszweige. In Gegenden, in denen viele Nachtarbeiter unterwegs seien, sind die Filialen von *McDonald's* und *Starbucks* wie selbstverständlich rund um die Uhr geöffnet, Taxifahrer reißen sich plötzlich um die Nachtschichten. An Tankstellen kann man morgens um sechs Uhr junge Leute beim Feierabendbier beobachten. Bong Borja ist erst seit ein paar Jahren im Geschäft, aber schon Chef von dreizehntausend Angestellten. Die meisten kommen direkt von der Schule und sprechen hervorragend englisch. Mehr als vierzig Jahre lang waren die Philippinen amerikanische Kolonie. Mit seinen über neunzig Millionen Einwohnern gilt das Land als drittgrößte englischsprachige Nation der Erde. Borja: »Natürlich ist das unser großer Vorteil – dennoch versuchen wir am Telefon einen amerikanischen Akzent zu vermeiden, ideal ist ein verständliches, neutrales Englisch.«

Um das zu erreichen, sind bei *Aegis* Sprachkurse und Prüfungen Pflicht. Daneben gibt es Kurse, in denen in die Kultur des Kunden eingewiesen wird, und technisches Training. Bisweilen kommen Ausbilder von den Firmen selbst, bisweilen werden die philippinischen Trainer zu den Kunden geschickt. So eine Ausbildung kann sich über Wochen hinziehen. Christine Corral hat es geschafft. Sie gähnt. Die Nacht ist um, Manila erwacht zum Leben, und das Vogelgezwitscher mischt sich mit dem Lärm hupender Autos. »Friedhofsschicht« nennen die Filipinos die Nachtarbeit in den Call Centern. Christine will sich in nächster Zeit deshalb mehr den Australiern und Neuseeländern widmen. »Ein paar Jahre lang kann man die Nacht zum Tage machen«, sagt sie. Aber dann sehnt man sich wieder nach der Normalität.

»Die mittelfristigen Aussichten sind gut«, meint auch Oliver Höflinger von der Wirtschaftsförderungsgesellschaft *Germany Trade and Invest* in seinem Bericht »Wirtschaftstrend Philippinen 2010/2011«, »während der Krise hat sich der private Konsum als robust erwiesen und wird weiterhin die größte Stütze der wirtschaftlichen Entwicklung bleiben.« Die Philippinen seien »auf ihren Wachstumspfad zurückgekehrt«, und »alle Konjunkturindikatoren« deuteten darauf hin, dass sich der Aufschwung fortsetzen werde. Natürlich profitieren die Philippinen auch von der Dynamik in der Nachbarschaft. China ist der große Motor der Region; seit Jahren schon. »Am Ende dieses stürmischen Aufholprozesses der asiatischen Mächte wird eine völlig andere Welt entstehen«, prognostiziert der Wirtschaftsjournalist Wolfgang Hirn (*Angriff aus Asien*).

Das lässt sich gut an. Zumal dem neuen Präsidenten als Sohn der beiden einstigen Ikonen *Ninoy* und *Cory* ein Vertrauensvorschuss entgegengebracht wird, den auch seine Mutter während ihrer Amtszeit nicht komplett aufzubrauchen imstande war. Kühn wähnt sich *Noynoy* bereits in der Tradition seiner Eltern, die Mitte der achtziger Jahre die *People Power*-Bewegung anführten und damit zum Sturz des Diktators Ferdinand Marcos und seiner Gattin Imelda beitrugen. Aquino Junior in Singapur: »Vor fünfundzwanzig Jahren haben wir Panzer gestoppt; im vergangenen Jahr haben wir eine vielgerühmte politische Maschine überwunden.« Es sei der Geist von *People Power* gewesen, der mit ihm eine »Oppositionsfigur in die Präsidentschaft katapultiert habe, die anfangs gar nicht kandidieren wollte«. Dann versucht er noch mehr oder weniger elegant, den Bogen zum Nahen Osten zu schlagen. »Von

Marcos bis Mubarak« habe die Welt bestaunen können, wie »politische Titanen« allein von der Macht unbewaffneter Massen aus dem Amt gejagt wurden, jubelt Aquino, eine neue Ära habe begonnen, der Geist der Hoffnung sei zwar nicht in der Lage, Panzer aus dem Weg zu räumen, aber immerhin »Zynismus, Lähmung und Apathie«. Und mittendrin im Club der befreiten Nationen: er, Benigno Junior, und das ganze philippinische Volk – »we are on the right track«. Halleluja![3]

Dem örtlichen Vertreter der Friedrich-Naumann-Stiftung in Manila, Jules Maaten, drängt sich jedenfalls schon der Vergleich mit Barack Obama auf: »Auch er wurde mehr als Retter, als seiner Politik wegen gewählt.« Worin Maaten gleichwohl auch »Fallstricke« wittert: »In der Tat wird es unmöglich sein, seine Popularitätswerte für die gesamte Amtszeit von sechs Jahren so hoch zu halten, und seine Partei muss sich auf Rückschläge einstellen.«

Es wäre jedenfalls schön, wenn der neue Präsident mit seinem Optimismus recht behalten sollte. Bisher wurden die großen Hoffnungen der Filipinos nämlich meist enttäuscht. Mit seiner Mutter Corazon Aquino war 1986 die Ehefrau eines Freiheitskämpfers Präsidentin geworden, doch die großen Probleme des Landes soziale Ungerechtigkeit, Kriminalität und Bürgerkrieg konnte sie während ihrer Amtszeit, die 1992 endete, nicht lösen. Im Gegenteil: Sie musste sich den Vorwurf gefallen lassen, die alten Eliten wieder an die Macht gebracht zu haben. Sie habe nicht einmal ernsthaft versucht, »die skandalöse Not ihrer Untertanen zu lindern«, urteilte Peter Scholl-Latour in seinem Bestseller *Die Angst des weißen Mannes* schonungslos und fühlte sich von der zierlichen Frau gar an den »portugiesischen Diktator Salzar« erinnert. Andere Präsidenten nach ihr machten es allerdings nicht besser – weder der ehemalige General Fidel Ramos noch der ehemalige Schau-

3 Was man an dieser Stelle vielleicht tatsächlich sagen darf, »weil Philippinen missioniert bis in den letzten Winkel« und darum, glaubt man dem österreichischem Autor Wolf Haas, »eines der katholischsten Länder der Welt« (*Silentium!*, S. 107) sind. Außerdem ist der neue Präsident ja selbst ein ziemlich frommer Mann. Der Tageszeitung *The Philippine Star* (21. April 2011) zufolge glaubt er an die Osterwoche: »Solange wir genauso viel beten, wie wir hart arbeiten, solange wir unsere Nation zusammenführen, solange wir uns auf das Wohlergehen der Mehrheit mehr als auf unser eigenes konzentrieren, können uns keine Kavallerie und kein Herodes davon abhalten, die Ziele, die wir anstreben, auch zu erreichen.« Das sei die »Lehre unseres Herrn«.

spieler Joseph Estrada, dem die Autoren des *Handbuchs Philippinen*, Niklas Reese und Rainer Werning, bescheinigen, er sei ein »tropischer Robin-Hood-Verschnitt« gewesen, »unter dessen Ägide mafiotisches Gebaren verstaatlicht und der ›totale Krieg‹ gegen den muslimischen Widerstand im Süden als staatsterroristische Neuinszenierung seiner früheren Schauspielerkarriere inszeniert wurde«. Traurigerweise war *Noynoys* Vorgängerin, Gloria Macapagal Arroyo, als Präsidentin noch schlimmer und ruinierte das Land vollends. Die Rechnung für all die missglückten Experimente müssen aber die Filipinos zahlen.

Von Wohlstandsgewinnern und Wohlstandsverlierern

Singapur ist eine scheußliche und leblose Diktatur, die aus wenig mehr als aneinandergereihten Einkaufszentren zu bestehen scheint, von dem Schriftsteller Christian Kracht (*Faserland*) in der *Welt* nicht zu unrecht einmal als »Disneyland mit Todesstrafe« bezeichnet wurde und mich immer unweigerlich an jenes Horrorszenario mit Großem Bruder und Wahrheitsministerium denken lässt, das George Orwell in *1984* zeichnet. Irgendwann an diesem Tag, an dem Benigno Aquino in Singapur sprach und in Japan die Erde bebte, erreichte mich ein Anruf aus Deutschland mit der Bitte, sofort nach Tokio zu fliegen, um über die Tragödie zu berichten. Doch ich wollte die Stadt, in der selbst das Kaugummikauen verboten ist, nicht verlassen, ohne wenigstens einmal mit Ava Patricia Avila gesprochen zu haben – der Philippinen-Expertin der *S. Rajaratnam School of International Studies*, kurz *RSIS*. Dahinter verbirgt sich ein Thinktank, der sich unter anderem mit Themen wie Terrorismus, Piraterie oder Islam beschäftigt und es nach eigener Auskunft mittlerweile zu »einer führenden Forschungs- und Ausbildungseinrichtung für strategische und internationale Angelegenheiten in der Asien-Pazifik-Region« gebracht hat. Also machte ich mich auf den Weg zur Nanyang Technological University, die das Institut beherbergt.

Avila stammt selbst von den Philippinen. Sie ist Jahrgang 1981; die Marcos-Zeit kennt sie also vornehmlich aus Erzählungen. Es überrascht ein wenig, wenn sie die Geschichte des Landes Revue passieren lässt und über Ferdinand Marcos spricht. In deutschen Medien findet sich der Langzeit-Machthaber (1965 bis 1986) meist in Gesellschaft zwielichtiger Zeitgenossen wie Augusto Pinochet, Alfredo Stroessner oder

Pieter Willem Botha wieder – als ruchloser Tyrann, der sein Volk bestahl, Oppositionelle morden ließ und das Kriegsrecht verhängte. Für Ava Patricia Avila hingegen war Marcos »ein Intellektueller«, den sie eher mit Singapurs so autoritärem wie visionärem Führer Lee Kwan Yew vergleichen würde, einem Mann also, der sein Land wirtschaftlich auf Vordermann brachte und immer noch eine hohe Reputation in Südostasien genießt. »Die Zeit unter Marcos war nicht so schlecht für das Land«, meint Avila, »die Philippinen blühten wirtschaftlich auf, wir hatten dank der Vereinigten Staaten die besten Waffen zur Verfügung, und Marcos war auf einem guten Weg, seine Vision von einer wirtschaftlichen Selbständigkeit des Landes umzusetzen.« Sein Problem sei eher Imelda gewesen. Die Diktatorengattin habe irgendwann »viel zuviel Macht« bekommen und ihren Gatten dominiert. Der ganze Pomp, die Rücksichtslosigkeit, die Selbstherrlichkeit, die sich mit der Herrschaft Ferdinand Marcos' verbinden – war das also alles hauptsächlich das Teufelswerk einer durchgeknallten Provinzschönheit, der Macht und Champagner zu Kopf gestiegen sind? Es gibt nicht wenige Menschen auf den Philippinen, die das so sehen – auch Intellektuelle.

1986, als die Sippe nach Hawaii flüchtete, sei die Euphorie groß gewesen, sagt Avila, doch dann hätten alle Folgepräsidenten die Hoffnungen mehr oder weniger gründlich zerstört. Es sei ein wenig demokratischer geworden, gewiss, das Militär wurde reformiert. »Aber an der sozialen Ungerechtigkeit hat sich kaum etwas geändert«, so Avila, »noch immer befinden sich sieben der zehn ärmsten Provinzen des Landes im Süden, obwohl dort sechzig Prozent aller Agrarprodukte hergestellt werden.« Unter Arroyo sei zudem die Gewalt explodiert, es habe Massaker an Journalisten gegeben und viele sezessionistische Terrorakte, und außerdem blühe die Korruption. Avila:

> Im Land wimmelt es von Privatmilizen, die Großgrundbesitzern gehören, daneben treiben Abu-Sayaff-Terroristen ihr Unwesen, und als wäre das alles nicht schon genug, sind viele Polizisten und Militärangehörige bestechlich und bisweilen außer Kontrolle.

Es gibt also viel zu tun für den neuen Mann. Immerhin sei die Wirtschaft schon seit längerer Zeit auf einem guten Weg: »Arroyo war eine gute Ökonomin.«

Natürlich gibt es Kritiker, die auch die weithin positiv beurteilten ökonomischen Indikatoren anzweifeln. So weist der bekannte Globalisierungskritiker und Soziologie-Professor Walden Bello von der University of the Philippines at Diliman darauf hin, dass das Rekordwachstum von 2007, mit 7,3 Prozent immerhin das stärkste seit der Blütezeit in der Marcos-Ära vor einunddreißig Jahren, hauptsächlich dadurch zustande gekommen sei, weil zur gleichen Zeit die Importe um 5,4 Prozent zurückgegangen waren. Die Wirklichkeit sehe eben nicht sehr rosig aus, so der Geisteswissenschaftler, »mehr arme Menschen im Jahr 2007 als 2000, mehr Menschen ohne Arbeit, ein realer Rückgang des durchschnittlichen Familieneinkommens, das Sinken der Mittelklasse, weil mehr Menschen auf die Boote springen und andere Ufer ansteuern«. Geradezu genüsslich verweist Bello auf das vernichtende Urteil der »einflussreichen Political and Economic Risk Consultancy« aus Hongkong, die Philippinen stellten »die korrupteste Ökonomie« Asiens.

»Tatsächlich löst das Wirtschaftswachstum allein doch nicht unsere Probleme«, gibt auch der Ökonom Benjamin Diokno, Jahrgang 1948, zu bedenken. Diokno ist Professor an der *School of Economics* der Universität der Philippinen, einst war er unter Präsident Estrada Sekretär für Haushalt und Management. Sein Campus liegt weit draußen, in Quezon City, das zum Städtekonglomerat *Metro Manila* gehört, aber der Professor ist so freundlich, mich in dem Hotel in Ermita zu besuchen, in dem ich immer absteige, wenn ich in Manila bin. So bleibt mir eine lange Fahrt durch die unerträglichen Staus der Hauptstadt erspart. Der Verkehr ist eine Plage; verglichen mit dem Stillstand, dem man in Manila ausgesetzt ist, kann man sich in Bangkok bisweilen wie im Geschwindigkeitsrausch vorkommen. »Der Ort, wo Wasserpflanzen wachsen« bedeutet Manila sinngemäß – *May Nilad* in der Hauptsprache Tagalog. Aber mit dem einstigen Tropenidyll samt den »palmblattgedeckten Bambushütten hinter Palisaden«, von denen der Ethnologe Albrecht Schaefer zu berichten weiß, hat dieser heutige Moloch, weiß Gott, wenig zu tun.

Die vergleichsweise guten Wirtschaftsdaten leugnet der Wissenschaftler natürlich nicht. Auch für das kommende Jahr werde ein kräftiges Wachstum erwartet, räumt er ein. Auch, wenn das nach der Atomkatastrophe in Japan und der dadurch ausgelösten Wirtschaftskrise und den Unruhen im ölreichen Nahen Osten natürlich nicht mehr ganz so hoch ausfallen dürfte wie ursprünglich prognostiziert. Zudem war 2010 mit dem überwältigenden Wahlsieg Aquinos ein Jahr voller Euphorie gewesen. »Das eigentliche Problem ist die ungerechte Verteilung des Wohlstands und unser Bevölkerungswachstum«, meint Diokno. Um das Pro-Kopf-Einkommen der über neunzig Millionen Filipinos zu erhöhen, wäre noch viel mehr, nämlich ein konstantes Wirtschaftswachstum von sieben bis acht Prozent, erforderlich. Diokno: »Wir sind einfach zu viele. Jedes Jahr wächst unsere Bevölkerung um 2,2 Prozent.« So geht es derzeit zwar nicht bergab, aber richtig bergauf geht es für die meisten Filipinos eben auch nicht. Kein Wunder, dass ein Großteil des Geldes, das auf den Philippinen zirkuliert, aus dem Ausland stammt: von den sogenannten *Overseas Filipino Workers*.[4] Jedes Jahr schicken diese etwa acht Millionen Auslandsfilipinos, die überall in der Welt verstreut als Hausmädchen oder Seeleute schuften, rund achtzehn Milliarden Dollar in die Heimat und tragen auf diese Weise nicht unerheblich zur Kaufkraft bei.

So richtig optimistisch ist Diokno also nicht. Die Herrschaft von Gloria Macapagal Arroyo, von den Filipinos meist nur *GMA* genannt, sei ein verlorenes Jahrzehnt gewesen. Eigentlich hätten nach Marcos alle versagt, meint er – insbesondere Corazon Aquino, »denn die hatte die historisch wohl einmalige Chance, mit dem Rückenwind der gelungenen Volkserhebung auch die unangenehmen Dinge wie Umverteilung des einseitig verteilten Wohlstands und die Landreform durchzusetzen«. Nur in den ersten anderthalb Jahre ihrer Amtszeit habe sie einiges bewirkt, aber dann sei ihr Eifer wohl eingeschlafen.

Jetzt endlich brauche »das Land eine starke Führung«. Aber ob die ausgerechnet der Aquino-Spross bieten kann? Diokno zuckt mit den Schultern. »Aquino ist unbestechlich, er ist sauber, darum mögen ihn die Menschen, aber manchmal habe ich den Eindruck, als würde er den Wald vor lauter Bäumen nicht mehr sehen. Er ist ein Mensch, der sich um alles selbst kümmern will und der vor allem alles verstehen will, aber dafür müsste er eigentlich seine Leute haben«, sagt Diokno. Viel wertvolle Zeit gehe so verloren.

Wird ausgerechnet Aquino also, der unfreiwillige Präsident, die Landreform gegen den Willen der einflussreichen Familien zustande bringen? Wird er den nun schon Jahrzehnte währenden Bürgerkrieg beenden? Wird er dafür Teile des mächtigen Militärs zügeln können?

---

4 Der Kolumnist der *Manila Times*, Geronimo L. Sy, meint gar, ein philippinischer Pass stehe »für eine zurückgebliebene Nation, deren Bürger niemals Touristen sein können, nur Arbeiter«.

Wie will man zum Beispiel die Kriminalität bekämpfen, wenn Männer wie der damalige Bürgermeister von Davao City, Rodrigo Duterte, auf dem Antikriminalitätsgipfel 2002 sagt:

> Die Absicht der Kriminellen ist es, ihren Opfern Angst einzujagen und sie zu töten. Was können wir anderes tun, als sie auch zu töten? Die Kriminellen haben kein Monopol auf das Böse.

Nicht nur Duterte denkt so. In weiten Teilen der philippinischen Gesellschaft herrscht eine alttestamentarische Auge-um-Auge-Mentalität vor, und vermeintliche Todfeinde unterscheiden sich oft nur in der Uniformfarbe. »Es hat doch manchmal den Anschein, als wolle das Militär zum Beispiel die Terroristen von der Abu Sayyaf gar nicht ernsthaft bekämpfen, weil es dann seinen Wehretat und seine Wichtigkeit verlöre«, meint Diokno:

> Die meisten Probleme in diesem Land sind eng miteinander verwoben: Militär und Privatmilizen, Bürgerkrieger und Terroristen, Großgrundbesitzer und eine korrupte politische Klasse – das kann nur eine starke Hand entflechten.

Diokno ist eher pessimistisch, ob Aquino das gelingen kann, und mit ihm ist das wohl schon ein größerer Teil seiner Landsleute. Auf dem Titel der neuen Ausgabe der Wirtschaftsmagazins *BizNews Asia*, die ich mir später am Hotelkiosk kaufe, findet sich jedenfalls ein Bild des hilflos gestikulierenden Präsidenten mit der Zeile: »Er ist der einzige Präsident des letzten Vierteljahrhunderts, dessen Zustimmungsraten nach weniger als einem Jahr im Amt gesunken sind.« Die Zufriedenheit mit seiner Arbeit liege nach Umfragen nur noch bei einundfünfzig Prozent. Aber klar: Tief fallen kann nur, wer schon mal ganz oben war. Das hat auch das Hochglanzmagazin erkannt: Immer noch sei Aquino »der beliebteste Präsident in der Geschichte«. Aber: »Er muss jetzt etwas liefern, und zwar schnell.«

Von Rebellen und Revolten

Einige Anstrengungen werden immerhin unternommen. Der Mann zum Beispiel, der den Bürgerkrieg mit den kommunistischen Rebellen beenden soll, heißt Alexander Padilla. Er arbeitet direkt dem Präsidenten zu und hat sein bescheidenes Büro in Manilas Stadtteil Ortigas, wo damals die People-Power-Revolution ihren Anfang nahm. »Wir haben nach sechs Jahren erstmals wieder formale Gespräche mit den Rebellen von der New People's Army (NPA) aufgenommen«, sagt Padilla, »und das ist ein gutes Zeichen – auch wenn es schwierige Verhandlungen werden.« Noch immer, schätzt Padilla, trieben auf den Philippinen vier- bis fünftausend bewaffnete kommunistische Rebellen ihr Unwesen. Das ist natürlich immer noch eine massive Bedrohung staatlicher Autorität, dennoch ist das Häuflein, das heute noch aktiv ist, ein Schatten jener revolutionären Armee, die noch in den achtziger Jahren sechsundzwanzigtausend Krieger gezählt haben will.

Am 29. März 1969 war diese maoistische Guerillatruppe, die sich auf Tagalog *Bagong Hukbong Bayan* nennt, als militärischer Arm der neugegründeten Kommunistischen Partei gegründet worden. Allerdings hatte es einen Vorläufer gegeben, die *Hukbalahap* – eine moskautreue Miliz, die schon gegen die japanischen Besatzer kämpfte. Dann kamen die sechziger Jahre, Maos Kulturrevolution und Moskaus Bruch mit Peking, und die Kommunisten der Philippinen schlugen sich auf die Seite des großen chinesischen Bruders. Gründer der mittlerweile sowohl von den USA als auch der Europäischen Union als terroristisch eingestuften Vereinigung ist der Schriftsteller José María Sison, der nach neunjähriger Haft 1986 von der damaligen Präsidentin Corazon Aquino begnadigt wurde und seitdem in Holland lebt.

Der von den Maoisten seinerzeit angezettelte Volkskrieg hat sich im Lauf der Jahre zu einer überaus blutigen Angelegenheit entwickelt, woran auch eine enthemmte Soldateska und unzählige reaktionäre Privatarmeen einen nicht geringen Anteil haben. Rund vierzigtausend Filipinos sollen dem Morden bislang zum Opfer gefallen sein. Bislang scheiterten alle Vermittlungsbemühungen an übertriebenen Forderungen einer der beiden Parteien oder gebrochenen Waffenstillstandsabkommen.

Möglicherweise schafft der neue Präsident ja, was seiner Mutter nicht gelang. Sein Chef-Unterhändler Padilla jedenfalls sieht durchaus positive Ansätze:

> Die NPA ist immerhin von ihrer Position abgerückt, dass Großgrundbesitzer, ohne Kompensation zu erhalten, enteignet werden müssten, um ihr Land an die Bauern zu übergeben. Jetzt stimmen sie immerhin der Möglichkeit zu, dass die Regierung Land aufkauft und es Kleinbauern zur Verfügung stellt, und das ist ein dramatischer Wandel.

Aber auch da lauern noch genug Fallstricke, so eine Landreform ist keine unkomplizierte Angelegenheit.

> Es ist doch so, dass auch schon Vorgängerregierungen versucht haben, das Land umzuverteilen. Doch was ist geschehen? Viele Kleinbauern haben das Land, das sie von der Regierung bekommen haben, sofort an die Großgrundbesitzer zurückverkauft. Was sollen wir mit solchen Fällen tun? Wir können denen doch nicht wieder Land geben, dann drehen wir uns doch immer im Kreis.

Dennoch sei eine eigenständige Abteilung, die sich nur um die Landreform kümmert, eingerichtet worden, werde mit den Eigentümern um Kaufsummen verhandelt – »natürlich werfen uns viele Kommunisten vor, wir würden zu viel zahlen«.

Trotz der Verhandlungen hätte die NPA immer noch keinen Waffenstillstand mit der Regierung unterzeichnet, würden fast täglich Polizeistationen überfallen, Autos in Brand gesetzt, Menschen ermordet und Schutzgelder eingetrieben. Aber warum ziert sich diese sogenannte Volksarmee so, die Waffen niederzulegen, solange verhandelt wird? »Ich glaube, dass sie Angst vor der Treue ihrer eigenen Leute hat«, meint Padilla, »solange offiziell Krieg herrscht, leben die Guerilleros in den Bergen, und es herrscht eiserne Disziplin. Wenn die Waffen ruhen würden und die Kämpfer in die Städte zurückkehren könnten, dann würden wahrscheinlich viele das entbehrungsreiche Leben im Widerstand aufgeben und bei ihren Familien bleiben.«

Und auch um eine andere Forderung der Rebellen gibt es Streit: Sie haben der Regierung eine Liste mit den Namen von dreihundertfünfzig angeblich politischen Gefangenen präsentiert und deren Freilassung gefordert – doch fünfundneunzig von denen gehören zur islamistischen *Abu Sayyaf*, die sich durch die Entführung und Enthauptung von Ungläubigen hervortut. Und die in die Freiheit zu entlassen, tut sich die Regierung natürlich schwer. Dabei haben die Kommunisten mit den Islamisten eigentlich wenig zu tun. »Sie wollen durch ihre seltsame Forderung lediglich den Anspruch unterstreichen, das ganze Volk zu repräsentieren, einschließlich der Islamisten«, meint Padilla, »dabei sind ihre Tage gezählt. Aus dem Ausland bekommen sie kaum mehr Unterstützung, und mit Nordkorea will selbst unsere Neue Volksarmee nichts zu tun haben.« Außerdem sei der Kommunismus bei den jungen Leuten nicht mehr besonders modern. »Die Philippinen sollten näher an die USA rücken«, gibt uns Padilla zum Abschied mit auf den Weg, »die eigentliche Gefahr der kleineren Länder in der Region ist das Erstarken von China, das massiv militärisch aufrüstet. Vor China müssen wir uns in acht nehmen.«

Frustriert bereiste der Anwalt und *Human-Rights-Watch*-Aktivist James Ross, der die Menschenrechtslage auf den Philippinen seit Mitte der achtziger Jahre beobachtet, das Land. »Ich habe zuviel gesehen, das sich nicht geändert hat«, klagt er in seinem Bericht *People Power und die Philippinen fünfundzwanzig Jahre danach*:

> Sogenannte Privatarmeen der herrschenden Familien begehen immer noch Verbrechen und genießen Straflosigkeit ... und Tötungen durch die Sicherheitskräfte und deren Agenten halten an.

Klar sei, dass Aquino mehr zu tun habe, »als Staatsstreiche zu verhindern und die Korruption zu bekämpfen«.

»Was läuft nur falsch in diesem Land?« fragt sich angesichts des hinreichend bekannten Dilemmas auch der Kolumnist der *Manila Times*, Geronimo L. Sy – seit Jahren würden Richter und Journalisten auf offener Straße ermordet: »Ich fühle mich schlecht; ich bin wütend angesichts unserer Hilflosigkeit und der ständigen Lippenbekenntnisse.« Ein Killer sei in den Philippinen schon für weniger als fünftausend Pesos[5] zu haben, meint der angesehene Autor, und ein Richter oder Journalist könne aus allen möglichen Gründen ermordet werden:

> Wenn er sich weigert, zu kapitulieren, und allzeit an der Sache festhält, die er für die richtig hält, wird er ermordet. Und wenn er zu verkommen ist, wird er auch umgebracht.

Die meisten Menschen auf den Philippinen aber hätten sich längst in ihr Schicksal gefügt und warteten bloß auf den nächsten Mord. »Passiert eigentlich irgend etwas Gutes in diesem Land?« fragt Sy und kommt zu dem ernüchternden Fazit:

> Wenn Gesetzesbrecher nicht schnell belangt und verurteilt werden, wenn Drogenbarone routinemäßig Zeugen kaufen und Recht und Gesetz verspotten, ist die Botschaft laut und klar: »Verbrechen lohnt sich in diesem Land.«

Warum sich aber so wenig ändert in einem Land, dessen Probleme an und für sich kein großes Geheimnis sind, darüber hat Sy noch eine an-

---

5 Rund achtzig Euro.

dere Theorie. Vielleicht, sinniert der Autor, liege es ja auch einfach an dem auf den Inseln praktizierten *Way of Life*. An jenem karibisch anmutenden *Easy Going* also, das die Filipinos so sympathisch macht, wenn man sie mit den ehrgeizigen und strebsamen Tigerstaatennachbarn in ihren sterilen Geschäftszentren in Kuala Lumpur oder Singapur vergleicht. „So viele Gründe sind schon für die düstere Lage des Staats angeführt worden. Armut und Politik, Kultur und Kirche, Erziehung und Eliten und, natürlich, der mangelnde politische Wille", schreibt Sy, aber »der wichtigste und am wenigsten offensichtliche Grund ist eigentlich unser Verständnis von Zeit«.

Das Tempo in seinem Heimatland sei derart langsam, dass es zwar allen »ein stressfreies Leben« ermögliche und man sich treiben lassen könne »mit Ebbe und Flut« – was, selbstredend, nicht mit einem hohen Lebensstandard zu verwechseln sei. Allein die Produktivität leide darunter: »Meetings beginnen spät. Verabredungen werden gebrochen«, und »wo andere Länder sprichwörtlich mit der Zeit gehen, nehmen wir uns eine Auszeit, um die Zeit totzuschlagen«. Das erinnert schon wieder ein wenig an die Geschwindigkeit in Afrika, wo man ja auch gerne damit kokettiert, die Afrikaner hätten die Zeit und die Europäer die Uhr.

Von Korruption und Klüngel

Die Armut in dem Land ist himmelschreiend, und korrupte Beamte sind eine wahre Landplage. Die Anti-Korruptionswächter von *Transparency International* führen das Land auf einem erbärmlichen 139. Platz von einhundertachtzig Gelisteten.[6] Sie machen nachgerade eine Kultur der Korruption aus. Bestimmte »landestypische Erscheinungen wie *balato* (eine finanzielle Abgabe als Trinkgeld oder kleines Geschenk an Freunde, wenn jemand im Spiel gewonnen hat), das *Palakasan-System* (Betreiben eines Patronage-Netzwerks), *barkada* (loyale Bandenmitglieder) und *alalay* (Unterstützer oder Speichellecker)« hätten zu »Vetternwirtschaft und Klüngel, Beeinflussung und Verschleierung« geführt. Erwähnenswert finden die Transparency-Mitarbeiter darüber hinaus ein »schwaches Parteiensystem mit einem Mangel an Ideologie und einem Mangel an finanzieller Unabhängigkeit« und die Tatsache, dass

---

6 Transparency International: *Annual Report 2009*. Zum Vergleich: Platz 1 belegt Neuseeland, Platz 14 Deutschland und Platz 180 Somalia.

die philippinischen Congressmen vom Volk als »Tonggressmen« und die Senatoren als »Senatongs« verspottet würden. Ein bitterböses Wortspiel: *Tong* heißt Schmiergeld auf Tagalog.

Der Ethnologe Andreas Schaefer verweist noch auf einen weiteren Aspekt, der die Korruption begünstigt: und zwar den »ausgeprägten Familiensinn« der Filipinos. Der gebe dem »Individuum zwar Kraft und Lebensinhalt«; diesem »der Verwandtschaft verpflichteten Gruppenverhalten entspricht allerdings oft eine Ignoranz oder Rücksichtslosigkeit gegenüber Außenstehenden«. *Pakikisama* nennt sich diese Form der Anpassung und Unterordnung unter die Gruppe oder Familie, und sie ist ganz vergleichbar mit dem Verhalten vieler Afrikaner, wo oft der eigene Klan und nur der eigene Klan Schutz und Hilfe verspricht und wo deshalb der Zusammenhalt der eigenen Gruppe Ablehnung und Feindseligkeit gegenüber konkurrierenden Klans hervorbringt. »Vor diesem Hintergrund«, meint Schaefer, werde auch »verständlich, in welchem Maß Phänomene wie Korruption, Nepotismus und Begünstigung im Amt in die philippinische Gesellschaft hineinwirken«.

In Cebu lässt ein selbstherrlicher Gefängnisdirektor Hunderte von schweren Jungs in bunten Kostümen Michael Jackson-Choreographien aufführen. Und wenn in Karaokebars zu oft Frank Sinatras Gassenhauer *My Way* gespielt wird, steigt die Zahl der Morde signifikant an; zumindest weiß am 6. Februar 2010 die *New York Times* von diesem Phänomen zu berichten: »Die Behörden wissen nicht genau, wie viele Menschen in den vergangenen Jahren auf den Philippinen schon ermordet wurden, während sie My Way in Karaoke-Bars trällerten, oder wie viele tödliche Kämpfe das Lied ausgelöst hat«, schreibt Korrespondent Norimitsu Onishi, »aber die Nachrichtenmedien haben mindestens ein halbes Dutzend Opfer im letzten halben Jahr notiert und dafür die Rubrik My Way-Morde eingeführt.« Seitdem rätselten Filipinos landauf, landab darüber, ob es sich bei dieser philippinentypischen Verbrechensgattung wohl nur um ein »natürliches Nebenprodukt der Landeskultur von Gewalt, Suff und Machismo« handelt oder ob dem Lied irgendetwas Böses innewohnt. Um auf Nummer sicher zu gehen, haben einige Karaoke-Bars den Evergreen jedenfalls mittlerweile aus dem Sortiment genommen. Gegen die Kultur der Gewalt hilft das wohl wenig, über eine Millionen illegaler Schusswaffen sollen auf den Inseln im Umlauf sein.

Sind die Philippinen also ein hoffnungsloser Fall? Wohl nicht ganz.

Von religiösen Eiferern und Marktliberalen

Im philippinischen Parlament, das in Quezon City liegt, geht es wieder einmal turbulent zu. Noynoys Regierung hat ein Gesetz vorbereitet, mit dessen Hilfe das enorme Bevölkerungswachstum gebremst werden soll. Der neue Präsident will die Vergabe von Verhütungsmitteln erleichtern und Aufklärung betreiben. Das hatte mir schon Professor Diokno erklärt: Die schiere und stetig wachsende Bevölkerung stellt eines der größten Probleme des Inselstaats dar, ist eine der Hauptursachen für Armut und Nahrungsmittelmangel. Doch der begrüßenswerte Gesetzentwurf stößt auf vehementen Widerstand insbesondere der mächtigen katholischen Kirche, und auch einige Prominente wie der Box-Champion Manny Pacquiao haben sich den Quertreibern angeschlossen. Jetzt haben sich Kirchenleute und Frauenaktivisten auf den Weg zum Abgeordnetenhaus gemacht, um ihr Anliegen zu fördern und Präsenz zu zeigen.

Wer die Philippinen kennt, weiß, dass es an einem solchen Tag laut hergeht. Einige Kirchenführer haben sogar damit gedroht, den Präsidenten zu exkommunizieren. Nur Walden Bello, Jahrgang 1945, verfolgt still den theatralischen Aufruhr. Der Träger des alternativen Nobelpreises ist Mitglied des Parlaments und kritischer Begleiter wohl jeder Regierung, die in Manila ihr Glück versucht. Er trägt einen braunen Anzug, eine blaue Krawatte und eine eckige schwarze Brille. Freundlich bittet uns der zierliche Mann in die Parlamentskantine, bestellt sich ein Käseschinkensandwich und einen schwarzen Kaffe und findet tatsächlich noch einen freien Platz in einem Tagungszimmer, das zuvor von der Abgeordneten Imelda Marcos und ihrer Entourage in Beschlag genommen worden war. Das verrät zumindest ein Zettel, der noch an der Tür hängt. Bello spricht mit leiser Stimme und ist hellwach, obwohl er seit den frühen Morgenstunden schon im Parlament ist, und jetzt ist es bereits sieben Uhr abends, und die tropische Sonne ist längst untergegangen.

Im Gespräch mit Walden Bello

Herr Bello, Sie kommen gerade aus einer hitzigen Debatte im Parlament. Es geht um das Vorhaben der Regierung, die Benutzung von Verhütungsmitteln stärker zu propagieren und deren Verteilung zu fördern. Warum ist das so ein emotionales Thema hier im Land?

Es geht um ein Gesetz, mit welchem das Bevölkerungswachstum stärker kontrolliert werden soll. Aber es geht auch um die freie Wahl; um die Rechte der Frauen, selbst zu bestimmen, ob sie Kinder in die Welt setzen wollen oder nicht. Indem Verhütungsmittel zugänglich gemacht werden, soll zudem die Zahl der illegalen Abtreibungen reduziert werden. Die katholische Kirche ist gegen dieses Gesetz und behauptet, es fördere diese Abtreibungen – dabei steht in dem Gesetz überhaupt nichts, was für Abtreibungen wirbt. Die katholische Kirche versucht, Abtreibungen und Verhütung hier in einen Topf zu werfen, doch das ergibt keinen Sinn. Die meisten Menschen in diesem Land, und in überwältigendem Ausmaß die armen Menschen, unterstützen dieses Gesetz. Sie kaufen der Kirche ihr Argument nicht ab, dass die Förderung von Verhütung zur Förderung von Abtreibungen führt. Das ist der Grund, warum hier eine so hitzige Debatte stattfindet. Aber mein Gefühl, warum die Kirche sich so echauffiert und deren Führer sogar damit gedroht haben, zivilen Ungehorsam zu praktizieren, wenn das Gesetz das Parlament passiert, ist, dass die Kirche versucht, sich selbst mehr Bedeutung zu verschaffen. Die Kirche hat so oft die wahren Bedürfnisse der Menschen vernachlässigt, dass sich viele Menschen von ihr geradezu abwenden mussten. Und nun will sie sich selbst versichern: Wir sind immer noch da. Darum geht es wohl mehr, als darum, dass dieses Gesetz die Doktrin der katholischen Kirche verletzen würde. Das ist wohl der wahre Grund.

Sie müssen sich klarmachen, dass die katholische Kirche an Boden verliert – gegenüber *Born-Again*-Gruppen, charismatischen Gruppen, neuen christlichen Gruppen. Das ist jetzt eine Art traditioneller kirchlicher Selbstbehauptung, die will sagen: Ich bin auch noch hier.

Wie groß ist denn der politische Einfluss, ist die politische Macht der Kirche in diesem Land wirklich?

Ich glaube, das wird immer überschätzt. Ich glaube, die Fähigkeit der

Kirche, Politiker zu beeinflussen oder die Menschen zu beeinflussen, welche Führer sie wählen sollen, hat signifikant nachgelassen. Ich glaube, der Klerus weiß das. Wenn die Kirche anfängt, Politikern damit zu drohen, dass sie ihre Wähler verlieren würden, wenn sie nicht den Forderungen der Kirche folgen, ist das für mich nur ein Zeichen von Panik. Eigentlich heißt das, dass sie nicht mehr die Macht über die Wähler hat, die sie gerne hätte.

Sie erwähnten andere christliche Gruppen, die Zulauf haben ...

... interessant ist, dass diese protestantischen Gruppen, die jetzt aufgetaucht sind, das Gesetzesvorhaben der Regierung unterstützen. Die *Church of Christ*, eine nichtkatholische Gruppe, zum Beispiel hat fünf Millionen Anhänger und ist für das Gesetz. Die katholische Kirche ist praktisch die einzige große Vereinigung, die gegen das Gesetz ist. Sie verliert wirklich an Boden.

Heißt das denn, dass die Menschen im Land weniger religiös werden? Oder wechseln sie einfach die Kirche?

Ich würde sagen: Die Menschen werden weltlicher. Sie fangen an zu begreifen, dass Religion eher eine private Angelegenheit ist und die Kirche sich nicht in die Politik einmischen sollte. Auf gewisse Weise fördert der wachsende kirchliche Pluralismus in diesem Land auch die Verweltlichung. Wenn die Kirche nach Spanien oder Italien blickt, dann sieht sie sehr säkulare Gesellschaften, in denen ihr Einfluss limitiert ist, und dann sieht sie auch die Zukunft der Philippinen – aber sie will partout nicht, dass die Philippinen wie Spanien oder Italien werden. Das ist ihr Dilemma.

Kommen wir auf die steigenden Lebensmittelpreise zu sprechen. Was ist der Grund für diese Krise? Es scheint, als hätten wir jetzt alle zwei, drei Jahre diese extremen Schwankungen.

Dafür ist eine ganze Anzahl an Faktoren verantwortlich. Eine Rolle spielt ganz sicher die große Menge an Mais, der in den Vereinigten Staaten von Amerika produziert und in Biotreibstoff umgewandelt wird. Das ist, denke ich, mittlerweile auch weitgehend anerkannt als ein signifikanter Grund für den Anstieg der Lebensmittelpreise. Ein anderer Grund ist Spekulation. Gerade in letzter Zeit hat die Spekulation mit Nahrungsmitteln zugenommen. Es wird mit zukünftigen Lebensmittelbeständen spekuliert, und dadurch steigen die Preise der Lebensmittel. Spekulation ist ein Hauptfaktor für den Anstieg der Preise. Dazu kommt drittens die globale Erderwärmung. Der Klimawandel trifft besonders die Bauern. Die Umweltkatastrophen nehmen zu. Hier auf den Philippinen kann man das beobachten. Die Taifune werden immer heftiger. Das Wetter ist weniger vorhersehbar. Die Landwirtschaft muss sich ständig den sich verändernden Bedingungen anpassen. Die Produktionskapazitäten vieler Entwicklungsländer, die sich vor einiger Zeit noch selbst versorgen konnten, sind zudem eingebrochen. Viele Nahrungsmittelexporteure sind Nahrungsmittelimporteure geworden. Das kam hauptsächlich durch die Liberalisierung des Handels mit landwirtschaftlichen Produkten. Dafür ist die World Trade Organization verantwortlich, die diese Liberalisierung mit Anpassungsprogrammen durchgeboxt hat. Wenn man sich die Philippinen oder Mexiko oder eine Reihe ähnlicher Länder anschaut, dann sieht man, dass diese Länder vor einiger Zeit noch Nahrungsmittelexporteure waren. Besonders verheerend haben sich hier Strukturanpassungsprogramme ausgewirkt. Die Liberalisierung des Handels hat viele Farmer in den Ruin getrieben, und die Welthandelsorganisation hat diese Agrarliberalisierung in den neunziger Jahren massiv vorangetrieben und damit die Produktionskapazitäten vieler Länder einbrechen lassen. Das sind einige der wichtigsten Gründe. Da kommen einfach viele Dingen zusammen.

Können Sie ein Beispiel dafür nennen, wie diese Liberalisierung die Produktion zerstört hat?

Die Philippinen zum Beispiel waren bis Mitte der neunziger Jahre ein Netto-Lebensmittelexporteur. Die meisten Lebensmittel, die im Lande benötigt wurden, wurden hier auch hergestellt. Dann passierte folgendes: Die *Weltbank* und der *Internationale Währungsfonds* kamen in den achtziger Jahren mit ihren Strukturanpassungsprogrammen an. Das waren die gleichen Liberalisierungsprogramme, die wir auch woanders gesehen haben. Auf einen Schlag wurden die Regierungsausgaben für die Landwirtschaft drastisch gesenkt. Zur Zeit von Marcos – gegen den man alles mögliche sagen kann, aber nicht, dass er die Bauern vernachlässigt hätte – bekam die Landwirtschaft sieben bis neun Prozent des

Haushalts. Bei den Folgeregierungen waren es nur noch drei bis vier Prozent des Regierungsbudgets. Plötzlich wurde die Infrastruktur vernachlässigt, es fehlte der Landwirtschaft an Unterstützung, die zuvor von der Regierung gekommen war. Dadurch kollabierte die Produktionskapazität der Farmer. Das hat sich in Lateinamerika wiederholt und auch in Afrika. Diese Strukturanpassungsmaßnahmen haben zu einem Einschnitt bei den Regierungsausgaben für die Landwirtschaft geführt. Und dann kam 1995 die *World Trade Organization* und zwang uns, die Quoten zu eliminieren. Als die Philippinen 1995 der WTO beitraten, war das für das Land ähnlich dramatisch wie für Mexiko die Unterzeichnung des Nafta-Abkommens. Die Philippinen verpflichteten sich, die Quotierung bestimmter landwirtschaftlicher Importe abzuschaffen und bestimmte Importe zu vergünstigten Zöllen zuzulassen. Die massiven Importe führten in der Folge zu einem Zusammenbruch der Preise; sie entmutigten die Farmer. Zügig fiel die Reisproduktion der Philippinen zurück. Aber auch die Maisproduktion Mindanaos war betroffen, praktisch alle Sektoren landwirtschaftlicher Produktion. Die enormen Importe haben viele unserer Farmer ihren Job gekostet. Unser Problem ist also die hochsubventionierte Landwirtschaft in den Vereinigten Staaten und Europa. Sie hat unsere Farmer aus dem Geschäft gedrängt, denn philippinische Farmer bekommen keine oder nur sehr geringe Subventionen. Dafür ist die Welthandelsorganisation verantwortlich. Sie hat dafür gesorgt, dass subventionierte Lebensmittel aus Europa und den Vereinigten Staaten in Länder gelangten, die ihre Landwirtschaft nicht subventionierten. Das ist die Tragödie der Liberalisierung. Das hat nichts mit freiem Handel zu tun, das hat zu tun mit dem Druck subventionierter und überschüssiger Lebensmittel aus nördlichen Ökonomien in südliche Ökonomien wie die Philippinen, die einmal Selbstversorger waren. Das war eigentlich ein Kampf der USA und Europas um die Märkte des Südens, und der wurde von der Welthandelsorganisation unterstützt.

Die gegenwärtige Krise hat aber doch vorwiegend andere Ursachen. Wir haben doch derzeit gar nicht unbedingt eine Knappheit an Nahrungsmitteln.

Ja, das stimmt. Die Spekulanten spielen im Moment eine wichtige Rolle. Aber es ist auch klar: Wenn die Infrastruktur, wenn die Produktionskapazitäten für landwirtschaftliche Güter durch diese Politik ruiniert sind, dann kann Spekulation die Lage leicht noch verschlimmern. Ich meine, wir können einfach nicht einen Faktor vom anderen trennen. Man kann sagen, das Klima war im letzten Jahr eine der Hauptursachen für die Krise – einschließlich klimatischer Probleme in landwirtschaftlichen Anbaugebieten wie die Fluten in Australien oder in Russland. Dann Biotreibstoff-Produktion. Und Spekulation mit Lebensmitteln. Das sind die drei kritischen Einflüsse, die im letzten Jahr zur Geltung kamen.

Das wird ja wohl noch schlimmer werden. Die Klimaveränderung hört ja nicht so bald auf. Die Bevölkerungszahl steigt. Die Nahrungsmittelknappheit verschärft sich. Wie sieht die Zukunft aus?

In Ländern wie den Philippinen muss es kurz-, mittel- und langfristige Lösungen geben. Kurzfristig muss die Regierung der Philippinen die Lebensmittelversorgung der Armen subventionieren. Zweitens muss es eine Preiskontrolle geben. Ich möchte noch einen anderen Faktor zufügen, und zwar den steigenden Ölpreis. Der wird ja auch von Spekulanten hochgetrieben. Landwirtschaft hängt in so großem Maße vom Öl ab, also von Öl und Düngemitteln, dass jeder Anstieg des Ölpreises zu einem Anstieg der Nahrungsmittelpreise beiträgt. Wenn wir also einen Anstieg der Nahrungsmittelpreise verhindern wollen, müssen wir eine Preiskontrolle bei Benzin, bei Öl, bei Kerosin haben. Wir brauchen also kurzfristig eine Preiskontrolle sowohl bei Nahrungsmitteln als auch beim Öl. Mittelfristig müssen wir wirklich die Handelsliberalisierung zurückschrauben. Wir müssen verhindern, dass unsere Landwirtschaft durch Billigimporte zerstört wird. Wir müssen Quoten einführen und Barrieren gegen billige Importe aufbauen. Und langfristig benötigen wir eine vernünftige Kontrolle des Bevölkerungswachstums, das ja einen enormen Einfluss sowohl auf die Belastung der Umwelt als auch auf den Konsum an Lebensmitteln hat. Und als Bestandteil der mittel- und langfristigen Strategie benötigen wir in diesem Land eine umfassende Landreform, denn das Problem der Landwirtschaft hat nicht nur mit den Nahrungsmitteln, die aus dem Ausland kommen, zu tun. Viele Kleinbauern leiden unter der ungerechten Landverteilung und dem Ausbleiben der Landreform.

Welche Möglichkeit hat man denn, diese Spekulation zu kontrollieren? Reis zum Beispiel ist so ein sensibles Gut. Nur ein Bruchteil der jährlichen Produktion landet auf dem freien Markt.

Ja, nur zwischen sechs und zehn Prozent der jährlichen Reisernte werden frei gehandelt, und das macht Reis für Spekulation so anfällig. Das ist wirklich eine kritische Situation. Zwei Sachen könnte die Regierung hier machen. Sie könnte mit den Spekulanten aufräumen. Sie kennt ja diese Typen. Außerdem sollte die Regierung die Lebensmittelproduktion fördern, die lokale Lebensmittelproduktion. Sie hat im letzten Jahr auch einige Anstrengungen in dieser Richtung unternommen. Die Nahrungsmittelproduktion im letzten Jahr war die höchste seit langer, langer Zeit. Man kann ja auch das Selbstbewusstsein der Farmer steigern und ihnen vermitteln, dass sie das Ruder herumzureißen imstande sind und für den lokalen Markt produzieren können, statt aus Ländern wie Vietnam oder Thailand zu importieren. Lokale Nahrungsmittelproduktion ist hier von zentraler Bedeutung. Und wenn man das fördern will, muss man sicherstellen, dass der Markt nicht durch Billigimporte aus dem Ausland zerstört wird. Dann fängt man auch an, wieder Geld in die Bewässerungssysteme zu investieren und so weiter. In den letzten fünfundzwanzig Jahren ist auf den Philippinen der Anteil an bewässerter landwirtschaftlicher Fläche nicht mehr gestiegen. Der liegt immer noch bei 1,3 Millionen Hektar. Aber Bewässerung ist wichtig. Die Regierung hat diese Möglichkeit, die landwirtschaftlichen Ressourcen zu erhöhen und die Farmer zu ermutigen. Das setzt aber voraus, dass wir von der neoliberalen Mentalität abweichen, die besagt, man müsse nur die Märkte öffnen. Das war die Tragödie der Philippinen in den letzten Jahrzehnten.

Das heißt, das letzte Jahr war eines der besten seit langem, was die Reisproduktion angeht, und gleichzeitig sind die Preise gestiegen. Das hört sich paradox an.

Es bedeutet: Man muss den Zwischenhändler kontrollieren, den Spekulanten. Ein Großteil des Profits wandert in die Hände der Händler. Wir haben jetzt einen Landwirtschaftssekretär, dessen Aufgabe es ist, diese Zwischenhändler zu eliminieren. Aber das ist nicht leicht. Wachsende Produktion führt nicht unbedingt zu niedrigeren Preisen für den Konsumenten oder zu mehr Gewinn für den Bauern. Unser Problem ist eindeutig der »Middleman«.

Der Staat muss also eine größere Rolle spielen?

Definitiv. Er muss mehr in die Landwirtschaft investieren. Die Liberalisierung zurückfahren. Mit den Spekulanten und Zwischenhändlern aufräumen. Die Farmer fördern. Das Rückgrat unserer Ökonomie auf den Philippinen ist der Export von Arbeit. Das Land hängt von Geldsendungen unsere Arbeiter im Ausland ab.

Dabei sehen die ökonomischen Daten doch gar nicht so schlecht aus. Im letzten Jahr gab es 7,3 Prozent Wirtschaftswachstum, bei einer vergleichsweise niedrigen Inflationsrate von 3,9 Prozent. Das ist weitaus besser als zum Beispiel das hochgelobte Vietnam mit etwas über 6 Prozent Wachstum und 9 Prozent Inflation.

Stimmt, das letzte Jahr war sehr gut. Aber über einen längeren Zeitraum betrachtet, sieht es nicht so gut aus. In den letzten zehn, zwanzig Jahren hatten wir bloß ein durchschnittliches Wachstum von 3,9 Prozent. Das ist schwach verglichen mit den anderen Ländern, verglichen mit Vietnam, Laos oder Kambodscha. In den vergangenen zehn Jahren waren das Prokopfwachstum und das Wachstum des Bruttoinlandsprodukts der Philippinen nur noch höher als das von Brunei. Wir befinden uns also im Keller. Brunei war noch schlechter – aber Brunei hat Öl; die Menschen dort sind reich, die sind nicht auf Wirtschaftswachstum angewiesen. Dieses Wachstum von 7,3 Prozent, das wir im letzten Jahr hatten, stellt leider nicht den Normalfall dar. Und es ist auch nicht unbedingt auf eine besondere Wirtschaftsdynamik im Land zurückzuführen, sondern in erster Linie auf den Chinafaktor. Wir sind wie ganz Südostasien Teil dieser dynamischen Entwicklung und profitieren von den chinesischen Stimulationsprogrammen. Warum bewegt sich Südostasien denn in eine andere Richtung als Europa oder die USA? Es ist das chinesische Stimulationsprogramm.

Können die Philippinen jemals wieder Reisexporteur werden?

Nein, das Beste, was wir erreichen können, ist uns selbst zu versorgen. Zuletzt waren wir Anfang der achtziger Jahre Reisexporteur. Netto-Lebensmittelexporteur waren wir bis 1995. Seitdem sind wir Netto-Importeur. Unser Ziel muss sein, uns halbwegs selbst versorgen zu können, damit wir nicht zur Geisel instabiler internationaler ökonomischer Kräfte werden.

Kann die Regierung das alles überhaupt stemmen – gegen die Macht der Kirche, gegen den Einfluss von Polizei und Militärapparat, gegen die einflussreichen Klans, die nicht schlecht leben in diesem Land?

Warum denn nicht? Präsident Lula hat es in Brasilien doch auch hinbekommen, und dort gab es im Unterschied zu den Philippinen noch nicht einmal eine Revolution. Brasilien gehört heute zu den aufstrebenden Nationen, das Land sollte unser Vorbild sein.

Sagt also Bello, der Kritiker.

Aber natürlich teilen nicht alle Walden Bellos Meinung. Dafür, dass die Philippinen Reis importierten, gebe es eine einfache Erklärung »und die wirkliche Erklärung ist nicht so schlecht«, meinen zum Beispiel die Wissenschaftler vom Reisforschungsinstitut *IRRI* aus Los Baños in ihrer Studie *Warum importieren die Philippinen Reis?*. In Wirklichkeit habe der Nachteil gegenüber Konkurrenten wie Thailand oder Vietnam mit der geographischen Beschaffenheit des Landes zu tun. Die Philippinen bestehen aus vielen kleinen Inseln, die keine großen Anbauflächen zulassen und von Salzwasser umgeben sind, während andere Nationen über Flussdeltas mit ausreichender Süßwasserversorgung verfügen. Man denke nur an den Irrawaddy oder den Mekong. Die IRRI-Leute:

> Die großen traditionellen Reisexporteure befinden sich alle auf dem südostasiatischen Festland (Thailand, Vietnam, Kambodscha und Myanmar), während Länder die zum Teil schon seit über einhundert Jahren Reis importieren (Indonesien, die Philippinen, Sri Lanka, Japan, Korea und Malaysia) Inseln oder enge Halbinseln sind.

Die Philippinen importierten mit rund 860.000 Tonnen Reis pro Jahr ungefähr zehn Prozent des Jahresverbrauchs, während Malaysia beispielsweise dreißig Prozent importieren müsse, und auch Indonesien mit rund zwei Millionen Tonnen pro Jahr in hohem Maße von Einfuhren abhängig sei. Alles nicht so neu und nicht besonders ungewöhnlich also: Die indonesische Hauptinsel Java etwa importiert bereits seit dem Sechzehnten Jahrhundert Reis und war seitdem nur nach Rekordernten sporadisch in der Lage, Reis ins Ausland zu verkaufen. Und auch die Philippinen hätten Reis in jedem einzelnen Jahr seit 1869 einführen müssen – was nur unterstreiche, »wie schwierig es für Menschen ist, die Geographie zu überwinden«.

Mitnichten, so IRRI, sei jedoch die Marktliberalisierung für das Dilemma verantwortlich:

> Marktliberalisierung bedeutet nicht notwendigerweise mehr Importe von allen Rohstoffen in allen Situationen. Sie bedeutet, dass der Preis für ein bestimmtes Gut innerhalb des Landes (der lokale Preise) der gleiche wird wie der Preis für das gleiche Gut außerhalb des Landes (der Weltpreis), nachdem der Wechselkurs und die Transportkosten in Rechnung gestellt wurden.

Gerade ein uneinheitlicher Preis stachle doch die verruchten Händler erst an: »Billig einkaufen, teuer verkaufen.« Heißt im Klartext: Wenn die philippinischen Farmer nicht konkurrenzfähig sind, müssen sie sich eben mehr strecken. »Mit der Liberalisierung des Handels und mehr Reisimporten müssen die philippinischen Landwirte entweder konkurrenzfähiger in der Reisproduktion werden oder alternative Getreidearten entdecken.« Das könne zum Beispiel durch die Verwendung von Hybridreis geschehen, durch den Einsatz wirksamerer Düngemittel, die Mechanisierung der Ernte oder die Vermeidung überflüssiger Verluste durch falsche Lagerung. Im übrigen sei es ganz einfach: Werde viel Reis importiert, würden auch die Preise sinken. Da die philippinische Regierung die Einfuhr aber bereits einschränke, seien die Preise auf den Philippinen sehr viel höher als in den Nachbarländern – gut für den Farmer, schlecht für den Konsumenten. Wie man es dreht und wendet: Des einen Freud ist eben des anderen Leid.

Von Entwicklungshilfe und der »Klinik unter Palmen«

»Schönes Land, voller Wundär. Man muss sie entdeckän. Einsame weiße Strände, und die Menschen, die sähr, sähr freundlisch sind.« Sagt Pierre Brice, ein französischer Schauspieler, den wir Deutschen als »Winnetou« in unser Herz geschlossen haben und der in der Reihe *Klinik unter Palmen* mitspielte, einer Strandschnulze aus dem gebührenfinanzierten Qualitätsfernsehen[7], deren erste drei Teile auf den Philippinen spielten und in der Klaus-Jürgen Wussow (*Schwarzwaldklinik*) neben Anja Schüte (*Zärtliche Cousinen*) und Raimund Harmstorf (*Der*

[7] Die ARD in der Broschüre *Qualitätsfernsehen als Werbeumfeld* über sich selbst: »Das Erste ist nicht nur der beliebteste Fernsehsender der Zuschauer, sondern gilt zudem als das glaubwürdigste und anspruchvollste Programm.«

Seewolf) in seiner Paraderolle als Oberarzt zu sehen war. Das war 1996, also genau ein Jahr, nachdem das arg gebeutelte Land Bello zufolge in den Würgegriff der Welthandelsorganisation geriet. Der Dreiteiler ergänzt gewissermaßen das Bullen-Blut-und-blaue-Bohnen-Bild, welches uns die Literatur freundlicherweise bereits von den Philippinen vermittelt hat, um ein paar eher fernsehaffine Elemente. Bei öffentlich-rechtlichen Sendern mag man es bekanntlich ja behaglich. Also treiben auf der ARD-Trauminsel[8], »einem malerischen Südsee-Eiland« (*Die Zeit*), neben Wussow noch Wahrsager Wong und Wunderarzt Lupa-Lupa ihr Unwesen und unterhalten uns mit Kalendersprüchen[9], und geschossen wird eher selten; dafür wird unter dem Moskitonetz Liebe gemacht, und abends steht Wussow mit einer mandeläugigen Schönheit am Strand, und der Oberarzt drückt sie ganz fest an sich und sagt: »Du bist so sanft, so voller Geduld. Womit habe ich dich verdient?« Und die schöne Lotusblüte antwortet: »Niemand kann einen anderen verdienen. Ich habe mich dir geschenkt.« So naiv wie unsere Fernsehleute sind ja nicht einmal mehr die liebeshungrigen Herren aus den Bumsbombern! Aber die ARD (*Lindenstraße*) wäre natürlich nicht die ARD (*Beckmann*), wenn es ihr nicht noch gelänge, auch in diesem Schmachtopus voller Kabale und Triebe noch ein paar schwer zivilisationskritische Allerweltsweisheiten und ein bisschen pseudorealistisches Lokalkolorit zu verschmalzen.

Chirurg CHRISTIAN: »Es ist immer dasselbe mit diesen Einheimischen; sie kommen grundsätzlich erst dann in die Klinik, wenn es schon fast zu spät ist. Und Schuld daran sind ihre blödsinnigen Wunderheiler. Denen vertrauen sie mehr als uns.«

WUSSOW: »Nein Christian, Du kannst doch nicht verlangen, dass sie das, was sie Jahrtausende von Jahren für richtig befunden haben, jetzt einfach über Bord werfen, nur weil wir da sind.«

Ärztin ROHRBACH: »Das ist ja ein richtiges Paradies unter Palmen!«

WUSSOW: »Unsere Schulmedizin ist für sie genauso exotisch wie für uns ihre Wunderheiler.«

Marek EHRHARDT: »Mann, Mann, Mann, das kommt mir aber alles ziemlich abartig vor.«

---

8 Boracay.

9 Wussow: »Gott ist mir fremd geworden.« – Wong: »Das Leben ist eine lange Reise.«

WINNETOU: »Sag mir, mein Freund, wo isch ier bin!«

Unbekannter FILIPINO: »I don't understand.«

Rothaarige ÄRZTIN: »Ich sitze seit sechs Jahren hier im Dschungel, und was hat es mir gebracht? Keinen Mann, keine Kinder, nicht einmal einen Liebhaber.«

WUSSOW: »Für eine Filipina sind Kinder ein Segen des Himmels ...«

Seewolf HARMSTORF: »... und eine Plage auf Erden.«

WONG: »Eine Frau ohne Geheimnis ist wie ein Kirschbaum ohne Blüten.«

LUPA-LUPA: »Da ist etwas Böses, das in dir lebt, aber ich werde es besiegen. Du bist ein Kind der Sonne.«

WUSSOW: »Die Eingeborenen[10], die Einheimischen glauben nun mal an die Wunderkraft ihrer heiligen Männer. Und der Glaube kann bekanntlich Berge versetzen.«

Herr Konsul WERTHEIM: »Na, ist alles in Ordnung draußen im Strandhaus, oder ist wieder eingebrochen worden?«

Frau Konsul WERTHEIM: »Alles in Ordnung, Liebes. Wir haben auch nichts mehr draußen, das sich lohnt zu stehlen.«

Und so weiter und so fort. Wobei besonders putzig ist: Das Bundesministerium für wirtschaftliche Zusammenarbeit und Entwicklung (BMZ) hat dieses Werk mit mehr als einer Viertel Million D-Mark finanziell unterstützt. Die Bonner Entwicklungshelfer hatten ihren Beitrag damals allen Ernstes unter Öffentlichkeitsarbeit verbucht und dafür fast sieben Prozent ihres jährlichen PR-Budgets geopfert. »Dass die Darstellung von Entwicklungspolitik in der Wussow-Klinik jeder Realität spottet, ist nur ein Teil der Geschichte«, ätzte damals die *Zeit*[11], »genauere Recherchen der Beamten hätten auch ergeben, dass die fünfzehn Millionen Mark teuren Dreharbeiten zur ›Klinik unter Palmen‹ eine kleine entwicklungspolitische Katastrophe waren: Der malerischen Umgebung wegen entstand Dr. Hofmanns Tropenhospital zunächst auf der abgelegenen Insel Boracay, ungefähr 300 Kilometer südwestlich der philippinischen Hauptstadt Manila. Dort gibt es nicht einmal eine Apotheke, geschweige denn eine Klinik. Also wurden die nötigen Bauteile nebst medizinischen Gerätschaften auf Flößen auf das

---

10 Ich frage mich, ob dieser Begriff wohl schon im Drehbuch gestanden hat, oder ob Wussow, der alte Hase, da ein wenig improvisiert.

11 *Die Zeit*, 27. September 1996: »Entwicklungshilfe in der Seifenoper«.

Eiland geschafft und dort aufgebaut. Prompt fanden sich während der Dreharbeiten kranke Filipinos ein, die vor der Filmkulisse vergeblich auf Behandlung warteten.« Nach zweieinhalb Monaten und drei abgedrehten Folgen, klärt uns die Hamburger Wochenzeitung auf, hätte das deutsche Team die Dreharbeiten aber nach Thailand verlagert und Boracay verlassen – »weil die medizinische Versorgung dort so schlecht war«. Man fühlt unweigerlich mit den ratlosen Leuten mit; wie sie da vor Klaus-Jürgen Wussow stehen und sich vergeblich vom weißen Mann im weißen Kittel Hilfe versprechen, obwohl der laut Drehbuch sülzt: »Radscha, ich bin in Dein Land gekommen, um den Menschen zu helfen, die kein Geld haben.«

Natürlich geistern auch durch die betuliche ARD-Produktion noch ein räuberisches Straßenkind, das von Pierre Brice »kleinär Strolsch« genannt wird, und ein korrupter Bulle namens Oberst Mendoza. Einmal rempelt Winnetou, der diesmal den Anwalt Jean-Claude aus Straßburg spielt, fast einen philippinischen Jesus um, während der gerade ans Kreuz genagelt wird und dazu wie am Spieß schreit, und Wahrsager Wong verbrennt sich selbst, um gemeinsam mit seiner Tochter (Krebs!) in eine andere Welt überzutreten. Aber irgendwie haben sich am Ende alle wieder lieb, und von baudelairescher Fäulnis ist auch wenig zu spüren.

Nun würden wir dem Entwicklungshilfeministerium Unrecht tun, wenn wir den Eindruck entstehen ließen, es habe sich zur vornehmsten Aufgabe gemacht, mit eingesackten Steuergeldern die Südseeabenteuer irgendwelcher Schmierenkomödianten zu finanzieren. Die Sache ist durchaus ernst. »Gemeinsam mit Japan, das mit Abstand führend ist, den USA, Australien und Kanada gehört Deutschland zu den wichtigsten bilateralen Gebern der Philippinen«, verkünden die BMZ-Beamten auf ihrer Homepage stolz, »für die Jahre 2009 und 2010 hat die Bundesregierung den Philippinen 16,5 Millionen Euro für Technische Zusammenarbeit zugesagt. Daneben wird die Arbeit von kirchlichen Organisatoren, politischen Stiftungen sowie Nichtregierungsorganisationen aus Bundesmitteln gefördert.« Die »finanzielle Zusammenarbeit«, müssen Niebels Helfer dann allerdings zerknirscht einräumen, »wurde Mitte 2009 ausgesetzt. Hintergrund: Ein hauptsächlich von einem deutschen Unternehmen finanzierter Terminal am Flughafen Manila wurde enteignet, die daraufhin geforderte Entschädigung nur teilweise gezahlt«. Was die philippinisch-deutschen Beziehungen so belastet: Eine Firma, die den Frankfurter Flughafen betreibt und den seltsamen Namen *Fraport* trägt, hatte vor einigen Jahren das zweihundertvierzigtausend Quadratmeter große Terminal 3 des *Ninoy-Aquino*-Flughafens in Manila errichtet und dafür 293 Millionen investiert. Als Gegenleistung sollten die Frankfurter gemeinsam mit lokalen Partnern das Terminal fünfundzwanzig Jahre lang betreiben dürfen. Die Abmachung geht noch in die neunziger Jahre zurück, als die Erweiterung des Flughafens geplant worden war. Doch die Regierung Arroyo fühlte sich plötzlich nicht mehr an das Vertragswerk gebunden, entzog Fraport das Betriebsrecht und ließ Ende 2004 kurzerhand das gesamte Gebäude von einer Polizeitruppe konfiszieren. Arroyo (»Ich kann keine Verträge einhalten, die Rechtsabteilungen der Exekutive für null und nichtig halten«[12]) argumentierte, Fraport habe philippinische Gesetze verletzt. Und dabei folgte ihr im Wesentlichen nicht nur das Oberste Gericht der Philippinen, sondern sogar das später von den Deutschen angerufene Schiedsgericht der Weltbank in Washington. An dem gewaltigen Bauunternehmen hätte Fraport nämlich nur zu vierzig Prozent beteiligt sein dürfen, den größten Anteil jedoch hätten Filipinos halten müssen – so sieht es ein Gesetz zum Schutz der einheimischen Wirtschaft und der Kontrolle öffentlicher Einrichtungen auf den Philippinen vor. An der eigens für den kostspieligen Neubau gegründeten Firma *Piatco* waren die Frankfurter dann auch nur zu dreißig Prozent beteiligt. Später sollen sie sich allerdings bei drei anderen Partnern eingekauft haben, bis sie mit über sechzig Prozent direkt oder indirekt an dem Konsortium beteiligt waren und sich ein Entscheidungsrecht »per geheimer, schriftlicher Vereinbarung mit drei Partnern gesichert haben« (*Frankfurter Rundschau*). Ein verzwickter Fall offenbar, mit weitreichenden Folgen: Deutsche Politiker reisten fortan nicht mehr auf die Philippinen; der Bund sicherte keine Philippinengeschäfte mehr ab; es herrschte plötzlich Eiszeit zwischen Berlin und Manila. Und obwohl die Arroyo-Regierung eine angemessene Entschädigung zu zahlen einwilligte, flossen aus Manila bislang nur rund neunundzwanzig Millionen Dollar auf das Konto der Deutschen, deren Forderung sich aber auf vierhundert bis vierhundertundfünfzig Millionen Dollar beläuft. »Eine Wiederaufnahme der Finanziellen Zusammenarbeit kommt für die Bundesregierung erst dann in Frage, wenn mit der philippinischen

---

12 *Frankfurter Rundschau*, 26. August 2008: »Tatort Manila«.

Regierung eine Lösung gefunden ist«, grollt also immer noch das BMZ und harrt einer Wende in dem »Krimi« (*Frankfurter Rundschau*).

Wettlauf um die Spratly-Inseln

Die Probleme mit Deutschland allerdings dürften Manilas geringste außenpolitische Sorge sein. In unmittelbarer Nachbarschaft erstarkt das chinesische Riesenreich und lässt seine Muskeln spielen. Schon seit langem hat Peking ein begehrliches Auge auf die Spratly-Inseln geworfen. Diese Inselgruppe liegt im Südchinesischen Meer und wird gleich von sechs Nationen beansprucht, von China, Taiwan, Malaysia, Vietnam, Brunei und den Philippinen. Auf den ersten Blick erscheint das große Interesse an den Spratlys übertrieben, es handelt sich bei dieser Inselgruppe um eine Ansammlung von Riffen, Atollen und aus dem Wasser ragenden Felsen, und die größte Insel Itua Aba (10° 20'N, 114° 22'O)[13] bringt es auf die Größe von einem halben Quadratkilometer. Doch natürlich geht es um mehr als die Herrschaft über ein paar Vogelfelsen. Unter dem Areal von insgesamt einhundertachtzigtausend Quadratkilometern werden gewaltige Erz- und Erdölvorkommen vermutet, und sicherheitshalber haben die Anspruchsteller schon mit amerikanischen Firmen Verträge über die Ausbeutung des Gebiets abgeschlossen. »Die VR China hat beispielsweise ein Abkommen mit der Crestone Corporation aus Denver geschlossen; Vietnam einen Vertrag mit Mobil, die VR China und Taiwan haben gemeinsam ein Abkommen mit Chevron unterzeichnet, und die Philippinen haben Vaalco Energy einen Lizenzauftrag gegeben«, weiß Samuel Makinda von der Murdoch University im australischen Perth.[14] Das Gebiet ist zudem ausgesprochen fischreich, jede Menge schmackhafter Schildkröten tummeln sich hier, und es liegt strategisch wichtig in einer der am höchsten frequentierten Wasserstraßen der Welt – etwa ein Viertel aller weltweiten Transportschiffrouten führen durch diese Meerenge. Jeder Tanker, der von den Ölquellen des Nahen Ostens nach Hongkong oder Shanghai möchte, muss hier durch.

Geographisch ist die Lage eigentlich ziemlich übersichtlich. Die In-

---

[13] Quelle: Google Earth.

[14] *Internationale Politik* 10/1995, »Das Tauziehen um die Spratly-Inseln«.

seln liegen zwischen der Philippinen-Insel Palawan und Vietnam, allerdings viel näher an den Philippinen. Am weitesten ist China entfernt, dessen Ansprüche gut tausend Kilometer weit ins Südchinesische Meer reichen. Dennoch macht gerade China massive Ansprüche geltend und hat Ende der neunziger Jahre auf den Spratlys (chinesischer Name: Nansha Qundao oder Südlicher Sandarchipel[15]) ein paar Fischhütten zum Militärstützpunkt ausgebaut und somit vollendete Tatsachen zu schaffen versucht.

Die unbewohnten Inseln sind in ihrer Geschichte schon von einigen Nationen beansprucht worden, 1864 registrierte Großbritannien einige der Spratly-Inseln als britisches Territorium, weshalb heute auch die ehemaligen Kronkolonien Malaysia und Brunei Ansprüche geltend zu machen versuchen. Zwischen 1933 und 1955 rechneten die Franzosen sie zu ihrem Indochina-Kolonialreich. Während des Zweiten Weltkriegs besetzten die Truppen des Tenno die Inseln und errichteten auf Itu Aba einen U-Boot-Stützpunkt. Nach der Kapitulation der Japaner wären die Inseln wohl wieder an Frankreich zurückgefallen, als aber Chiang Kai-shek nach Taiwan flüchtete, besetzten seine Nationalchinesen auch allerlei Inseln in der Umgebung, unter anderem Itu Aba. Mittlerweile haben außer Brunei alle Interessenten einzelne Eilande besetzt. 1970 rückten die Filipinos auf acht Inseln an; sie beanspruchen insgesamt rund sechzig Inseln, die sogenannte Kalayaan-Gruppe. 1974 besetzten die Vietnamesen einige Inseln. 1990 rissen sich die Malaysier drei Inseln unter den Nagel, insgesamt kontrollieren sie angeblich schon acht. Und natürlich kommt es, wo sich soviel Marine tummelt, immer wieder zu Zusammenstößen. 1988 versenkte die chinesische Marine sogar zwei vietnamesische Schiffe, siebzig Soldaten fanden dabei den Tod. Danach kabbelten sich die Chinesen vornehmlich mit den Filipinos. Im März 1995 setzte die philippinische Marine mehrere Dutzend chinesischer Fischer fest, woraufhin die chinesische Marine versuchte, ein philippinisches Kriegsschiff mit einem General und Journalisten an Bord zu blockieren. Mittlerweile hat Peking auf den Spratly-Inseln einen richtigen kleinen Brückenkopf errichtet – mit Hubschrauberlandeplatz, Radareinrichtungen und Luftabwehrkanonen. In der Begründung ihrer Ansprüche sind jedenfalls alle Parteien

---

15 Die Filipinos sind da etwas poetischer und nennen die Inseln Kapuluan ng Kalayaan, das Freiheitsarchipel.

phantasievoll. Die Chinesen weisen darauf hin, dass schon seit der Han-Dynastie, die um 200 vor unserer Zeitrechnung begann, chinesische Fischer hier unterwegs sind, und die Inseln schon vor Jahrhunderten auf chinesischen Landkarten markiert wurden – außerdem hätten Chinesen schon 1883 ein deutsches Erkundungsteam von den Inseln vertrieben. Die Malaysier behaupten, die Inseln befänden sich auf dem von ihnen bevölkerten Kontinentalsockel, dem Schelf von Sabah und Sawarak, aber Brunei weist darauf hin, dass das auch von Malaysia reklamierte Louisa-Riff in seiner exklusiven Wirtschaftszone liege.

Der Konflikt um die Inseln ist mittlerweile in ein regelrechtes Wettrüsten ausgeartet. Seit sich die südostasiatische Staatengemeinschaft *Asean* als unfähig erweisen hat, eine Lösung des Problems herbeizuführen, und sich die südostasiatischen Länder aus Eifersüchtelei nicht auf eine gemeinsame Linie gegenüber den Chinesen zu einigen vermögen, werden nun emsig Waffen eingekauft, um gegenüber dem Reich der Mitte wenigstens ein bisschen wehrfähig zu sein. »Malaysia gibt mehr als neunhundertneunzig Millionen US-Dollar für zwei hochwertige dieselbetriebene U-Boote aus, während Vietnam, das immer noch nicht in der Lage ist, alle seine Bürger mit Elektrizität zu versorgen, mehr als zwei Milliarden Dollar in russische Kampfflugzeuge und sechs U-Boote investiert«, rechnet das von Exilburmesen im thailändischen Chiang Mai herausgegebene Magazin *Irrawaddy* penibel vor, »zur gleichen Zeit hat das verarmte Burma russischen Medienberichten zufolge sechshundert Millionen Dollar für zwanzig russische MiG-29-Kampfflugzeuge hingeblättert. Thailand ist dermaßen pleite, dass es versucht, billige Second-Hand-U-Boote zu erweben, damit es in den Unterseeboot-Club aufgenommen wird.«[16] Auch Singapur schlägt auf dem Waffenmarkt zu und besorgt sich schwedische U-Boote der *Västergötland*-Klasse. Und Malaysia rüstet auch in der Luft noch nach und erwirbt zwölf *Eurocopter*-Militärhubschrauber für fünfhundert Millionen Dollar. Die Aufrüstung der Tigerstaaten geht mittlerweile derart zügig voran, dass selbst die Chinesen pikiert reagieren. »Wenn das auf diesem Niveau weitergeht, werden die Asean-Staaten in ein paar Jahren mächtige Seestreitkräfte aufgebaut haben«, empört sich Pekings Admiral Yin Zhuo, »das wird dann natürlich eine Herausforderung für die Nachbarländer, einschließlich China.«

16 *The Irrawaddy*, Februar 2010, »What's Behind Aseans Arms Race?«

Einer, der sich seit Jahren mit dem Wettrüsten in Südostasien beschäftigt, ist der Belgier Ralf Emmers, der an der *Rajaratnam School of International Studies* in Singapur lehrt und unzählige Berichte über die Lage verfasst hat. Ich treffe Emmers in seinem Büro in der Nanyang-Universität. Mit Mittelscheitel und Nickelbrille wirkt der Rüstungsspezialist wie eine gealterte Version des Zauberlehrlings Harry Potter. »Die Lage eskaliert«, sagt Emmers gleich zu Beginn unseres Gesprächs, »viele Länder in der Region sind durch das dynamische Wachstum Chinas, aber insbesondere durch den rasanten Ausbau seiner Marine besorgt. Zudem gibt es in der Region unendlich viele Grenzstreitigkeiten – nicht nur zwischen den Philippinen und China. Denken Sie nur an Thailand/Kambodscha oder Malaysia – Malaysia hat mit jedem einzelnen seiner Nachbarländer Grenzkonflikte: mit Indonesien, Thailand, Singapur, sogar mit Brunei.«

Trotz der Dynamik und dem Konfliktpotential vermeidet Emmers aber bewusst den Begriff Rüstungswettlauf und spricht lieber von Aufrüstung. Natürlich sei die Lage äußert angespannt, und natürlich sei die Sorge berechtigt, dass es zwischen den verschiedenen Seestreitkräften zu militärischen Auseinandersetzungen kommt, die beispielsweise durch Fischer ausgelöst werden könnten – »dennoch muss die schnelle Hochrüstung, die wir derzeit beobachten, in der Region nicht automatisch in einen offen Konflikt oder Krieg ausarten«.

Zumal Emmers die ganze Aufregung ohnehin für leicht übertrieben hält:

> Das Riff an sich ist völlig uninteressant, der größte Teil steht doch den halben Tag unter Wasser – und das Öl? Erstens wissen wir überhaupt nicht, wieviel es da gibt. Und außerdem übertreiben die großen Erdölfirmen meist in ihren Schätzungen. Und wenn es in dem umstrittenen Seegebiet größere Ölvorkommen geben sollte, dann sind sie in der Tiefsee ganz bestimmt schwer auszubeuten.

In vielen südostasiatischen Ländern würden allerdings auch aus innenpolitischen Gründen in den letzten Jahren verstärkt nationalistische Gefühle geschürt. Jetzt komme es auf die Besonnenheit der Führer an. Es könnte also die Stunde des Benigno Aquino werden, des Staatschefs wider Willen. Dafür muss er sich allerdings in einem wesentlichen Punkt von fast allen seinen Vorgängern unterscheiden: Er darf nicht der Verlockung der Macht erliegen.

I Von Entdeckern, Eroberern und religiösen Eiferern

Kraushaarige Zwerge und Jungmalaien erobern den Zaubergarten

Aus genau 7.107 Inseln besteht das tropische Schlaraffenland, das sich Philippinen nennt[17] und den nördlichsten Ausläufer des malaiischen Archipels bildet. Es erstreckt sich über ein Meeresgebiet von 1.295.000 Quadratkilometern und füllt eine Landfläche von rund dreihunderttausend Quadratkilometern – womit die Philippinen etwas kleiner als die rund 357.000 Quadratkilometer große Bundesrepublik Deutschland sind. Nur etwa ein Drittel dieser Fläche allerdings ist bewohnt, und lediglich 462 dieser Inseln sind größer als eine Quadratmeile. Viele Eilande erinnern hingegen an die Südseeinseln aus den Karikaturen, in denen sie meist aus nicht mehr als einem Haufen Sand, einer Palme und einem Schiffbrüchigen bestehen. Indonesien ausgenommen, weise kaum ein anderes Land in Fernost »eine ähnliche naturgeographische Zergliederung in zahllose große und kleine Einheiten, einen ähnlich verwirrenden Wechsel zwischen Land und Meer, Ebene und Gebirge« auf, schreibt Landeskenner Roland Dusik.

Die Durchschnittstemperaturen sind hoch, im April und Mai liegen sie bei 33,9 Grad, in den »kalten« Monaten Dezember und Januar immer noch bei 30 Grad, die Niederschläge sind reichlich. Zweimal im Jahr peitschen Orkane über das Archipel: von Juni bis November wü-

17 Magellan hatte sie *Archipelago de San Lázaro* genannt; die spanischen Kolonisatoren bezeichneten die Inseln später als *Islas del Poniente, Islas Manilas* und gelegentlich *Islas del Oriente,* ehe der christliche Conquistador Miguel López de Legazpi offiziell den Namen *Felipinas* einführte, den er wohl von Bernardo de la Torre, einem Mitglied der *Villalobos*-Expedition, übernahm (nach Hermógenes Bacareza: *Philippine-German Relations,* S. 25).

tet der Südwest- oder Sommermonsun. Er schleppt oft gewaltige Wassermassen mit sich, die er auf seinem Weg über den Indischen Ozean aufgenommen hat und dann über den Inseln ablädt. Wahre Sturzbäche ergießen sich über die Region, und nicht selten sind heftige und verheerende Überschwemmungen die Folge. Der Nordmonsun, der im Dezember einsetzt und bis Mai anhält, beschert dem Land hingegen die Trockenzeit.

Was wir als Inseln wahrnehmen, sind nur die Gipfel versunkener Berge. Eine ganze Gebirgsregion ist es genau genommen, die im Lauf der Jahrmillionen überspült wurde, ein mittlerweile zum größten Teil unterseeisches Massiv. Die höchsten Erhebungen sind Vulkangipfel. Mindestens dreizehn der siebenundvierzig philippinischen Vulkane sind noch aktiv. So genau weiß man das aber nicht. Bis 1991, als der Pinatubo plötzlich wieder Feuer spuckte, galt dieser Vulkan als erloschen. 611 Jahre lang hatte er zuvor nicht mehr gegrollt, dann kam es zum *Big Bang*.

Unter diesen Bedingungen ist ein üppiges Land entstanden, mit fruchtbaren, mineralienhaltigen Böden, viel Sonne, aber auch Niederschlägen und Gewässern, die über zweitausend bekannte Fischarten beherbergen. Es könnte der »Zaubergarten« sein, den William Somerset Maugham in seiner Kurzgeschichte *Red* im Sinn hatte. Der Ozean sei »tiefblau, weinfarben bei Sonnenuntergang wie das Meer des homerischen Griechenlands«, schrieb der weitgereiste Engländer. In den Lagunen sah er »Farbe von unendlicher Vielfalt, aquamarinen, amethysten und smaragden, und die untergehende Sonne verwandelt alles auf kurze Augenblicke in flüssiges Gold«. Und am Strand erspähte er Kokospalmen, die aussehen wie ein »Ballett aus alten Jungfern, angejahrt und geschwätzig, die in gezierter Haltung dastanden, mit der zimperlichen Grazie entschwundener Jugend«.

Soweit wir wissen, betraten unsere Vorfahren vor etwa 250.000 Jahren diese Bühne. Das legen zumindest archäologische Funde nahe, die in der Provinz Cagayan im Norden Luzons, gemacht wurden – man fand unter anderem Steinwerkzeuge, die dort wohl von Jägern benutzt worden waren, nachdem sie über eine Landbrücke aus dem Gebiet des heutigen Borneo eingewandert waren. Diese Hominiden, Verwandte des Java- und Pekingmenschen, waren damals gemeinsam mit Säugetieren wie Zwergelefanten, Nashörnern und elefantenartigen Stegodonten gekommen.

Erst 200.000 Jahre später stießen jene menschlichen Wesen, die wir *Negritos*[18] nennen und heute als die eigentlichen Urbewohner der Philippinen bezeichnen, hinzu. Es waren zwergenhafte Gestalten mit krausem Haar und dunkelbrauner bis schwarzer Haut, die in Höhlen hausten und australoider oder melanesischer Abkunft waren. Diese etwa anderthalb Meter großen Jäger (Bogen, Giftpfeile, Speere) und Sammler waren aus dem Norden über eine Landbrücke gekommen, die zum asiatischen Festland führte.[19] Möglicherweise vermehrten sich diese Nomaden hernach mit den Abkömmlingen jener, die sich schon lange vor ihnen in diesem Gebiet niedergelassen hatten – das vermuten zumindest die Anthropologen Landa Jocano und Robert Fox, unter dessen Leitung 1962 in den *Tabon*-Höhlen bei Quezon im Südwesten Palawans ein spektakulärer Fund gemacht wurde: geschliffene Steinklingen und Teile eines menschlichen Schädels. Die Teile dieses sogenannten *Tabon*-Menschen gelten seither als »Schlüssel zur nationalen Identität« (Schaefer) und stützen die These von der Einwanderung von Borneo her.

Das Abschmelzen der Gletscher gegen Ende der letzten Eiszeit vor etwa 30.000 Jahren unterbrach die Verbindungen zum Kontinent schließlich endgültig. Das Sunda-Schelf, jene Fortsetzung des asiatischen Kontinents, versank im Meer. Eine Absenkung um rund dreißig Meter, so die Diplom-Biologin Ulrike Anders von der Goethe-Universität in Frankfurt-Main, hatte ausgereicht, »dass Landbrücken trocken

---

18 Die Spanier haben diese Bezeichnung eingeführt, und sie bedeutet »Negerlein«. *Meyers Konversationslexikon* von 1909 schreibt dazu: »Negrito, der westliche der beiden Zweige (der andere sind die Papua), in die sich die negerähnlichen Völker im Stillen und Indischen Ozean trennen« (Zitiert nach: Albrecht G. Schaefer: *Philippinen*, S. 159). Noch heute leben rund 100.000 *Negritos* auf den Philippinen, »von denen etwa 15% als ›reinrassig‹ gelten können; sie stellen damit die größte Negrito-Population im gesamten südostasiatischen Raum dar« (Roland Dusik).

19 Natürlich gibt es zu jeder Theorie eine andere Meinung. Der 2004 verstorbene deutsche Geologe Frithjof Voss bezweifelte, dass es jemals eine Landbrücke zwischen dem asiatischen Festland und den Philippinen gab. Untersuchungen aus den sechziger Jahren würden belegen, dass die fünfunddreißig Kilometer dicke Erdkruste unterhalb Chinas nicht bis zu dem Archipel gereicht hätte, meinte der Wissenschaftler. (Salah Jubair: *Bangsamoro. A Nation Under Endless Tyranny*, S. 3)

fielen, die die großen Sunda-Inseln Sumatra, Java und Borneo mit dem Festland verbanden«.[20]

Danach waren es seefahrende protomalaiische[21] Völker, die hier an Land gingen, die Höhlenmenschen in unzugängliche Gebirgsregionen abdrängten und den Philippinen Techniken wie die Landwirtschaft und den Hausbau bescherten. Sie waren Bestandteil jener größten Völkerwanderung in der Menschheitsgeschichte, die sich weiland über die halbe Erde ausbreitete: von Madagaskar bis zu den Osterinseln.

Ungefähr im Jahr 200 vor Christus kamen schließlich austronesische

---

20 *Scinexx. Das Wissensmagazin*, 8. September 2006 (www.scinexx.de/geounion-aws_basics-5316.html)

21 Nach einer Klassifizierung des deutschen Anthropologen Johann Friedrich Blumenbach (1752 bis 1840) bildeten die Malaien neben Kaukasiern, Äthiopiern, Mongolen und Indianern die fünfte Rasse der Erde. Aus *Herders Conversations-Lexikon* von 1856: »Malayen: (von dem javan. Wort Malaya, Frühling), eine der fünf sog. Menschenracen, von bräunlicher Farbe mit langem, dichtem, lockigem Haar, großem Mund, breiter Nase, großen schwarzen Augen, nervig und stark gebaut, leidenschaftlich, unternehmungslustig und tapfer. Sie sind über alle Inseln des ind. Oceans und alle polynesischen von Madagaskar bis zur Osterinsel verbreitet; ihre Sprachen sind sämmtlich verwandt und werden in 2 Hauptgruppen geschieden, das Polynesische (das Hawai auf den Sandwichinseln, das Neuseeländische, das Tahaitische etc.) und das eigentlich Malayische, das auf den Sundainseln eine Literatur ausgebildet hat; zu ihm gehören das Philippinische u. Madegassische (über die malay. Sprachen schrieb W. v. Humboldt ein Hauptwerk).« In den frühen sechziger Jahren trieb der philippinische Präsident Diosdado Macapagal, Vater von Aquino-Vorgängerin Gloria, die Idee des Drei-Staaten-Bunds *Maphilindo* voran – einer Assoziation Malaysias, der Philippinen und Indonesiens, von der schon der Dichter José Rizal geträumt hatte. Das sei »eine Konföderation von Ländern malaiischen Ursprungs«, begründete er die Idee, »verbunden durch Rasse und Kultur« (nach: Anthony Milner: *The Malays*, S. 2). Der malaysischen Verfassung zufolge kann es gar keine nichtmuslimischen Malaien geben. Allerdings bezeichnen sich heute noch viele Filipinos selbst als Malaien. »Die Menschen der Philippinen sind hauptsächlich malaiischen Ursprungs, mit Spritzern fremden Bluts«, schreibt zum Beispiel die Historikerin Christine Diaz in dem Schulbuch *The Other Philippine Textbook*, »91,5 Prozent sind christliche Malaien, 4 Prozent sind muslimische Malaien, 1,5 Prozent sind Chinesen, und die restlichen 3 Prozent gehören anderen ethnischen oder religiösen Gruppen an.«

Jung- oder Deuteromalaien aus dem südchinesischen Raum dazu. Sie benutzten große Auslegerboote, die sie *Balanghai* oder *Barangay*[22] nannten. Mit den Vertretern der anderen Völker, die sich peu a peu in diesem Garten Eden niedergelassen hatten, teilten sie die Angewohnheit, Geister und Ahnen zu verehren und voller Hingabe Fruchtbarkeitsrituale zu zelebrieren. Sie bildeten den »Grundstock für die heute staatstragende Bevölkerung der Philippinen« (Dusik) und kannten sich aus mit dem Gebrauch von Waffen und Metallwerkzeugen und der Herstellung von Töpferwaren. »Das Ende der Steinzeit war gekommen,« schreibt der Ethnologe Albrecht Schaefer, »die Neusiedler führten die Metallverarbeitung, die Webkunst und eine dem Sanskrit verwandte Schrift auf dem Malaiischen Archipel ein.« Sie organisierten sich in kleinen Gemeinden, die meist mit den Besatzungen der Boote übereinstimmten, und stellten einen *Datu* genannten Anführer an die Spitze jedes dieser Dörfer. Dem *Datu* unterstanden privilegierte *Maharlika*, und am unteren Ende der Hierarchie fanden sich die *Alipin* oder *Uripin* wieder – »Schuldknechte« (Schaefer) oder Sklaven, die auf dem Markt sogar verkauft werden durften. Dennoch war diese Ordnung nicht undurchlässig wie etwa das indische Kastensystem. Sklaven konnten sich freikaufen, und Angehörige der Mittelschicht konnten zu Häuptlingen werden, wenn sie sich im Kampf auszeichneten.

Es ging voran. Von islamischen Eiferern und christlichen Konquistadoren noch keine Spur. Die kamen erst viel später.

---

22 Noch heute werden Gemeinden auf den Philippinen *Barangay* genannt.

Mohammed bei den Molukkern – Die Islamisierung weiter Teile Südostasiens

Südostasien, das ist ein Kunstbegriff. Er bezeichnet ein gewaltiges Gebiet zwischen Burma und Indonesien und ist, wie der Orientalist Volker Stahr anmerkt, »keineswegs Bezeichnung und Ausdruck für einen alten und historisch gewachsenen Kulturraum, sondern im wesentlichen eine Schöpfung des zwanzigsten Jahrhunderts«. Einteilen lässt sich diese Region in einen hauptsächlich buddhistisch geprägten Festlandsteil und eine überwiegend muslimisch oder christlich dominierte Inselwelt, die im Wesentlichen aus Indonesien, den Philippinen und Brunei besteht, der aber auch zum Beispiel die mit Thailand verbundene Halbinsel Malaysia zugerechnet wird.

Wer einmal dieses Gebiet zwischen Shwedagon Pagode und Sulusee, zwischen Bangkok und Bali durchreist hat, dem ist bewusst, welch unterschiedliche religiöse, kulturelle und politische Einflüsse auf diese Region wirken. Was haben betelkauende Burmesen mit den Seenomaden Indonesiens gemein? Was die chinesischen Businesstypen Singapurs mit den laotischen Bergbauern? Was die Frömmler aus dem Madrassen Malaysias mit den vietnamesischen Kommunisten in Hanoi? Buddhisten tummeln sich hier und Hindus, Christen und Moslems und nebenbei noch Animisten und versprengte Anhänger der Lehren Marx' und Engels'. Die Philippinen waren amerikanische Kolonie, und um Vietnam, Kambodscha und Laos balgten sich lange Zeit Moskau und Peking.

Erstmals wurde der Begriff Südostasien wohl schon 1875 von dem deutschen Geographen Oscar Peschel verwendet, allgemein gebräuchlich wurde er aber erst seit dem Zweiten Weltkrieg. Im Oberkommando der Alliierten wurden damals die von Japanern gehaltenen Gebiete südlich von China und östlich von Indien so bezeichnet. Es ist im Prinzip einfach nur ein Begriff für die zerfaserte Welt neben den Giganten China, Indien und Australien. Er kann eine geographische Orientierung bieten, nicht viel mehr. Gemeinsame Wurzeln aber finden sich reichlich im insularen Südostasien, das überwiegend von Malaien geprägt ist, in dem austronesische Sprachen vorherrschen und welches seit dem siebenten Jahrhundert unserer Zeitrechnung einer zunehmenden Islamisierung ausgesetzt war. Die Quellen sind dürftig, aber begonnen hatte alles wohl an den Küsten des heutigen Indonesiens.

Reisen ans Ende der Welt

Der Reisende Ibn Battuta aus dem fernen Maghreb war entzückt. Seit so vielen Wochen war er nun schon unterwegs – gerade meinte er, eine seltsame Stadt namens *Schamtara* auf einer seltsamen Insel namens *Java* erreicht zu haben – und nun stellte er verblüfft und hocherfreut fest, dass ihm hier vieles sehr vertraut war. Die Namen seiner Gastgeber hörten sich sogar fast an wie zu Hause. Al-Malik az-Zahir Daschamal al-Din nannte sich der Herrscher dieses entlegenen Reichs, er trug also einen arabischen Namen. Und fromm war er auch. »Er gehört der Rechtsschule der Schafiten an«, notierte Battuta begeistert, »tut viel für den Dschihad und geht zum Freitagsgebet, demütig wie er ist, zu Fuß.« Die »Ungläubigen« in der Nachbarschaft seien »ihm unterlegen und bringen ihm Geschenke«. Und: Sie »ziehen willig mit dem Sultan in den Kampf«. Da braute sich also ordentlich etwas zusammen im Osten. Battuta nahm's zufrieden zur Kenntnis.

Soviel steht fest: Der Fremde hatte Indonesien, diese endlose Inselwelt zwischen Indischem Ozean, dem Südchinesischen Meer und dem Pazifik erreicht – nachdem er zuvor Mekka, Mesopotamien, die afrikanische Ostküste, die Malediven, Indien und China hinter sich gelassen hatte. Und: Der Forschungsreisende aus Tanger muss hier gegen Ende der ersten Hälfte des vierzehnten Jahrhunderts an Land gegangen sein.

Bis heute allerdings ist nicht restlos geklärt, ob er sich tatsächlich auf Java oder nicht vielleicht doch eher auf Sumatra befand – darauf könnte etwa die Verwendung des Begriffs *Schamtara* hindeuten. Zudem bezeichneten arabische Geographen seiner Zeit oft auch die Insel Sumatra, manche gar den gesamten indonesischen Archipel als *Java*.

Battutas Beschreibung der religiösen Bräuche, schriftlich festgehalten in seinem später veröffentlichten Reisebericht *Rihla*, ist dennoch weitgehend glaubwürdig.

Von Kampf und Koexistenz der Kulturen, von Götzenanbetern, Ungläubigen, Hindus, Buddhisten und Mohammedanern wusste Ibn Battuta zu berichten – auch von Amazonen, die wohl eher ins Reich der Phantasie gehören. Der Maghrebiner berichtete von Menschen, deren »Mund einer Hundeschnauze gleicht« und die »sich beim Geschlechtsverkehr wie wilde Tiere verhalten« – »ein Mann kann dreißig Frauen haben oder mehr«.

Er schwärmte von Herrschern, die auf Elefanten ritten, schrieb voller Empörung von einem ungebildeten Sultan, (womöglich »ein Ungläubiger«), der »ohne ein Polster auf dem Boden« saß, und ließ sich eher befremdet über Untertanen aus, die sich aus »Liebe zum Sultan« selbst enthaupteten. Battuta: »Der Sultan fragte: ›Macht man so etwas auch bei euch?‹ Als ich antwortete: ›Ich habe dergleichen noch nie gesehen‹, lachte er und sagte: ›Dies sind meine Sklaven. Sie töten sich aus Liebe zu mir.‹«

In der Welt, die Ibn Battuta vor mehr als sechshundertfünfzig Jahren entdeckt hatte, ging es also drunter und drüber. Noch herrschten an vielen Orten die hinduistischen Gottheiten der Inder, noch glaubten viele Menschen auch an die Lehre des Buddhas Siddartha, die vom südostasiatischen Festland herübergetragen worden war, noch lebten viele Einwohner des riesigen, mehr als dreizehntausend Inseln umfassenden indonesischen Archipels in seliger Eintracht mit den Götzen des Walds, des Weins und der Weiber. Doch das vierzehnte Jahrhundert markiert auch den unaufhaltsamen Vormarsch des Islam in Indonesien. Zweihundert Jahre später schon lebte vermutlich die Mehrheit der Insulaner unter dem Banner des Propheten.

Heute bekennen sich neunzig Prozent der Indonesier zu Allah – rund zweihundertzwanzig Millionen Menschen. Nur etwa acht Prozent sind Christen – überwiegend von Portugiesen zum Katholizismus oder von Holländern zum Protestantismus bekehrte Ureinwohner des Ostens oder *Kalimantans*[23]. Gerade noch auf der Trauminsel Bali hat sich der Hinduismus als bestimmende Religion gehalten – die hinduis-

[23] *Kalimantan* ist der in Indonesien gebräuchliche Name für die Insel Borneo, international ist damit der indonesische Teil der Insel gemeint.

tischen Balinesen machen knapp zwei Prozent der Gesamtbevölkerung aus. Und nur noch ein Prozent der Indonesier bezeichnet sich als Buddhisten – viele von ihnen sind chinesischer Abstammung. Indonesien ist heute mit Abstand das bevölkerungsreichste muslimische Land der Erde. Hier leben ungefähr achtmal soviel Mohammedaner wie in Saudi Arabien oder dem Irak und immer noch dreimal mehr als in der Türkei.

Der malaysische Anthropologe Shamsul A. B. blickt noch über Indonesiens Grenzen hinaus. Er betrachtet die »Malayische Welt« als einen zusammenhängenden Kulturraum im Zentrum Südostasiens (also Malaysia, Indonesien, Brunei, Singapur, Südhailand, den Süden der Philippinen und den Süden Kambodschas), in welchem »neunzig Prozent seiner über zweihundertfünfzig Millionen Einwohner Muslime sind« und in dem Malay als Lingua Franca gesprochen wird.

Damit würden weltweit mehr Moslems Malay sprechen als Arabisch – »eine Tatsache, die selten hervorgehoben« werde, wie Shamsul klagt, »und selbst bei der Mehrheit der Moslems in der Welt« unbekannt sei. Kein Wunder, schließt der Wissenschaftler, dass viele westliche Länder mittlerweile befürchteten, die »kraftvolle Region« mit seinen vielen Muslimen entwickle sich zum »nächsten Nest des globalen Terrorismus«.

»Tatsächlich steigt in Indonesien die Gefahr der Radikalisierung«, bestätigt Rumadi, Programmkoordinator des moderaten muslimischen *Wahid-Instituts* im Herzen Jakartas, »doch noch immer folgt die Mehrheit der indonesischen Muslime einem relativ toleranten Islam.« Aber was heißt schon *der* Islam in *dem* Staat Indonesien? In Aceh beispielsweise, dieser 2004 vom Tsunami so gebeutelten und besonders frommen Provinz an der Nordspitze Sumatras, wird die Lehre Mohammeds weitaus schärfer ausgelegt als in anderen Teilen des Landes. »Dort sind sogar Steinigungen erlaubt, und Dieben kann die Hand abgehackt werden«, sagt Rumadi. In andere Teilen Indonesiens sei das derzeit noch undenkbar: »In Jakarta tragen viele Frauen kurze Röcke.«

Die unterschiedliche Auslegung des Islam ist wohl eine Folge der besonderen Geschichte und kulturellen Vielfalt dieses Landes von großem Ausmaß. Das indonesische Archipel, von Papua im Osten bis Aceh im Westen, erstreckt sich immerhin über gut fünftausendeinhundert Kilometer, das entspricht der Entfernung von Oslo bis nach Abu Dhabi, und weiter über eintausendneunhundert Kilometer von Nord nach Süd. In drei verschiedenen Zeitzonen leben die Indonesier. Sie bilden die viertbevölkerungsreichste Nation der Erde.

»Ohne weiteres ließe sich auch vom ›Land der tausend Inseln, Völker und Sprachen‹ sprechen«, schreibt der Indonesienexperte Volker Stahr in seinem Klassiker *Südostasien und der Islam*, »die Weitläufigkeit des Landes hat auch eine starke ethnische, religiöse und sprachliche Zergliederung zur Folge.« Insgesamt unterscheide man über dreihundert Volksgruppen, über zweihundert Sprachen und Dialekte und treffe auf alle Weltreligionen. Insbesondere »der Grad islamischer Identifikation« sei »je nach geographischer und ethnischer Zugehörigkeit sehr unterschiedlich«. Was hätten schon die Acehnesen mit den Molukkern gemein?

Wer brachte den Islam?

Darüber, wie alles begonnen hat, ist in Indonesien und anderswo mittlerweile ein Historikerstreit entbrannt. Die einen meinen, der indonesische Islam sei von den Arabern selbst nach Indonesien gebracht worden – von ersten Reisenden, Händlern zumeist, die schon im siebenten oder achten Jahrhundert nach Südostasien vorstießen.

Der holländische Islamforscher Keyzer glaubte im neunzehnten Jahrhundert sogar, Ägypter hätten für die Verbreitung der Lehre in Südostasien gesorgt, und erklärte das mit Gemeinsamkeiten in der Auslegung der schafitischen Rechtslehre, wie sie in Indonesien und Ägypten praktiziert wird. Allerdings teilen nicht mehr viele Gelehrte seine Auffassung und verweisen darauf, dass man in der islamischen Welt jede Menge Anhänger der ägyptisch geprägten schafitischen Lehre finden könne, aber dass damit keineswegs eine direkte Verbindung von Ägypten nach Indonesien nachgewiesen werden könne.

Andere halten es für sehr viel wahrscheinlicher, dass es indische Konvertiten waren, die in Südostasien für eine Verbreitung des Islam sorgten. Er sei erst im zwölften Jahrhundert, wenn nicht sogar noch später aufgetaucht. Anhänger dieser Theorie verweisen auf beliebte Handelsrouten jener Zeit und argumentieren mit der Ähnlichkeit von Grabsteinen und Schriftzeichen, die man hier wie dort gefunden habe.

Einig sind sich die Vertreter der Indienthese allerdings nicht einmal darin, aus welcher Region genau der Islam nun seinen Siegeszug über das insulare Südostasien angetreten haben soll. Der Holländer Jan Pijnappel meinte im neunzehnten Jahrhundert, Gujarat und Malabar im Westen Indiens als Ausgangspunkte ausgemacht zu haben. Gujarat war gegen 1300 von Muslimen erobert worden, und später wurde hier ein Sultanat errichtet. Pijnappels Kritiker hingegen halten eher den Süden Indiens für den Ursprung der Islamisierung.

Der Streit geht unter anderem um die Frage, welche Region zuerst unter das grüne Banner geriet – so soll Mujarat erst nach Malay-Indonesien islamisch geworden sein. Oder war es umgekehrt? Klar scheint indes, dass Südindien schon lange vor dem Westen des indischen Subkontinents muslimisch wurde und im Süden und nicht im Westen Indiens die schafitische Rechtslehre dominierte.

In Indonesien hat sich mittlerweile der Glaube durchgesetzt, es seien die Araber selbst gewesen, die den Islam im Gepäck hatten. Im März 1963 jedenfalls kamen die Teilnehmer eines in Medan (Sumatra) veranstalteten Kongresses zum Thema »Der Weg des Islam nach Indonesien« einmütig zu dem Schluss:

> Nach Quellen, die uns zur Verfügung stehen, hat der Islam Indonesien zum ersten Mal im ersten Jahrhundert der *Hidschra* (also im siebenten/achten Jahrhundert der christlichen Zeitrechnung) erreicht. Und zwar direkt aus Arabien.

Auch der holländische Islamspezialist Johan Meuleman hält eine solche Begegnung zwischen Arabern aus der Frühzeit des Islam und Indonesiern für denkbar. »Es ist sehr wahrscheinlich, dass die südostasiatischen Küstenzonen irgendeinen Kontakt mit Muslimen aus der allerersten Periode des Islams hatten«, schreibt er in seinem Aufsatz *Die Geschichte des Islam in Südostasien: Einige Fragen und Debatten*: »Unter den vielen Händlern, die von der arabischen Halbinsel und dem Rest den Nahes Ostens zu den Häfen von Süd-, danach Südost- und schließlich Ostasien gesegelt kamen, müssen einige Moslems gewesen sein.« Aber was beweise das schon? Meuleman: »Viel mehr kann man dazu auch nicht sagen.«

Immerhin räumt der Holländer ein: Wenn man schon von frühen Kontakten zwischen muslimischen Arabern und Indonesiern ausgehen müsse, könne man diese Begegnungen mit etwas Wohlwollen auch »als den Beginn der Islamisierung« bezeichnen. Ähnliche Unklarheit wie über die zeitliche Abfolge der Islamisierung und die geographischen und ethnischen Ursprünge dieses Prozesses herrscht über die möglichen Übertragungswege. Waren es vornehmlich Händler, die den Islam verbreiteten? Oder waren es eher politische Motive, die für eine Ausbreitung der Religion sorgten? Von einer Kombination beider Faktoren geht der Holländer J. C van Leur aus; er ist Experte für den asiatischen Handel.

Der britische Islamforscher Anthony Milner von der Australian National University rückt dabei eher den Pragmatismus damaliger Herrscher und Händler in den Mittelpunkt seiner Betrachtungen. Den südostasiatischen Prinzen jener Zeit habe wohl hauptsächlich die »übermenschliche Position muslimischer Könige« (Meuleman) imponiert, deren Macht in der Region noch durch die Übernahme persischer Traditionen und gewisser Aspekte des islamischen Mystizismus verstärkt worden seien. Die indonesischen Händler hingegen hätten sich vom Übertritt zum Islam schlicht bessere Geschäfte mit ihren arabischen Partnern versprochen. So kann es gewesen sein.

Doch Milners Kollege A. H. Johns will von derart einfachen Erklärungen, die eher auf die Schwächen menschlicher Natur verweisen, nichts wissen. Er bevorzugt die Auffassung, die Kraft des damals praktizierten Sufismus und das weitverzweigte Netzwerk seiner Apologeten habe erst die Ausbreitung des Islam nach Südostasien ermöglicht – und zwar nach der vorübergehenden Einnahme des Bagdader Abbasid-Kalifats durch die Mongolen 1258.

Prinzipiell teilt der indonesische Geschichtsprofessor Azyumardi Azra Johns Behauptung. Allerdings muss sich seiner Ansicht nach alles schon im zehnten Jahrhundert abgespielt haben – schließlich habe die massive Expansion des islamischen Mystizismus drei Jahrhunderte eher begonnen, als Johns angibt.

Wie immer man aber die einzelnen Faktoren gewichtet – klar scheint zu sein: Sowohl Handlungsreisende, als auch Fürsten und Sufis brachten den Islam unters Volk. Und: Wann immer auch die ersten Menschen in Indonesien konvertiert sein mögen – erst im dreizehnten Jahrhundert konnte der Islam auf dem Archipel richtig Fuß fassen. Und zwar zunächst in den Hafenstädten an der Nordküste Sumatras – von wo er später nach Trengganu im heutigen Malaysia, Brunei, Jolo und Mindanao (Philippinen) und Java exportiert wurde.

Als Marco Polo 1292 Sumatra besuchte, existierte dort bereits ein muslimisches Königreich: es nannte sich *Perlak.* »Diese Königreich«, notierte der Venezianer, »ist so sehr von sarazenischen Kaufleuten bevölkert, dass sie die Einheimischen zum Gesetz Mohameds konvertiert haben – ich meine damit aber nur die Städter, die Bergmenschen leben eher wie die Tiere und essen menschliches Fleisch genauso wie alle anderen Arten von Fleisch, ob es sauber ist oder unrein.«

Nördlich von Perlak entwickelte sich wenig später ein weiteres Sultanat – eben jenes, von dem der Reisende Ibn Battuta so entzückt berichtete. Dem Islam in Indonesien war nun der Weg geebnet. Nicht mehr lange, und auch das mächtige Hindu-Königreich Majapahit würde zerfallen. Malakkas Aufstieg als »halb- internationaler und halb-muslimischer Handelshafen« begann, so der Autor Kurt Heinz Junghans. Der indonesische Sonderweg habe darin bestanden, »daß sowohl der Islam als auch die herrschenden kulturellen Elemente in Indonesien eine große Toleranz im Respektieren der gegenseitigen Werte zeigten«. Der Übergang vom Hinduismus zum Islam ging in Indonesien deshalb ohne größere Reibung vonstatten. Der indische Hindumystizismus wich dem islamischen Sufismus.

Im 16. und 17. Jahrhundert schon entwickelte sich an Orten wie Malakka und Aceh eine islamische Literatur in malaiischer Sprache. »Im 17. und 18. Jahrhundert breitete sich der Islam langsam auch im Inneren der einzelnen Inseln aus«, schreibt Volker Stahr, »um 1800 waren Sumatra, Java und verschiedene Regionen Malaysias fast vollständig islamisiert.« Neben den mystischen Spielarten des Islam etablierte sich ein strengerer Schriftislam. Zu den Sunniten gesellten sich Schiiten. Aus Indonesien wurde ein muslimisches Riesenreich.

Auf dem hier beschriebenen Weg muss Mohammeds Religion auch auf die Philippinen gelangt sein. Volker Stahr weist darauf hin, dass viele Händler nach der Jahrtausendwende »aus dem in Sumatra gegründeten, buddhistischen Sri-Vijaya-Reich«, das zwischen 800 und 1377 existierte, an die Ufer der heutigen Philippinen kamen. Der Begriff *Visayas* für das Gebiet zwischen Luzon und Mindanao weist heute noch darauf hin. Chinesen hatten schon weitaus früher die Eilande angesteuert. Im zwölften Jahrhundert nun übernahmen arabische Händler die Siedlung May Nilad auf Luzon und handelten Gewürze, Holz, Honig oder Sklaven. Daran, den Islam unters handelnde Volk zu bringen, zeigten sie allerdings wenig Interesse, ihnen ging es ums Geld und weniger um den Glauben. Das sollte sich erst gegen Ende des vierzehnten Jahrhunderts ändern, als islamische Gelehrte von Borneo her die Sulu-See ins Visier nahmen und dort ihr frömmlerisches Treiben begannen, darunter befanden sich Sufis, die sich *Makhdumin* nannten.

Es sollen sieben Brüder gewesen sein – wenn nicht durch Verwandtschaft, dann wenigstens im Geiste.

Der erste, der hier wirkte, war ein Araber, der unter dem lokalen Namen *Tuan Mashaika*[24] bekannt wurde, eine Einheimische ehelichte und die gemeinsamen Kinder im Islam unterwies. 1380 will ein anderer Araber, der Richter Karim Al-Makhdum, in Buansa auf der Sulu-Insel Jolo bereits eine lebendige muslimische Gemeinde ausgemacht haben, wenig später errichtete der Mann, der als Scharif Auliyah bekannt werden sollte, in dem Dörfchen Tubig Indangan auf der Insel Simunul die erste Moschee. Zur gleichen Zeit erreichte ein anderer Makhdum, Aminullah, die Insel Sulu. Die anderen aus der Sippe, es sollen insgesamt sieben gewesen sein, verteilten sich in der Weite der Sulu-See.

Zehn Jahre dauerte es, bis diesen frühen Islamisierungsbemühungen der muslimische Prinz Radscha Baginda aus Sumatra folgte. Anfangs soll er zwar eher feindselig empfangen worden sein – aber irgendwie gewann er das Vetrauen der Sulus. Mitsamt seinen Spießgesellen ließ er sich in der Sulusee zwischen Borneo und Mindanao nieder und setzte das Werk Al-Makhdums fort. Mit einigen Erfolg: Wenig später wurde auf Jolo ein erster Sultan gekrönt: Sayid Abukabar, ein Gelehrter aus dem Süden Arabiens, von dem behauptet wurde, er sei ein direkter Nachfahre des Propheten gewesen, und der sich später *Sharif Hashim* nennen ließ. Er heiratete Paramisuli, eine Tochter Radscha Bagindas, und baute seine Macht aus, brachte die Inseln Sulu, Palawan, sowie Basilan und die Halbinsel Zamboanga unter seine Kontrolle. Einige Jahre später[25] verbreitete Scharif Muhammad Kabungsuwan aus Johore den Islam in Maguindanao, wo er »die Eingeborenen-Prinzessin Putri Tunoma«[26] heiratete und sich zum Sultan ausrufen ließ. Damit hatte der Islam endlich auch den Sprung auf die Großinsel Mindanao geschafft. Er war von auf dem Vormarsch im Süden der Philippinen.

---

[24] Der Begriff *Mashaika* wurde wohl vom arabischen Scheich, der Bezeichnung für einen religiösen Führer, abgeleitet.

[25] Manche Historiker meinen: im Jahr 1475, andere tippen eher auf 1515.

[26] Jens Peters: *Philippinen. Reise-Handbuch*, S. 19.

Besonders schwer wurde es ihm auch nicht gemacht. Er traf auf keine etablierten Großreligionen wie Christentum, Hinduismus oder Buddhismus, was der Ethnologe Albrecht Schaefer mit dem fehlenden »Machtmonopol eines Alleinherrschers« begründet, »der einer neuen Geistesströmung notfalls mit Gewalt Zutritt hätte verschaffen können«. So seien »die selbstgenügsamen, isolierten Kulturgruppen in weiten Teilen des Archipels« von unliebsamen Missionierungsversuchen weitgehend unberührt geblieben. Die Menschen von Mindanao und Sulu waren bislang Animisten gewesen, die Steine und Sterne vergötterten. Ein gewisser Wohlstand, den die arabischen Händler brachten, öffnete sie für eine neue Religion – anders als im restlichen Teil der Welt kam der Islam in Südostasien nicht mit Feuer und Schwert. Mit dem Wissen, das die Neuankömmlinge zur damaligen Zeit hatten, mussten sie auf die Einheimischen wie Übermenschen gewirkt haben. Die »Eroberer-Missionare«, behauptet folglich Philippenkenner Roland Dusik, hätten sich als »vergleichsweise humane Kolonisatoren erwiesen«, die »mit Toleranz und Diplomatie ihre Interessen mit denen der Einheimischen zu verbinden« gewusst hätten: »Die meisten der südphilippinischen Stämme nahmen die neue Lehre willig an, nur wenige weigerten sich oder wichen in die Berge zurück.« So gelangten ungehindert und Schritt für Schritt orientalische Kunst und arabisches Recht und arabische Schrift und der arabische Kalender auf die Inseln. Über die Visayas breitete sich der Islam weiter nach Norden aus.

Selbst in Luzon, wo die Radschas Lakandula und Sulayman Mahmud herrschten, dominierten Mohammedaner das kulturelle und wirtschaftliche Leben. »Es ist heute schwer zu glauben, dass Manila einst fest in muslimischer Hand war – Moslems kontrollierten den Regierungssitz, den Wohlstand und den Handel entlang des Pasig-Flusses, um den Bai-See herum und in Batangas«, gibt die bekannte philippinische Autorin Carmen Guerrero Nakpil zu, »die Moslems waren die herrschende Klasse in Luzon, die reichen Geschäftsleute, die kulturellen Führer und die Missionare, diejenigen mit dem Wissen und den guten Beziehungen, diejenigen, die Lesen und Schreiben konnten und über die richtige Religion verfügten.« Manila, Cebu und Mactan, das waren Festungen, die von islamischen oder zumindest vom Islam beeinflussten Führern kontrolliert wurden. Fast hätte sich der Islam vollkommen ungehindert in Südostasien ausbreiten können, doch dann brachen einige Wagemutige im fernen Europa auf, die arabische Blockade des Wegs nach Indien zu durchbrechen. Es begann das Zeitalter der Portugiesen und Spanier – und des Christentums, das mit ihnen seinen Weg auch auf die Philippinen finden sollte.

Ibn Battuta aber setzte seinen Weg von Sumatra nach China fort. Nach insgesamt einundsiebzig Tagen Fahrt, davon siebenunddreißig »auf dem völlig windstillen Meer«, soll er dabei auf heutigem philippinischen Gebiet haltgemacht haben. Jedenfalls glauben das viele Historiker, und auch der Nationaldichter José Rizal war schon dieser Überzeugung. Als Tawalisi, »so nach seinem König benannt«, bezeichnete der arabische Reisende jenes Land, das heute von vielen für Pangasinan, Teil der Luzon-Provinz und Marcos-Hochburg Ilocos, gehalten wird.[27]

Zwar fand Ibn Battuta an diesem nordwestlichen Zipfel Luzons damals noch keine Glaubensgenossen vor – »die Bewohner des Landes sind Götzenanbeter«, notierte er –, doch wusste er von allerlei anderem Phantastischen zu berichten: von einem König zum Beispiel, der ein »ähnliches Ansehen wie der Herrscher von China« genießt und über viele Dschunken verfügt, »mit denen er die Chinesen bekämpft, bis sie unter gewissen Bedingungen zu einem Frieden bereit sind«. Beeindruckt war Ibn Battuta auch von den Einheimischen, von denen er schwärmte, sie seien »von schöner Gestalt und in ihrem Äußeren den Türken sehr ähnlich«. Die Menschen hätten eine »rötliche Hautfarbe«, seien »tapfer und kühn«, und »auch ihre Frauen verstehen trefflich zu kämpfen und wie ihre Männer zu schießen«.

Nahe der Stadt Kailukari, »einem der größten und schönsten Orte«, ging der Araber vor Anker, und erlebte eine Überraschung: die Stadt wurde von einer Frau regiert: von Urduja, der Tochter des Königs, einer Amazone, die türkisch sprach und arabisch zu Schreiben verstand; die für »ihre Stärke, Tapferkeit und Waffenkunst hinlänglich bekannt« war und ein Heer kommandierte, in dem Seite an Seite »freie Frauen, Dienerinnen und Sklavinnen« kämpften. Anfangs mochte Ibn Battuta das weibliche Fabelwesen gar nicht treffen; seine Religion verbiete ihm,

---

27 Es gibt auch Menschen, die meinen, es könnte sich bei Tawalisi um einen Teil Chinas, Kambodschas, um eine Sulu-Insel, Sulawesi oder um ein pures Phantasieprodukt handeln.

von den Gerichten der Heiden zu essen, quengelte er. Doch dem Befehl der resoluten Herrscherin konnte er sich schließlich nicht widersetzen. Und so wurde der Reisende in den großen Sitzungsaal geführt, zum Staatsthron der Herrscherin, die umgeben von »Matronen, die ihre Ratgeberinnen waren«, und Männern, die in der Gegen herumstanden, Hof hielt: »Ihr Thron war mit Seidenstoffen belegt, über ihm befanden sich Seidenvorhänge, und sein Holz war aus mit Goldplatten belegtem Sandelholz. Auf Estraden aus bunt bemaltem Holz standen viele Goldgefäße in allen Größen, Amphoren, Krüge und Pokale.« Was für ein Sud sich darin befand, musste dem Abstinenzler erst erklärt werden: ein Getränk, »das aus mit Wohlgerüchen getränktem Zucker bereitet wurde. Man trinkt es nach der Mahlzeit; es habe einen aromatischen Geruch und einen milden Geschmack«, notierte Ibn Battuta fleißig, »erheitere die Menschen, schenke einen angenehmen Atem, fördere die Verdauung und rege zum Liebesgenuss an« – also nichts für Mohammedaner. Ibn Battuta palaverte lieber mit der kriegerischen Gastgeberin, die schon einmal eigenhändig einen feindlichen König enthauptet haben und danach »mit dem Kopf ihres Feindes auf der Lanzenspitze« durch die Gegend stolziert sein soll.[28]

Nachdem Ibn Battuta dabei leichtfertig von Indien geschwärmt hatte und Urduja daraufhin meinte, das Land müsse sie umgehend überfallen (»Ich muß unbedingt dieses Land angreifen und in meinen Besitz bringen; denn die Fülle seiner Schätze und Truppen gefällt mir«), worin sie Ibn Battuta nun wiederum durchaus bestärkte (»›Tue das‹, ermunterte ich sie«), gingen die beiden neuen Freunde zufrieden auseinander und ihrer Wege. Sie mit einem neuen Schlachtplan und er mit Gewändern, zwei Elefantenlasten Reis, zwei Büffelkühen, zehn Schafen, vier Pfund Sirup, vier *Martasans*, großen Gefäßen voller »Ingwer, Pfeffer, Zitronen und Mangofrüchten, die alle in Salz eingelegt und für die Seefahrt vorbereitet waren«.

Ahoi! So reichlich beschenkt konnte es weitergehen – neuen Ufern entgegen.

---

[28] ... weshalb sie auch keinen Mann fand. Urduja soll nämlich bekanntgegeben haben, sie heirate nur den Freier, »der sich mit mir im Zweikampf misst und mich dabei überwinden kann«. Davor hätten aber alle Bewerber Angst gehabt. Sie fürchteten sich »vor der Schande, vielleicht von einer Frau besiegt zu werden. So war sie bisher ohne Ehemann geblieben« (Ibn Battuta: *Reisen ans Ende der Welt*, S. 242).

Vorstoß nach Osten – die Reisen von Vasco da Gama und Magellan

Im fünfzehnten Jahrhundert fasste also langsam der Islam Fuß auf den philippinischen Eilanden und mischte sich mit dem bisher dominierenden Glauben der Einheimischen – also jenem Hokuspokus »mit Geistern und Gespenstern und Beschwörern und Wahrsagern und Magiern und Geomanten und Teufeln und Talismanen und Amuletten und Flüchen und Hexerei« (Hamilton-Paterson), der bis heute nicht gänzlich verschwunden ist. Seit langem schon dominierten Araber die Region, vor allem den Handel mit kostbaren Gewürzen und Stoffen. Und selbstverständlich hatten sie auch ihre Religion im Gepäck, wenn sie an den fremden Küsten auftauchten. Ihr Treiben blieb weitgehend ungestört, weil den Europäern seit der Eroberung Konstantinopels durch die Osmanen der Landweg nach Osten versperrt war. Doch insbesondere in den Seefahrernationen Spanien und Portugal wurde bereits fieberhaft nach Alternativen gesucht.

Der Name des Berichterstatters ist unbekannt. Man weiß, dass er portugiesischer Seemann war, dass er an Vasco da Gamas großer Reise teilnahm, dass er auf der *Raphael* diente, einem Schiff, das von Paulo da Gama, dem Bruder des Entdeckers, kommandiert wurde. Seinen Text verfasste er nach der geglückten Rückkehr in die portugiesische Hauptstadt Lissabon. Er ist als *Roteiro da viagem de Vasco da Gama em 1497* bekannt geworden, und er beginnt mit dürren, frommen Worten:

> Im Namen Gottes des Herrn, amen! Im Jahre 1497 entsandte König Dom Manuel, der erste dieses Namens in Portugal, vier Schiffe auf Entdeckungen aus, die nach Gewürzen fahren sollten. Als Kommandant dieser Schiffe fuhr Vasco da Gama, und von den anderen Schiffen befehligte eines sein Bruder Paulo da Gama und ein anderes Nicolao Coelho. An einem Samstag

> – es war der achte Juli besagten Jahres 1497 – traten wir von Rastello aus unsere Fahrt an, die Gott der Herr wolle zum Ziel führen lassen. Amen!

Noch mehr als fünfhundert Jahre später gilt die Expedition, die damals begann, als eines der bedeutendsten Ereignisse in der Weltgeschichte: die Entdeckung des Seewegs nach Indien. Fünf Jahre zuvor hatte Christopher Columbus Amerika entdeckt, nun war das Kap der Guten Hoffnung umrundet und die Fahrt nach Osten erfolgreich fortgesetzt worden.

Portugals Aufstieg zur Weltmacht

Die Angst vor dem Unbekannten – besiegt. Portugal – nicht mehr abhängig vom mühseligen und von Arabern und Türken beherrschten Landweg nach Indien. Schiffe, vollbeladen mit Pfeffer und anderen kostbaren Gewürzen, edlen Stoffen und Edelmetallen konnten nun Lissabon erreichen – weitgehend unbehindert und allein den Tücken des Meeres trotzend. Portugal würde für einige Jahrzehnte die größte Seemacht der Erde sein.

Nur kurze Zeit später würde Pedro Alvarez Cabral, ein anderer portugiesischer Schiffskommandant in da Gamas Fahrwasser, bei der Umschiffung gefährlicher Strömungen vor der Westküste Afrikas etwas zu weit nach Südosten abgetrieben werden – und dabei Brasilien entdecken. Es war auch der Beginn der Herrschaft des weißen Mannes über weite Teile der Menschheit.

In der Folge von Vasco da Gamas Entdeckung werde »die Expansion einiger missionsbegeisterter, land-, macht-, gold- und profithungriger portugiesischer Könige, Adeliger, Kaufleute und Abenteurer« als ein »sukzessive den gesamten Erdball umfassenden Prozess zunehmender Kontaktaufnahme und Konfrontation, vielfältiger Kommunikation sowie intensiven Kenntnistransfers in alle Richtungen gesehen«, meint gar der Wiener Historiker Peter Feldbauer.

Vasco da Gamas Reise – also eine epochemachende Tat, die das Ende des Mittelalters markiert und gleichsam den Beginn der Globalisierung. Waren sich die Beteiligten der historischen Bedeutung ihres Treibens bewusst? Fast scheint es so.

Kurze Zeit, bevor die große Fahrt beginnen sollte, hatte Portugals

König Dom Manuel seinen Schiffskommandanten Vasco da Gama, dessen Bruder Paulo und die wichtigsten anderen Offiziere zu sich auf die Burg Montemór o Novo geladen. Es wurde eine feierliche Audienz; die wichtigsten Persönlichkeiten des Hofes waren gekommen, die höchsten Würdenträger der Kirche in Zeremonialgewändern.

»Da mein Königreich neue Titel, neue Gewinne und Einkünfte von der Küste Äthiopiens [also: Afrikas, Anm.] erhalten hat, das praktisch längs der ganzen Küste erforscht ist«, hub der fromme Monarch nach Darstellung des Schriftstellers João de Barros an,

> wieviel mehr können wir erhoffen, wenn wir in unserem Streben fortfahren, die orientalischen Reichtümer zu erwerben, welche die Autoren der Antike so preisen, ein Teil, welcher Reichtümer, durch Handel erworben, solch mächtige Staaten wie Venedig, Genua, Florenz und andere sehr große Städte Italiens noch erhöht hat!

Und dann lobte er die Vertreibung der Mauren »aus diesem Teil Europas und Afrikas«, versprach da Gama und seinen Leuten »ruhmreiches Andenken« als Lohn für die bevorstehenden Strapazen und erinnerte mahnend an die »Pflicht zu Frieden und Eintracht«.

Nach dieser königlichen Ansprache soll da Gama vor seiner Majestät niedergekniet, das seidene Banner des Christusordens, ein rotes Kreuz auf weißem Grund, entgegengenommen und den Treueeid geschworen haben:

> Ich, Vasco da Gama, der ich jetzt von Euch, allerhöchster und mächtigster König, mein Lehnsherr, den Befehl erhalten habe, auszuziehen und die Meere und Länder Indiens und des Orients zu entdecken, schwöre auf das Zeichen dieses Kreuzes, auf das ich meine Hände lege, dass ich im Dienste des Allerhöchsten und Euer selbst es aufrechterhalten und es angesichts der Mauren, Heiden oder anderen Ungläubigen, denen ich begegnen könnte, nicht verlassen werde.

Wenig später stachen die Schiffe in See: zwei Dreimaster von hundert, beziehungsweise hundertzwanzig Tonnen; das größere, die *São Gabriel*, mit zwanzig Bombarden bestückt; dazu ein kleineres Vorratsschiff, welches später vernichtet werden sollte, und die Karavelle *Berrio*. An Bord befanden sich etwa einhundertundsiebzig Mann: darunter ein Dutzend Sträflinge, einige bereits zum Tode verurteilt, die später ausgesetzt werden sollten, um Neuland zu erkunden; einige afrikanische Sklaven, die als Dolmetscher an fremden Küsten dienen sollten.

Außerdem: Navigatoren und Matrosen, Soldaten, Stückmeister und Hornisten, ein Chirurg, Reepschläger und Büchsenmacher, Köche und Kajütenjungen. Viele der Seeleute waren schon mit Bartholomeu Diaz gesegelt, hatten also reichlich Erfahrung auf fremden Meeren.

Und auch bei der Zusammenstellung der Ladung hatte der große Entdecker tatkräftig Hilfe geleistet. Die modernsten nautischen Geräte wurden selbstverständlich mitgenommen (der Kompass war schon lange bekannt), und zusätzlich Tauschgüter. Bei diesen orientierte man sich an den Erfahrungen mit den Afrikanern, lud Stoffe, Korallen, Hüte und Kapuzen – und musste sich dafür später von den arabischen Kaufleuten und indischen Herrschern verspotten lassen, denn die waren kostbare Geschmeide, Gold und Diamanten gewohnt.

So ging es also vom Fluss Tejo, nur ein paar Meilen von Lissabon entfernt, hinaus: »Dahin, wo neue Wunder zu erkunden/Die Schiffe sich dem fremden Strande nahn« – wie es Luiz Vaz de Camões in seinem portugiesischen Nationalepos *Die Lusiaden* sechzig Jahre später besingen würde. An Deck bliesen die Trompeter eine Fanfare, Musikanten wirbelten auf ihren Kesselpauken. Flöten und Tamburins erklangen. Flaggen und Wimpel flatterten. Die Soldaten trugen glänzende Rüstungen, und Dutzende kleiner Boote säumten die Ausfahrenden – Neugierige und Angehörige, die einen letzten Blick erhaschen wollten: auf die vom Wind geblähten Segel mit dem christlichen Kreuz.

Begonnen hatte Portugals historisch einmaliger Eroberungs- und Entdeckungsfeldzug um das Jahr 1415 herum, als drei Söhne des portugiesischen Königs Johann I. einen Kreuzzug gegen Ceuta unternahmen und in einem Handstreich die reiche arabische Handelsstadt eroberten. Portugal hatte zum ersten Mal nach einem überseeischen Territorium gegriffen. Und im jüngsten der drei Königssöhne, im Infante Henrique, Heinrich also, den sie schon bald *o navegador*, den Seefahrer, nennen sollten, keimte fortan der Wunsch nach weiterer Ausdehnung dieser Macht, nach der Eroberung der Meere. Heinrich träumte von der Umrundung Afrikas, der Schaffung einer portugiesischen Seemacht, der Entsendung christlicher Missionare in die von Heiden bewohnten Gebiete, der Erleichterung des Handels vor allem mit anderen christlichen Ländern.

Ab 1422 schickte er, der selber kaum je zur See gefahren war, jährlich eine Expedition auf die Reise, das Kap Bojador zu bewältigenden. *Ausbauchendes Kap* nannten die Portugiesen die Stelle, wo sich die Westküste Afrikas zwischen Marokko und der Elfenbeinküste weit in den Atlantischen Ozean hineinschiebt. Berüchtigt und gefürchtet war sie bei allen Seeleuten der damaligen Zeit. Schon die Phoenizier hatten sagenhafte Geschichten verbreitet: von Magnetbergen und einer Sonne, die so heiß sei, dass sie die Nägel aus den Schiffsplanken lösen könne.

Jahrhundertlang wurde das Seemannsgarn geglaubt und weitergesponnen: dass vor der afrikanischen Küste Seeungeheuer ihr Unwesen trieben, Sirenen und böse Geister. Dass hinter dem Kap das Ende der Welt liege. Und tatsächlich lauern vor der afrikanischen Westküste gefährliche Untiefen und Strudel und schwierige Winde. Schieben sich vor der Westsahara Sandbänke und Riffe ins Meer hinaus. Treibt der Harmattan undurchdringliche Wolkenwände aus rötlichem Wüstensand übers Meer. Bis zum Jahr 1434 scheiterten alle Expeditionen am Kap Bojador.

Dann gelang es einem Schildknappen Heinrichs, Gil Eanes, endlich, die Barriere zu überwinden. Statt sich, wie damals noch üblich, nahe an Küste zu halten, segelte er mit seinem Zweimaster weit nach Westen hinaus, drehte dann nach Süden und umrundete das Kap Bojador mit all seinen Tücken weiträumig.

Ein erster Schritt war also gemacht. Nun war Heinrich nicht mehr zu stoppen. Während die von ihm entsandten Abenteurer immer wieder die afrikanische Küste hinabgesegelt waren, hatte er Portugal systematisch zum Wissenschaftszentrum ausgebaut. In seinem Observatorium im Süden des Landes waren die besten Navigatoren, Schiffsbauer und Kartographen aus aller Welt versammelt. Jeder Seefahrer wurde in die Pflicht genommen, ausführlich von seinen Reisen Bericht zu erstatten, Karten anzulegen und Wege zu markieren. Doch ganz selbstlos war Heinrichs Streben nicht. Während die Küste Afrikas langsam Gestalt annahm, wurden die portugiesischen Geheimnisse sorgsam gehütet – wer plauderte, dem drohte die Todesstrafe. Ein Spionagenetz in fremden Häfen und Handelszentren wachte darüber.

Auch die sensationelle Meldung über Eanes' Vordringen hielt Heinrich zunächst unter Verschluss und ließ sich erst vom König das Monopol für den Handel südlich des Kaps ausstellen. Eine Lizenz zum Gelddrucken, wie sich schnell herausstellte, sollte das sein, denn schon bald würde der Sklavenhandel, die systematische Ausplünderung Afrikas, zu einem der wichtigsten Wirtschaftszweige der aufstrebenden Nation werden.

Die Überwindung des Kap Bojador war so etwas wie eine Befreiung, nun ging alles schnell. 1445 hatten es die Schiffe Heinrichs bereits bis zum Kap Verde geschafft, ein Jahr später drangen sie bis zur Mündung des Senegal vor. Zu diesem Zeitpunkt hatten sich schon einundfünfzig portugiesische Schiffe am lukrativen Afrikahandel beteiligt und waren vierhundertfünfzig Seemeilen über Kap Bojador hinausgedrungen.

Gleichzeitig jedoch tauchte eine ganz andere Bedrohung im Osten auf: Konstantinopel, die Hauptstadt Ostroms, fiel 1453 in die Hände osmanischer Truppen. Plötzlich geriet der Indienhandel komplett unter die Kontrolle der Moslems, Luxusgüter aus Fernost, Seide, Juwelen und Gewürze wurden fast unerschwinglich. Dieser Handel lief fast ausschließlich über Venedig. Kein Wunder, dass in Portugal die Möglichkeit, den islamischen Riegel auf dem Seeweg zu umgehen, zur fixen Idee geworden war – auch nach dem Tode Heinrichs, der 1460 starb, und seinen Nachfolgern nachgerade als Visionär erschienen sein musste.

»Die Vorteile, die er Portugal verschaffte, sind so groß, daß der König und das Volk ihm großen Dank schulden«, erkannte bereits Vasco da Gamas Zeitgenosse, der Seefahrer Duarte Pacheco Pereira. Heinrichs Weitsicht allein verdanke Portugal »jährlich 3500 Sklaven und mehr, viele Elfenbeinzähne, Gold, feine Baumwolltücher und viele andere Waren«.

Davon profitierte zunächst einmal hauptsächlich die Krone. 1469 verpachtete König Alfons V. den Afrikahandel an einen Lissabonner Kaufmann – verbunden mit der Aufgabe jedes Jahr einhundert Leguas, rund fünfhundertundfünfzig Kilometer, weiter entlang der afrikanischen Küste vorzustoßen. Zwei Jahre später bereits wurde der Äquator überschritten, 1482 der Kongo erreicht, 1485 die Küste des heutigen Staates Namibia.

So rasch rückten die Portugiesen nun vor, dass sie sich den Zorn der spanischen Könige zuzogen. 1481 musste Papst Sixtus IV. schlichten. Großzügig teilte er die Welt in der päpstlichen Bulle *Aeterni Regis* in zwei Hälften ein und sprach die Kanarischen Inseln den Spaniern, aber alles, was südlich davon lag, den Portugiesen zu. Allein, das genügte nicht, die Streithähne langfristig zu besänftigen und alle ungeklärten Fragen aus dem Weg zu räumen.

1494, zwei Jahre nach Columbus' Entdeckung der neuen Welt für Spanien, sah sich Sixtus-Nachfolger Papst Alexander VI. genötigt, erneut zwischen den rivalisierenden Mächten zu vermitteln; er teilte im

Vertrag von Tordesillas die Welt nun zwischen West und Ost auf. Alles, was dreihundertsiebzig spanische Leguas (rund eintausensiebenhundertsiebzig Kilometer) westlich der Kapverden lag, sollte fortan den Spaniern gehören, und, was östlich davon lag, Portugal – also das heutige Brasilien als westlichstes Gebiet, und östlich davon Afrika und Asien.

Der nächste seefahrerische Durchbruch war in der Zwischenzeit dem Portugiesen Bartholmeu Diaz de Novaes 1487 gelungen, nämlich die Umrundung des zweiten großen Hindernisses auf dem Weg nach Indien: der Südspitze Afrikas. *Kap der Stürme* nannte er es, aber weil es nun nicht mehr weit sein konnte nach Indien, taufte sein König es später in *Kap der Guten Hoffnung* um.

Allein, Diaz blieb der große Triumph verwehrt. Geplagt von Heimweh, Skorbut und tosender See, meuterte seine Mannschaft ungefähr auf der Höhe des heutigen Mosambik und zwang den Portugiesen zur Heimkehr nach Lissabon. So nah war er seinem Ziel gekommen, doch nun sollte es an einem anderen sein, das letzte, entscheidende und Geld und Ruhm verheißende Stück der Reise fortzusetzen.

Warum König Manuel nicht ihn, sondern einen jungen, 28jährigen Adligen namens Vasco da Gama zum Kommandeur der entscheidenden Expedition machen würde, darüber streiten bis heute die Historiker. Hatte Bartolomeu Diaz zu große Schwäche gezeigt, als er sich der meuternden Mannschaft gebeugt hatte? Oder fürchtete man am Hof, dass Diaz, der für die portugiesische Krone bald zweitausendzweihundertfünfzig Kilometer Küste erkundet hatte, zu mächtig werden würde? Unüblich war es jedenfalls keineswegs für die portugiesischen Herrscher, dass sie die Führung über ihre Expeditionen immer anderen Männern anvertrauten.

»Man kann sagen, daß er das Land Indien erblickte, aber, wie Moses das Gelobte Land, nie zu Gesicht bekam«, klagte der portugiesische Dichter Antônio Galvão 1563 über das Unglück jenes Mannes, dessen Leben schließlich, einige Jahre nach da Gamas Triumph, konsequenterweise tragisch endete: in einem Orkan irgendwo vor der Südküste Afrikas; bei seinem endgültig letzten Versuch, Indien zu erreichen.

Vasco da Gama wurde 1469 in Sines geboren, einer kleinen Küstenstadt auf halbem Wege zwischen dem Fluss Tejo und dem Cabo de São Vicente, rund einhundert Kilometer südlich der Hauptstadt. Ein Hafen befand sich hier schon immer, er liegt in einer Bucht, die gerade ein-

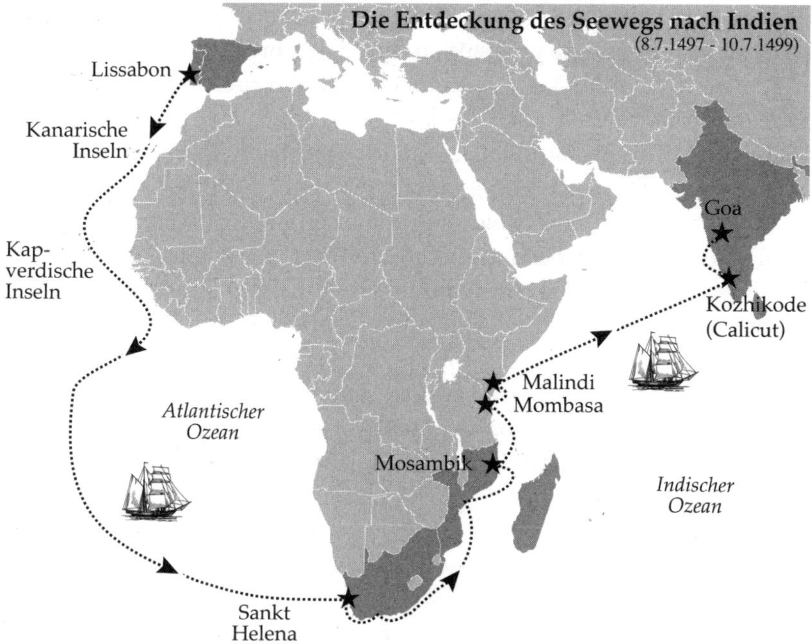

mal groß genug ist, um die einheimischen Fischerboote aufzunehmen. Die Menschen aus Sines lebten immer schon vom Meer: die Fischer, die Seeleute, die Händler, die Reepmacher, die Schiffsbauer. Unter der Stadt, die auf einer kleinen Anhöhe gelegen ist, erstreckt sich die Weite des Ozeans.

Da Gamas Familie stammte ursprünglich aus Alemtejo. Es war keine besonders wohlhabende Sippe, aber sie hatte eine ruhmreiche Vergangenheit. Genealogen führen die Linie bis auf einen Alvaro Annes das Gama zurück, der 1280, bei der Rückeroberung der Algarve von den Mauren, Alfonso III. diente und dafür vom König ausgezeichnet wurde. Vasco da Gamas Mutter Isabel Sodré hatte englische Vorfahren. Belegt ist ein Großvater Frederick Sudley aus dem Geschlecht der Earls von Hereford.

Allzuviel über da Gamas Jugendjahre weiß man dennoch nicht. Nicht, was er studiert hat. Nicht, wann er das erste Mal zur See gefahren ist – vermutlich führten ihn die ersten Reisen zur Guineaküste. Belegt ist, dass da Gama 1480 in den Ritterorden von Santiago eintrat und dass er 1492 von König Johann II. mit einer Strafexpedition in die

Algarve gesandt wurde, um dort nach einer Kabale mit französischen Korsaren Vergeltungsmaßnahmen durchzuführen.

Wie genau es dazu kam, dass 1497 ausgerechnet Vasco da Gama aus Sines das Kommando über die Indien-Expedition angetragen wurde, bleibt unklar. Immerhin war es eine der am besten vorbereiteten und wichtigsten Expeditionen der damaligen Zeit. Columbus hatte Amerika, das er zeitlebens starrsinnig für Indien hielt, ja eher zufällig und nach völlig falschen Berechnungen entdeckt. Aber da Gamas Durchbruch war sorgsam geebnet worden. Bartholomeu Diaz begleitete den jungen Argonauten noch bis zu den Kanarischen Inseln. Dann kehrte er um.

Derart gewappnet, kam da Gamas Fahrt schnell voran. Bereits nach gut vier Monaten erreichten die Portugiesen das Kap der Guten Hoffnung, und wann immer sie sich dem Land näherten, schmückten die Entdecker ihre »Schiffe mit Fahnen und Standarten«, legen Galakleider an und feuerten Böllerschüsse ab. So ist es durch den unbekannten Reiseteilnehmer in seinem Bericht überliefert.

In diesem Ornat, das auf die Einheimischen befremdlich gewirkt haben mag, trafen sie auf »Menschen von brauner Hautfarbe, die sich von Seelöwen ernähren, von Walfischen, Gazellenfleisch und von Pflanzenwurzeln. Sie gehen in Felle gekleidet und tragen über ihren Geschlechtsteilen eine Art von Scheide. Ihre Waffen sind im Feuer gehärtete Hornstücke, die sie in Stöcke von wildem Ölbaum einsetzen.« Beeindruckt berichtete der Chronist von Vögeln, »die sind so groß wie Enten und können nicht fliegen, weil sie keine Schwungfedern in den Flügeln haben, und man nennt sie Pinguine.«

Doch so friedlich ging es nicht immer zu, natürlich war da Gamas Fahrt keine spätmittelalterliche Form der *Studiosus*-Reisen, das ganze kein besinnlicher Ausflug von neugierigen Völkerkundlern. Mal wurden die herausgeputzten Fremdlinge von kriegerischen Afrikanern angegriffen, mal von arabischen Händlern, die unangenehme Konkurrenten witterten. Meist sprachen die mitgeführten Bordkanonen das letzte Wort, doch gelegentlich wurden auch Verdächtige gefoltert, indem man ihnen kochendes Öl auf die Haut tröpfelte und bisweilen wurden Einheimische einfach als Geiseln genommen.

»Dieser da Gama war ein Mann von eiserner Körperverfassung und grober Gemütsart«, urteilt der Historiker Charles E. Nowell, »ungebildet, brutal und gewaltsam.« Und sein indischer Kollege Sanjay Subrahmanyam kommt zu dem Schluss, da Gama erst habe »den systematischen Gebrauch von Gewaltanwendung auf See« eingeführt. Vielen seiner Leute setzte nach längeren Seepassagen ohne die Möglichkeit, frische, vitaminreiche Kost zu besorgen, immer wieder der Skorbut zu – »es wurden uns dort viele Leute krank. Hände und Füße schwollen ihnen an, und das Zahnfleisch wucherte ihnen so über die Zähne, daß sie nichts mehr essen konnten.«

Am 7. April 1498 erreichte die Expedition endlich Mombasa, die arabische Hafenstadt an der Ostküste Afrikas. Doch die mohammedanischen Händler begrüßten die Neuankömmlinge feindselig, es kam sogar zu einem Artilleriegefecht, sodass da Gama die Fahrt fortsetzte, bis er in Malindi, rund zweihundert Kilometer weiter nördlich, schließlich freundlicher aufgenommen wurde.

Ein Grund für das Entgegenkommen mag die Rivalität verschiedener arabischer Fürstentümer in der Region gewesen sein. Jedenfalls betrachtete der in Malindi residierende Scheich Vasco da Gama und seine Leute als Verbündete und versorgte deren Schiffe mit Vorräten und kundigen Lotsen, die bei der Fahrt über den Indischen Ozean behilflich waren.

Denn eigentlich *entdeckt* hatte Vasco da Gama auf seiner Reise ja wenig. Jede Seemeile auf seiner Route war von anderen schon gefahren worden – auf portugiesischen Seglern, afrikanischen Einbäumen oder arabischen Dhaus. Vasco da Gama gebührte allenfalls das Verdienst, als erster die gesamte Route bewältigt zu haben.

Durch die Unterstützung eines maurischen Lotsen gelang es dem Portugiesen schließlich, das letzte Stück der Reise in nur dreiwöchiger Fahrt zurückzulegen: die Überquerung des Indischen Ozeans vom afrikanischen Malindi (heute Kenia) hinüber zur Küste der indischen Handelsstadt Calicut.

Was erwartete die Portugiesen nun, da sie es endlich geschafft hatten, in Indien?

Zunächst eine freundliche Begrüßung. Von einer Menschenschar, »daß es fast unmöglich wurde, durch die Straßen zu kommen«, wusste der Chronist zu berichten: »Trommler, Pfeifer und Schalmeienbläser kamen«, und der König währte, auf einem Diwan ruhend, »über den eine Decke aus grünem Sammet gebreitet war«, freundliche Audienz.

Doch es gab auch interkulturelle Missverständnisse bei den Begegnungen der Morgen- mit den Abendländlern. »Die Stadt Calicut ist christlich«, glaubten die Portugiesen allen Ernstes, »diese Christen sind Menschen von brauner Hautfarbe, und ein Teil von ihnen trägt große Bärte und lange Haare«. Auf die Idee, dass es sich bei ihren Gastgebern um Hindus handelte, kamen die Europäer nicht, sie wunderten sich nur über die vielarmigen Marienfiguren. Insgesamt war ihr Eindruck von den Fremden ohnehin eher positiv (»all diese Leute sind, dem Anschein nach zu urteilen, von gutmütigem Charakter und weicher Gemütsart«), nur mit den Frauen wussten sie nicht allzu viel anzufangen (»im allgemeinen häßlich und von kleiner Gestalt«).

Zu ersten Unstimmigkeiten kam es allerdings, nachdem die Lakaien des kostbares Geschmeide gewöhnten Hindukönigs Vasco da Gamas Gastgeschenke in Augenschein nahmen: »zwölf Stücke gestreiften Baumwollstoff, vier Kapuzen von Scharlach, sechs Hüte, vier Stränge Korallen, einen Kasten mit sechs Schalen zum Händewaschen, eine Kiste mit Zucker, zwei Gefäße mit Öl, zwei mit Honig«. Da »lachten sie und sagten, das seien keine Geschenke für einen König; der ärmste Kaufmann aus Mekka oder sonstwo aus Indien gäbe mehr. Wenn er Geschenke machen wolle, dann müssen sie aus Gold sein, andere Dinge nehme der König nicht an«.

Drei Monate lagen die portugiesischen Schiffe bei Calicut vor Anker, drei Monate, in denen einige Händel ausgetragen wurden: zwischen den Portugiesen, dem Hindukönig und den muslimischen Kaufleuten, die die Christen immer mehr als Bedrohung ihres Handelsmonopols empfanden. Geiseln wurden genommen, ein Spion gefoltert, Portugiesen gefangengesetzt. So ging es hin und her.

Handelsniederlassungen hatte Vasco da Gama bei seiner ersten Reise nach Indien jedoch nicht einrichten können, und für ihre kläglichen Mitbringsel aus dem Abendland erhielten die portugiesischen Seefahrer auch nur Proben der Reichtümer, mit denen in Calicut gehandelt wurde: Pfeffer, Nelken, Zimt und Muskatnuss.

Im Spätsommer des Jahres 1499, nach über zweijähriger Reise, erreichte Vasco da Gama wieder portugiesischen Boden. Von den etwa hundertsiebzig Mann, die sich aufgemacht hatten, kamen nur fünfundfünfzig wieder in die Heimat zurück. Und dennoch hat selten eine Reise die Welt so stark verändert, wie Vasco da Gamas Abenteuer.

Dank seines Vordringens nach Indien konnte die türkische Sperre des Fernosthandels umgangen werden. Die italienischen Handelsstätten verloren ihre Bedeutung. Portugals Aufstieg zur Großmacht war unaufhaltsam. König Manuel nahm den Titel »Gebieters der Eroberungen, der Schiffahrt und des Handels in Äthiopien, Arabien, Persien und Indien« an. Vasco da Gama wurde zum »Admiral der Indischen Meere« ernannt.

In den kommenden Jahren setzte sich eine portugiesische Flotte nach der nächsten in Bewegung. Zwischen 1497 und 1500 verließen siebzehn portugiesische Schiffe Lissabon in Richtung Asien, zwischen 1501 und 1510 schon hunderteinundfünfzig. Das ganze sechzehnte Jahrhundert lang verkehrten fast ausschließlich portugiesische Schiffe, insgesamt siebenhundertfünf, und nur wenige holländische, gerade einmal fünfundsechzig, zwischen Europa und Asien. Über einhundert Jahre sollte es dauern, bis Holländer und Engländer den Portugiesen ihr Monopol streitig machen sollten.

Fabriken und Kontore, Handelsniederlassungen und militärische Festungen wurden im Zuge des neuen portugiesischen Imperialismus errichtet. Gegen die Massaker und Zerstörungen, die den Weg der kommenden portugiesischen Eroberer begleiten würden, mutet Vasco da Gamas Verhalten während der ersten Reise nachgerade milde an.[29]

Während sich also der Islam auf den Philippinen recht gemütlich ausbreitet, wie wir nicht zuletzt dank Ibn Battuta wissen, rüsten sich im fernen Europa mit Spanien und Portugal zwei kommende katholische Supermächte, einen Großteil der Welt zu unterwerfen. Bis Indien ist Vasco da Gama schon gekommen, die Philippinen sind gewissermaßen noch »unentdeckt«, da macht sich ein Mann auf den Weg, die Welt endgültig umzukrempeln. Er ist Portugiese, wurde um 1480 geboren, so genau weiß man das nicht, und wird Fernão de Magelhaes genannt.[30] Als er sich zur »herrlichsten Odyssee in der Geschichte der

---

[29] Noch zwei Mal fuhr Vasco da Gama selber nach Indien – zuletzt als »Vizekönig der portugiesischen Besitzungen in Asien«. Auch dabei hinterließ er eine Blutspur. Von seiner letzten Indienfahrt kehrte der Admiral nicht lebend zurück. Im Alter von ungefähr fünfundvierzig Jahren starb er am Weihnachtstag des Jahres 1524 in der Stadt Cochin. Neun Jahre später wurden seine sterblichen Überreste nach Portugal überführt.

[30] In manchen Quellen auch Magelhais, Maghallanes, Maghellanes und, lateinisch, Magellanus. Wir nennen ihn Ferdinand Magellan. Sein Geburtsort liegt ebenfalls im Dunkeln; möglicherweise wurde er in der Hafenstadt Porto geboren. Seine Familie war adelig, »freilich nur im vierten Range des Adels«, so Stefan Zweig, »des ›fidalgos de cota de armes‹; immerhin ge-

Menschheit vielleicht« aufmacht, ist also Amerika entdeckt und der Seeweg nach Indien erkundet. »Nur eine Tat ist noch übriggeblieben, die letzte, die schönste, die schwerste«, schreibt Stefan Zweig in seiner großartigen Magellan-Biographie: »auf ein und demselben Schiff den ganzen Erdball zu umrunden und damit gegen alle Kosmologen und Theologen der Vergangenheit die Rundform unserer Erde zu messen und zu erweisen – sie wird die Lebensidee und das Schicksal des Fernão des Magelhaes sein, den die Geschichte Magellan nennt.«

Doch am Anfang war die Gier.

Die Entdeckung der Philippinen

Die Welt ist nach der berühmten päpstlichen Bulle also aufgeteilt, zerschnitten wie ein Apfel. Der Westen gehört den Spaniern. Alles, was östlich liegt, hat sich Portugal unter den Nagel gerissen. Den Seeweg nach Indien kontrollieren dank Vasco da Gama die Portugiesen, da haben die Spanier nichts verloren, aber damit haben sie auch Zugriff auf die Gewürze und den Handel mit ihnen und all den Reichtum, der sich machen lässt mit den Spezereien. Stefan Zweig: »Ein einziger Sack mit Pfeffer gilt im fünfzehnten Jahrhundert mehr als ein Menschenleben.« Portugal ist also für einen historischen Moment »die erste Nation Europas« (Zweig), und der Florentiner Humanist Politian jubelt:

> Nicht nur die Säulen des Herkules hat es hinter sich gelassen und einen wütenden Ozean bezähmt, sondern die bislang unterbundene Einheit der bewohnbaren Welt wiederhergestellt. Was für neue Möglichkeiten und wirtschaftliche Vorteile, welche Erhöhung des Wissens, welche Bestätigungen der alten Wissenschaft, die bisher als unglaubhaft verworfen wurde, dürfen wir noch erwarten! Neue Länder, neue Meere, neue Welten (alii mundi) sind aus jahrhundertelangem Dunkel aufgetaucht. Portugal ist heute der Hüter, der Wächter einer zweiten Welt.

Kein Wunder, dass diese Dominanz den Argwohn von Spanien erregen musste. König Karl I.[31], Sohn des Habsburgers Philipp des Schönen und der Doña Juana von Kastilien, dürfte geschäumt haben. Was aber

---

währt diese Herkunft Magellan das Recht, ein eigenes Wappen zu führen und zu vererben, sowie Zutritt zum königlichen Hof«.

31 Karl I. war ab 1519 als Karl V. Kaiser des Heiligen Römischen Reichs.

wäre, wenn Pythagoras recht gehabt hatte, die Erde also eine Kugel war und nicht die Scheibe, von der die Kirchenleute schwadronierten und von der man am Ende herunterpurzeln würde? Dann könnten die Molukken, »die sagenhaft reichen Gewürzinseln des Sunda-Archipels, der Inseln Amboina, Banda, Ternate und Tidore« (Zweig) auch andersherum, also von Westen, erreicht werden.

In diesem Moment tauchte vor dem spanischen Regenten ein Portugiese auf, dem Stefan Zweig »mutige Entschlossenheit« bescheinigt; ein Seefahrer und Kriegsheld, der an der Eroberung der Stadt Malakka teilgenommen hatte, später aber aus portugiesischen Diensten unehrenhaft entlassen wurde, weil er auf eigene Rechnung mit Sklaven gehandelt haben soll. Dieser Wagemutige nun erbot sich dem spanischen König, den Weg zu den Molukken von Westen her zu finden und damit die portugiesische Vorherrschaft über die Schätze des Orients zu beenden. Und tatsächlich lässt sich Karl I. auf das Abenteuer ein, ja er »erweist sich persönlich als der ungeduldigste und leidenschaftlichste Anwalt dieser neuen Argonautenfahrt« (Zweig), und schließt mit dem portugiesischen Überläufer, der ja auch kostbares Wissen aus Lissabons geheimem Seefahrtsarchiv im Gepäck hat, einen Vertrag:

> Da Ihr, Hernando de Magallanes, ein Ritter, im Königreich Portugal gebürtig, und der Aldermann (bachelor) Ruy Faleiro, gleichfalls aus diesem Königreich, Uns einen großen Dienst zu erweisen beabsichtigt innerhalb der Grenzen, welche Uns in dem Uns zugemessenen Teil des Ozeans gehören, ordnen Wir an, dass die folgenden Vereinbarung mit Euch zu diesem Zwecke getätigt werde.

Fünf Schiffe mit zweihundertsiebenunddreißig Mann Besatzung werden dem Heißsporn zur Verfügung gestellt,

> um jenen Teil des Ozeans innerhalb Unserer zugemessenen Grenzen zu entdecken, und weil es nicht rechtens wäre, dass, während Ihr dorthin gehet, andere gleichzeitig Euch schädigen, indem sie dasselbe tun, da Ihr doch die Mühe dieser Unternehmung auf Euch genommen habt, ist es Meine Gunst und Mein Wille und Ich verspreche es, dass für die ersten zehn folgenden Jahre Wir niemandem Erlaubnis geben wollen, auf demselben Weg und Route zu gehen, um Entdeckungen zu machen, welche ihr geplant habt.

Ein Zwanzigstel aller Einnahmen werden Magellan und seinem Begleiter Ruy Faleiro versprochen, der Besitz von zwei Inseln für den Fall, dass sie mehr als sechs entdecken sollten, und der Titel eines Gouver-

Die erste Weltumsegelung
(20.9.1519 - 6.9.1522)

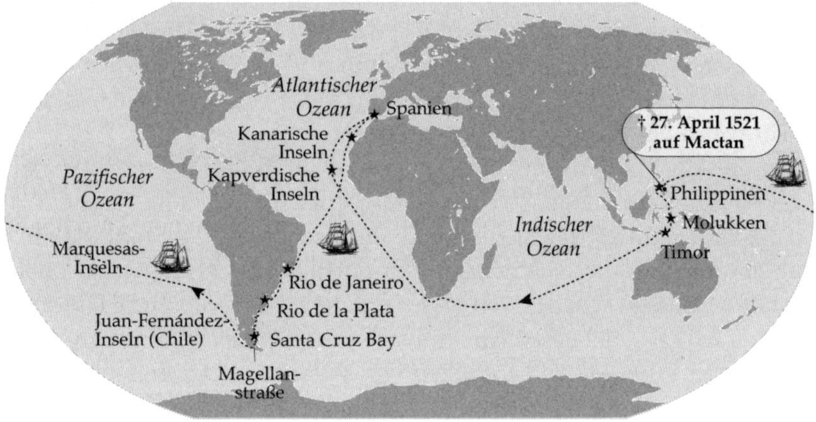

neurs aller jener Inseln und Länder. Am zehnten August 1519 war es endlich soweit, da stachen die *Trinidad*, die *San Antonio*, die *Concepión*, die *Victoria* und die *Santiago* in Valencia in See. Es herrscht strahlender Sonnenschein – die meisten Besatzungsmitglieder werten das als gutes Vorzeichen, und einige behaupten sogar, sie hätten die Heilige Jungfrau gesehen, wie sie auf die Armada, die ja auch auf christlicher Missionsfahrt ist, herunterlächelt.
An Bord befindet sich ein wüster Haufen von Abenteurern, von denen die meisten im Unklaren über die geplante Reiseroute gehalten wurden; laut Stefan Zweig »eine scheckige Truppe aus allen Rassen und Nationen: Spanier und Neger und Basken und Portugiesen, Deutsche, Engländer, Cyprioten, Korfuaner und Italiener, aber echte und rechte Desperados sie alle, die ihr Leben auch an den Teufel verkaufen würden und ebenso willig oder unwillig nach Norden oder Süden, nach Osten und Westen zu fahren bereit sind, wenn sie nur Handgeld kriegen und Hoffnung auf großen Gewinn«. Und ebenfalls an Bord: ein italienischer Kartograph namens Antonio Pigafetta, der angeheuert hatte, um Zeichnungen und neue Karten zu erstellen, und der während der gesamten Reise penibel sein eigenes Logbuch führte. Ihm ist es zu verdanken, dass wir uns heute ein recht genaues Bild von Magellans Reise machen können.

Seine Aufzeichnungen beginnen mit den Worten:

> Generalkapitän Fernando de Magaglianes hatte beschlossen, eine lange Schiffahrt auf einem Meer zu unternehmen, das von wütenden Winden und furchtbaren Stürmen beherrscht wird, und nach Eilanden zu suchen, auf welchen Menschenfresser leben und Tiere hausen, denen keiner gewachsen ist, weil sie fast so groß wie ein Schiff sind.

Der Verlauf der Reise ist bekannt. Nach über einem Jahr, Meutereien, Hunger und Skorbut, entdecken die Seeleute im November 1520 an der Südspitze des amerikanischen Kontinents endlich einen Durchgang nach Westen – jenen Durchlass, den Magellan Estreito de Todos los Santos, die Allerheiligenstraße, nennen wird und welcher der Welt heute als *Magellanstraße* bekannt ist. Sie segeln weiter und geraten in eine grässliche Flaute, nach der sie das neu entdeckte Meer benennen – den Pazifischen, den Stillen Ozean. Die bereits arg dezimierte Mannschaft leidet entsetzliche Qualen, ernährt sich von Ratten und Würmern und sieht drei Monate und zwanzig Tage lang kein Land. Dann erreichen sie am 16. März 1521 die Marianen. »Nachdem wir weitere 70 Leghe in westsüdwestlicher Richtung zurückgelegt hatten, entdeckten wir am 6. März unter 12° nördlicher Breite und 146° Länge im Nordwesten eine kleine Insel und im Südwesten zwei andere«, bemerkt Pigafetta nüchtern, obwohl die Entdeckung des rund zweitausend Kilometer östlich der Philippinen gelegenen Archipels den Seemännern nach all den erlittenen Strapazen doch wie eine Erlösung vorgekommen sein muss, und Stefan Zweig mutmaßt, über viel Kraft zur Weiterreise hätten diese abgerissenen Pioniere unter spanischer Flagge wohl nicht mehr verfügt:

> Es war Zeit, allerhöchste Zeit. Zwei Tage noch, drei Tage im Leeren, und wahrscheinlich wäre nie eine Spur jener heldischen Tat auf die Nachwelt gelangt. Mit verhungerter Mannschaft, ein wandernder Friedhof, wären die Schiffe steuerlos umhergeirrt und schließlich in einem Sturme oder an einem Strande zerschellt.«

Endlich aber bekommen sie jetzt wieder festen Boden unter den Füßen und Fleisch und Früchte und frisches Quellwasser zu trinken – auch wenn die Moral der einheimischen Bevölkerung zu Wünschen übrig lässt und die Mitglieder des örtlichen Empfangskomitees sich »über unsere Schiffe ergossen und bald diesen, bald jenen Gegenstand entwendeten, ohne dass wir imstande gewesen wären, sie daran zu hindern«, wie Pigafetta leicht säuerlich bemerkt: »Sie versuchten auch, uns dazu zu bewegen, die Segel einzuziehen und an Land zu gehen, ja sie waren so geschickt, das Boot zu stehlen, das am Heck befestigt war.« *Diebsinseln* – Islas de los Ladrones – nennt der Generalkapitän die von ihm entdeckten Eilande konsequenterweise, lässt »sieben Eingeborene ums Leben« bringen, »verbrannte mindestens fünfzig Hütten und ließ mehrere Kanus zerstören«. Nach drei Tagen befiehlt Magellan die Weiterreise. Noch hat er die legendären Gewürzinseln nicht erreicht – aber er wähnt sich auf dem richtigen Weg.

Und tatsächlich sichten die Männer nach nur einer weiteren Woche Fahrt, am 16. März 1521, »knapp nach Sonnenaufgang ein hoch liegendes, unbewohntes Land«, das der Chronist Antonio Pigafetta als »die Insel Zamal« bezeichnet und von dem er berichtet, es werde von den »Eingeborenen« *Humunu* genannt.[32] Noch glauben die christlichen Seefahrer, die Molukken entdeckt und damit endlich ihr Ziel erreicht zu haben (Zweig: »Jubel! Jubel! Er ist am Ziel!«), doch Magellan hat sich verrechnet; er ist um zehn Grad zu weit nach Norden abgedriftet, »und statt an die Molukken auf eine völlig unbekannte Inselgruppe gelangt, zu einem von keinem Europäer bisher je erwähnten oder nur geahnten Archipel«, aber dennoch, welch ein Triumph!, so Stefan Zweig:

> Er hat auf der Suche nach den Molukken die Philippinen entdeckt und damit für den Kaiser Karl eine neue Provinz gefunden, die einzige überdies, welche länger als alle von Columbus, von Cortez, von Pizarro entdeckten und eroberten im Besitz der spanischen Krone bleiben wird.

Und ganz nebenbei würde die Entdeckung des Archipels ihn selbst steinreich machen, hatte ihm doch Kaiser Karl zwei Inseln versprochen, wenn er nur mehr als sechs entdecken würde. Nun muss er nur noch heil nach Spanien heimkehren.

Die Menschen, die den hundertfünfzig übrig gebliebenen Weltenbummlern auf den Philippinen begegnen, geben sich zumindest anfangs gastfreundlicher als jene von den Marianen. Kaum haben Magellans verbleibende drei Schiffe vor einer unbewohnten Insel festgemacht, nähert sich auch schon ein Boot mit neun Männern der Gruppe. »Als die Insulaner an Bord gegangen waren«, notiert Pigafetta, »wandte sich ihr Häuptling an Magaglianes und gab uns durch Gebärden zu

[32] Heute heißt diese Insel Samar, sie gehört zu den Visayas. *Humunu* ist eine Samar vorgelagerte Insel, die heute Homonhon heißt.

verstehen, dass er sich freue, uns zu sehen. Vier der Insulaner, die Vornehmsten, blieben bei uns, die anderen holten ihre Gefährten herbei, die damit beschäftigt waren, Fische zu fangen.«

Und dann beschenken sich die Männer gegenseitig. Magellan lässt den Fremden »verschiedene Speisen reichen« und verteilt großzügig rote Mützen, kleine Spiegel, Kämme, Schellen, Figuren aus Elfenbein und allerhand anderen zeitgenössischen Tinnef und erhält dafür im Gegenzug Fische, Gefäße mit Wein, der bei den Einheimischen *Uraca* heißt, Feigen und zwei Kokosnüsse. Mehr haben die soeben Entdeckten (»freundlich, friedfertig und ehrlich«) nicht dabei, aber sie versprechen, in den nächsten Tagen Nachschub zu besorgen, und kommen kurz darauf tatsächlich mit zwei Kanus voller Kokosnüsse, Palmwein und sogar einem Hahn zurück. Pigafetta hingegen entwickelt ganz andere Begehrlichkeiten:

> Wir hatten alle gesehen, dass das Gefäß, in dem sich der Wein befand aus purem Golf war. Das ließ darauf schließen, dass wir uns schon in der Gegend befanden, in der Gold wohlfeiler als bei uns zu Hause das Eisen ist. Wir sahen auch, dass die Ruderer in ihren Ohrläppchen matt schimmernde Perlen trugen. Wir hofften, sie gegen Glasperlen eintauschen zu können.

Soviel zum Thema Diebstahl.

Überhaupt fühlt sich schon Pigafetta in jenem Schlaraffenland, welches Fedor Jagor später zur Erklärung des von ihm auf den Inseln diagnostizierten Müßiggangs dient: mit Gold und weißen Korallen, Kokosnüssen und Bäumen, deren Früchte »den Nüssen der Pinien ähneln«, und einer Süßwasserquelle, weshalb Magellan die von den Einheimischen Humunu genannte Insel Acquida da li buoni Segnialli, *Wasserplatz von guten Zeichen*, nennt. Das ganze Archipel führt er, weil die Christenmenschen »die Inseln am fünften Fastensonntag oder Lazarustag entdeckt hatten«, als »Archipelago de S. Lazaro«.

Bloß etwas schreckhaft sind die Insulaner. Als Magellan eine Kanone abfeuern lässt, wollen sie sich ins Meer stürzen. Und Kultur haben sie auch keine. Pigafetta:

> Diese Menschen sind Kaffern, das heißt Heiden. Sie gehen nackt und bedecken nur die Geschlechtsteile mit einem Stück Baumrinde oder einem baumwollenen Lappen. Ihre Haut ist olivbraun und die meisten von ihnen sind wohlbeleibt. Sie tätowieren sich und salben ihren ganzen Körper mit Kokos- und Sesamöl ein, um sich gegen die Sonne und den Wind zu schützen.

Pigafetta führt genau Buch: Die pechschwarzen Haare reichen ihnen bis zur Hüfte, und ihre Ohrläppchen haben Löcher, die so groß sind, »dass man einen Arm durchstechen kann«. Als Waffen benutzen »diese Urkinder der Natur« (Zweig) kurze Säbel, Schilde, Keulen und mit Gold beschlagene Lanzen, und wenn sie auf Fischfang gehen, haben sie Wurfpfeile, Harpunen und Netze dabei. Nach einer Weile haben die Europäer dann genug gesehen und reisen weiter – an den Mindanao vorgelagerten Inseln »Abarien, Huinangan, Ibusson uns Canalo« vorbei, bis sie am 28. März schließlich die Insel Massao[33] erreichen. Und hier, »auf dieser winzigen, gleichgültigen philippinischen Insel, die man nur mit dem Vergrößerungsglas auf normalen Karten findet, erlebt Magellan abermals einen jener großartig dramatischen Augenblicke seines Lebens«, so hält es Stefan Zweig fest. Denn kaum sind Magellans Männer vor Anker gegangen, nähern sich die »Eingeborenen, die noch im goldenen Zeitalter leben, friedliebend, unbekümmert und faul« (Zweig) und »dabei schnatterten sie wie Gänse« (Pigafetta), und plötzlich stutzt Magellans Sklave Traprobana. Dieser aus Sumatra stammende Mann war von dem Portugiesen zehn Jahre zuvor bei der Belagerung Malakkas[34] verschleppt, nach Europa gebracht und dort auf den christlichen Namen Enrique getauft worden. Magellan hatte ihn als Dolmetscher mit auf seine große Reise genommen, doch bislang hat er nicht viel zu tun gehabt. Erst jetzt vernimmt er zum ersten Mal wieder vertraute Töne, berichtet unser Zeuge Pigafetta:

> Er unternahm den Versuch, mit den Bootsinsassen in der Sprache seines Landes zu reden, und wir freuten uns alle sehr, als wir innewurden, dass sie ihn, wenn auch schlecht und recht, immerhin verstanden.

Hinter dem, was Pigafetta hier etwas sperrig notiert, verbirgt sich nicht weniger als eine Sensation, wie Stefan Zweig erkennt, denn »in dieser Sekunde weiß Magellan: das Ziel ist erreicht, seine Tat ist getan. Er hat, von Osten her kommend, den Rand des malaiischen Sprachkreises wieder betreten, den er vor zwölf Jahren westwärts steuernd verlassen«. Zum ersten Mal hat ein Mensch die Erde umrundet.[35]

---

33 Bei Stefan Zweig: Massawa. Heute wird die Insel Limasawa genannt.

34 Küstenstadt im Westen des heutigen Malaysia.

35 Auch wenn Enrique alias Traprobana natürlich genaugenommen weder Sumatra (Indonesien), noch Malakka (Malaysia) erreicht hat, ist er zumindest in wieder in seinem Kulturkreis gelandet.

Der philippinische Historiker Luis Francia geht übrigens davon aus, dass Magellan schon Kenntnis von den Philippinen gehabt haben muss, als er 1511 an der portugiesischen Belagerung und Einnahme Malakkas teilgenommen hatte. »In Malakka haben Europäer zum ersten Mal Filipinos getroffen«, behauptet Francia, es habe in der umkämpften Hafenstadt damals geradezu von seinen Landsleuten gewimmelt:

> Diese prähispanischen Filipinos wurden ›Luzones‹ genannt – nach der Insel, von der sie kamen. Die Luzones waren nicht nur als Händler und Kaufleute bekannt, sondern auch als leidenschaftliche Söldner, die in verschiedenen Militäroperationen in der Region tätig waren, angeheuert zum Beispiel von den Acenesen oder den burmesischen Königen oder auf Piratenschiffen.

Westlich von Malakka habe es eine Gemeinschaft von fünfhundert Tagalogs gegeben, und in der Stadt selbst hätten sie ihre eigenen Geschäfte besessen und eine ganze Reihe prominenter Geschäftsleute gestellt. Aus diesem Grund sei es durchaus nicht unwahrscheinlich, dass Magellan von dem Inselreich, das er zehn Jahre später entdecken sollte, schon gehört habe.

Auf Limasawa lassen es sich die Männer aus dem Abendland erst einmal gutgehen, später werden sich einige Soldaten sogar überfressen und daran eingehen. Sie laben sich an Reis, Schweinefleisch und Wein aus goldenen Krügen, an Ingwer, Feigen und Goldmakrelen, an Hirse, Fenchel und Pomeranzen, und am Ende ist der älteste Sohn des Königs Calambu derart abgefüllt, dass er »volltrunken war und nur noch lallen konnte«, worüber Pigafetta aber großzügig hinwegsieht: »Niemand nahm ihm das übel.« Und als Gegenleistung, aber auch um gleich zu demonstrieren, wer hier fortan das Sagen hat, revanchiert sich Magellan mit einer beeindruckenden militärischen Demonstration. Er lässt allerlei Kanonenschüsse abfeuern, bis der Eingeborenenkönig am ganzen Leib zittert, und steckt einen seiner Männer in »seine volle Rüstung«. Pigafetta: »Drei Männer griffen den Gepanzerten mit Dolchen und Schwertern an, um dem König zu zeigen, dass solch eine Rüstung unverwundbar macht.« Auf den Schiffen befänden sich noch zweihundert unverwundbare Männer, prahlt danach Enrique aus Sumatra, und der König kauft den Spaniern den Schwindel prompt ab, und mehr noch. Er lässt die Katholiken am Strand großzügig ihren Götzendienst versehen, ein »mit Nägeln und der Dornenkrone versehenes Kreuz« errichten, eine Messe abhalten, während der »der Generalkapitän die Könige mit wohlriechendem Wasser« besprenkelt, Hostien herumzeigen, Kanonen abfeuern, einen »Schwertertanz vorführen« und erklären, »daß dieses Kreuz ein Symbol sei, das ihm sein König anvertraut habe, damit er es überall, wo er sich an Land begebe aufpflanze«. Das sollen die Eingeborenen nun jeden Morgen anbeten, damit sie »für alle Zukunft von Blitz und Donner verschont« bleiben. Magellan hat die Saat also gelegt, nun will er weiter, auf die Insel Cebu, von der Calambu weiß, dass es die größte in der Gegend ist. Er selbst dient sich Magellan als Lotse an. Einige Tage noch der Völlerei, dann stechen die Männer wieder in See. Vorbei an den Inseln Ceilon, Bohol, Canigan, Baybay und Gatigan. Sie sehen »Fledermäuse, die so groß wie Adler sind« (Pigafetta) und wie Huhn schmecken, Tauben, Turteltauben und Papageien, und am 7. April erreichen sie Cebu und staunen über auf Bäumen stehende Häuser, die das Ufer säumen.

Der König dieser Insel jedoch, Radscha Humabon, muss erst noch von der Überlegenheit der Gottgesandten überzeugt werden – erdreistet er sich doch tatsächlich, von Magellan, dem »Kapitän des größten und mächtigsten Königs der Welt« (Pigafetta), Zoll einzufordern, als wäre der irgendein dahergelaufener Krämer. Zu allem Überfluss flüstert ihm noch ein maurischer Kaufmann warnende Worte ins Ohr: »Herr, seid auf Eurer Hut. Diese Männer gehören dem Volk an, das Calicut, Malakka und ganz Indien erobert hat.« Magellan aber wendet die bewährte List an und lässt einen seiner stahlgepanzerten Herkulesse antreten. Das überzeugt am Ende auch den misstrauischen König, der plötzlich von Tributzahlungen nichts mehr wissen und nun lieber einen Bündnisvertrag schließen will. Nachdem die militärischen Fragen also geklärt sind, kann Magellan sich wieder seinem Missionswerk zuwenden. Er erzählt dem König von Cebu , dass »wir alle von Adam und Eva abstammen«, und lässt die Insulaner wissen, »daß es für sie unerläßlich sei, daß sie sich taufen lassen«. Dann verspricht Magellan, auf Cebu eine vollkommene Rüstung zu hinterlassen und beschenkt König Humabon mit einem Seidenkleid nach türkischer Art, halb gelb und halb violett, einer roten Mütze und ein paar Glasperlen. Nach dem spanischen König wird Humabon auf den Namen Carlos getauft und seine Gattin nach dessen Mutter Juana, die in Spanien allerdings nur *La Loca* genannt wird: die Verrückte.

Seltsam mögen Pigafetta einige Gebräuche der männlichen Bevölkerung erscheinen:

> Junge Männer sowohl als auch alte haben das Geschlechtsteil entweder mit einer goldenen Nadel oder einer Gänsefeder durchbohrt. Manche verwenden auch nur einen zugespitzten Nagel. Diesen Schmuck entfernen sie nie, und sie behaupten, dass er sie weder beim Urinieren noch beim Verkehr mit ihren Frauen stört. Ferner erzählten sie mir, dass ihre Frauen dies sogar verlangten.

Über das Weibsvolk aber hat der italienische Kartograph nicht viel Neues zu vermelden: »Die Insulanerinnen hängen an Vergnügungen und lieben den Müßiggang.« Tatsächlich lässt sich der König in einer feierlichen Zeremonie taufen und seine Untertanen rufen: »Es lebe Kastilien!« Das muss ein schönes Hallo gegeben haben, da unten am Strand. Hier ein Haufen europäischer Desperados, die in komischen Rüstungen umherstolzieren, etwas von Adam und Eva erzählen und unentwegt Böllerschüsse abgeben; dort leicht irritierte Insulaner, deren Penisse mit Nägeln durchbohrt sind und die Kastilien und einen gewissen Kaiser Karl hochleben lassen.

Doch mischen sich leichte Misstöne in den frommen Trubel. Da erscheinen düstere Vorboten kommenden Unheils. Zunächst habe sich Nacht für Nacht ein schwarzer Vogel von der Größe eines Raben auf einem der Häuser niedergelassen und »krächzenden Laute« von sich gegeben, weiß Pigafetta zu berichten. Dann erscheint von der Nachbarinsel Mactan, einer »Flohinsel, die man auf einer normalen Karte überhaupt nicht findet« (Zweig), ein Bote und verkündet, dass der dort herrschende Häuptling Cilapulapu[36] nicht gedenke, den christlichen Zirkus mitzumachen, von dem er Kunde erhalten habe, und sich den seltsamen Riten zu unterwerfen.

Magellan ist bereits voller Missionierungseifer. Statt Nachsicht walten zu lassen und den unbedeutenden Häuptling Lapu Lapu generös zu ignorieren, stellt er umgehend eine Strafexpedition zusammen. Mit sechzig Mann will er gegen eintausendfünfhundert Insulaner zu Felde ziehen. Und frech sind die Widerborstigen. Sie fürchteten nicht die Feuerwaffen der Christen, lassen sie wissen, schließlich seien sie selber nicht schlecht ausgerüstet – auch wenn es sich bei ihren Waffen laut Pigafetta hauptsächlich »um zugespitzte Rohre oder im Feuer gehärtete

36 Auch Lapu Lapu oder Silapulapu genannt.

Pfähle« handelt. So sehr ist Magellan von der Überlegenheit seiner eigenen Mannschaft überzeugt, dass er sogar das Angebot des Konvertiten-Königs Carlos, ihm genug Männer zur Seite zu stellen, ablehnt. Im Gegenteil: Bevor seine Männer am 27. April 1521 die Boote besteigen, um nach Mactan überzusetzen, erinnert Magellan an den militärischen Erfolg Hernando Cortez', der »in Yukatan mit zweihundert Getreuen dreihunderttausend Indianer besiegt hatte«. In ihren Booten bleiben Carlos, sein Schwiegersohn, einige Häuptlinge und fast tausend Bewaffnete zurück und blicken ratlos den wenigen europäischen Soldaten nach – Magellan hatte ihnen verboten, an der Schlacht teilzunehmen. Die Filipinos sollen aus der Ferne die Kriegskunst der Katholiken bewundern. Immerhin wähnen die Europäer Gott auf ihrer Seite.

Nicht mehr lange und es kommt auf dem zwergenhaften Eiland zu einem denkwürdigen Gemetzel; »endet«, wie Stefan Zweig schreibt, »im höchsten und herrlichsten Augenblicke der Erfüllung der größte Seefahrer der Geschichte in einem kläglichen Geplänkel mit einer nackten Insulanerhorde – ein Genius, der wie Prospero die Elemente gemeistert, der alle Stürme besiegt und Menschen bezwungen, wird gefällt durch ein lächerliches Menscheninsekt Silapulapu!«

Denn tatsächlich lässt Magellan zum ersten Mal während seiner Expedition das Kriegsglück im Stich. Wegen der Klippen und Korallenriffe können die Boote der Spanier nicht nahe genug an das Ufer der Insel heran, um die Feuerkraft ihrer Musketen auszunutzen. Während zum Schutz der Boote elf Männer abbestellt werden, springen neunundvierzig Soldaten in voller Rüstung ins Wasser und versuchen, bis zu den Hüften im Wasser, an Land zu waten. »Zwei Armbrustschußweiten«, rechnet Pigafetta aus, müssen sie sich durch die Brandung quälen, dann stoßen sie auf den Feind, der die Spanier schon erwartet:

> Diese Überzahl war groß. Es standen uns mehr als 1500 Insulaner gegenüber, die in drei Scharen geteilt waren. Alle drei warfen sich gleichzeitig mit einem schrecklichen Geschrei auf uns. Zwei Haufen griffen uns von der Seite an, der dritte stürmte von vorne auf uns los. Magaglianes teilte unsere Schar in zwei gleich große Trupps, und so begannen wir den Kampf. Zuerst schossen die Musketen- und Armbrustschützen etwa eine halbe Stunde lang von weitem auf den Feind, ohne ihm großen Schaden zuzufügen. Denn obgleich die Kugeln und Pfeile die dünnen Schilde der Eingeborenen durchschlugen, waren die Wunden, die sie hinterließen, zu gering, als daß der Feind ihretwegen gewichen wäre.

Umgekehrt leiden die Eindringlinge in ihren schweren Rüstungen entsetzlich: »Eine Wolke von Pfeilen und Rohrlanzen, von welchen manche aus Fischknochen verfertigte Spitzen besaßen, im Feuer gehärtete Pfähle, Steine und Erdbrocken prasselten auf uns so heftig nieder, dass wir uns kaum verteidigen konnten.« Um die »Wilden« einzuschüchtern, befiehlt Magellan, deren Dorf in Brand zu setzen. Den Widerstand bricht er damit nicht. »Der Anblick der Flammen«, schreibt Pigafetta, »machte die Insulaner nur noch wilder und blutgieriger.« Zwei aus dem Trupp der Brandstifter werden getötet, dann durchbohrt ein Giftpfeil den Oberschenkel Magellans. Der ordnet daraufhin zwar den geordneten Rückzug an, doch dafür ist es längst zu spät. In wilder Flucht hetzen die meisten von Magellans Leuten zurück zu den Booten. Der tapfer weiterkämpfende Portugiese wird nur noch von acht seiner Soldaten unterstützt. Doch sie haben keine Chance mehr, dem Hagel aus Pfeilen und Lanzen, welche die Insulaner auf die ungeschützten Schenkel ihrer Gegner richten, zu entkommen. »Wir wehrten uns unserer Haut, so gut wir das vermochten und zogen uns, ständig fechtend, zur Küste zurück«, beteuert Pigafetta in seinem detaillierten Bericht,

> aber auch als wir schon im Wasser standen, ließen die Insulaner nicht von uns ab. Weiter prasselten ihre Geschosse auf uns nieder. Da sie unseren Befehlshaber kannten, richtete sich ihre Angriffe vor allem gegen ihn. Zweimal wurde ihm der Helm vom Kopf gerissen. Aber er wich nicht, obwohl nur noch wenige an seiner Seite kämpften. Länger als eine Stunde dauerte dieser ungleiche Kampf. Magaglianes wich immer noch nicht, und so gelang es einem der Insulaner, ihn mit der Spitze seiner Lanze im Gesicht zu verwunden. Der Generalkapitän durchbohrte seinen Gegner sofort mit seiner Lanze, die im Körper des Getöteten steckenblieb. Er wollte nun seinen Degen ziehen, vermochte ihn aber nur noch halb aus der Scheide zu bringen, weil ihm der verwundete rechte Arm kaum mehr gehorchte. Als die Insulaner dies sahen, drangen sie alle auf ihn ein, und einer von ihnen stieß unserem Generalkapitän die Lanze so heftig in den linken Schenkel, dass er aufs Gesicht fiel. In demselben Augenblick warfen sich alle Feinde auf ihn und hieben mit ihren Waffen auf ihn ein. So kam unser treuer Führer, unser Licht, unsere Stütze ums Leben.

Magellan ist also tot. Die Philippinen sind entdeckt.[37] König Carlos ist

---

37 Natürlich bloß für die Europäer. Chinesen, Inder, Japaner, sogar die Siamesen kannten die Inseln schon längst, als Magellan ankam, schreibt der

nicht mehr ganz so gastfreundlich und lässt vierundzwanzig Spanier, unter denen sich auch der Bord-Kosmograph San Martino de Sevilla befindet, während eines Festmahls massakrieren. Die Überlebenden machen sich unter dem ehemaligen Bootsmann und jetzigem Kapitän Juan Sebastián Elcano daraufhin endlich auf den Heimweg nach Spanien. Knapp drei Jahre, nachdem sie aufgebrochen waren, erreichen am 6. September 1522 achtzehn Mann am Kap Vincent »die gute, die feste heimische Erde« (Zweig). Das Abenteuer ist bestanden. Die Erde ist rund. Und die Philippinen werden bald spanische Kolonie und neben Ost-Timor, das die Portugiesen unter ihren Fittichen haben, das einzige überwiegend christliche Land Südostasiens sein.

Die Unterwerfung durch die Spanier

Bereits 1525 sticht die nächste Philippinen-Expedition mit sieben Schiffen und vierhundertundfünfzig Mann im spanischen La Coruña in See. Angeführt wird sie von Francesco García Jofre de Loaísa. Doch das Abenteuer endet im Desaster. Als die Seefahrer die Magellan-Straße passieren, haben sie bereits fünf ihrer Schiffe verloren. Sowohl Kapitän Loaísa als auch sein zweiter Mann Elcano sterben, zwei ihrer Nachfolger kommen ebenfalls um. Der letzte Kapitän, Hernando de la Torre, steuert erst Mindanao an, dann die Molukken, wo die ganze Mannschaft schließlich von den um die Weltherrschaft rivalisierenden Portugiesen festgesetzt wird. Nur acht Spanier erreichen 1536 wieder heimischen Boden.

Der folgenden Expedition mit drei Schiffen und einhundertzehn Männern ist nicht viel mehr Erfolg beschieden. Sie startet im Jahr 1527

---

philippinische Historiker Hermegónes Bacareza. Er bietet die Bezeichnung »Wiederentdeckung« an und zitiert den Amerikaner A. W. Slaten, der zur »Entdeckung von Hawaii« 1937 im *Honolulu Star Bulletin* spitz bemerkte: »Nirgendwo zeigt sich die Selbstgefälligkeit zivilisierter Menschen vergnügter als in der Frage, wer entdeckt hat, was weniger fortgeschrittene Menschen schon kennen. Was geographische Forschung wirklich geleistet hat, wird reduziert auf die Ignoranz der Forscher. Und das Hissen der europäischen Flagge und die Übernahme neuer Inseln und deren Menschen im Namen irgendeines Herrschers war blanker Diebstahl in gewaltigen Ausmaß.«

bereits von der spanischen Kolonie Mexiko, das damals noch Neuspanien heißt, und wird von Hernán Cortés organisiert, jenem berühmt-berüchtigten Bezwinger des Aztekenreichs. Mit einem einzigen Schiff erreicht Kapitän Alvaro de Saavedra zwar Mindanao, doch Cebu zu finden, gelingt ihm nicht. Dort will er sich eigentlich bei König Carlos für Magellans Verhalten entschuldigen und vielleicht noch ein paar gefangengehaltene Spanier befreien. Stattdessen landet Saavedra auf der Molukkeninsel Tidore, wo ihn das gleiche Schicksal ereilt wie Loaísas Männern. Nach seiner Freilassung aus portugiesischer Gefangenschaft stirbt Saavedra auf See. 1529 verkaufen die Spanier ihren Anspruch auf die begehrten molukkischen Gewürzinseln für dreihundertfünfzigtausend Dukaten an Portugal und verlieren damit eigentlich auch ihr Recht auf die Philippinen.

Doch Lisabon macht sich seltsamerweise wenig aus dem Archipel, und so setzen die Spanier ihre Kolonialisierungsbemühungen ungerührt fort. Am ersten November 1542 startet eine von Ruy López de Villalobos geführte Expedition mit dreihundert Mann und sechs Schiffen im mexikanischen Navidad. Nach Zwischenstopps in Palau und auf den Karolinen erreichen die Männer 1543 Mindanao und gründen in Sarangani tatsächlich eine Kolonie. Doch der Mangel an Nahrung treibt sie schließlich fort – wieder einmal nach Tidore, wo sie »wenig überraschend von den Portugiesen festgehalten werden«, wie Luis H. Francia leicht süffisant anmerkt. Immerhin erhalten die Philippinen jetzt ihren Namen. Sie werden nach Felipe, dem Sohn Kaiser Karls, Felipinas getauft. Die letzte Expedition schließlich wird von dem Basken Miguel López de Legazpi geführt. Der verlässt, begleitet von dem Augustinermönch Andres de Urdaneta, am 21. November 1564 Navidad und hat den Auftrag, endlich eine sichere spanische Bastion in Südostasien zu errichten und eine Versorgungsroute nach Mexiko einzurichten. Legazpi hat mehr Erfolg als seine Vorgänger. Er erreicht Bohol im März 1565, vierundvierzig Jahre nachdem Magellan die Philippinen entdeckte, und schließt zunächst einmal Blutsbrüderschaft mit den Insel-Datus[38] Sikatuna und Sigala. Die begegneten den Fremdlingen unter spanischer Flagge zunächst mit Misstrauen – zwei Jahre zuvor

---

38 In der traditionellen Struktur der muslimischen Filipinos haben Sultane die höchste Autorität, gefolgt von den *Datus*, deren Entscheidungen sich nach dem Koran richten.

waren die Lusitanier aufgetaucht, hatten sich als Freunde ausgegeben und die Insel gründlich geplündert. Auf Cebu, das von den Spaniern nun *Santissimo Nombre de Jesus* genannt und von Legazpi am 27. April 1565 nach heftigem Widerstand der Einheimischen eingenommen wird, errichtet er seine Basis und lässt sich zum ersten Gouverneur der neuen Kolonie ausrufen. Die von ihm neugegründete Stadt Cebu wird den Spaniern bis 1571 als Hauptstadt der Kolonie dienen. Von hier aus starten sie ihre Eroberungsfeldzüge. Und sie kommen rasch voran, unterwerfen die Inseln Panay, Masbate, Mindoro und rücken 1571 nach Norden vor, wo sie Kunde von einer Stadt namens *May Nilad* erhalten haben. Eine erste Expedition berichtet von einem befestigten Hafen dort, Kanonen, die in einer Eisengießerei geschmiedet wurden, und einem Radscha, der Suleiman heißt. *Moros* bewohnten das Delta des Pasig-Flusses, notiert daraufhin Legazpis Gefolgsmann Miguel de Loarca, Verfasser des Berichts *Relación de la Islas Filipinas*: Moros ist eigentlich die spanische Bezeichnung für die gefürchteten Mauren, mit denen sich die neuen Herren der Philippinen sonst ihn Europa herumschlagen müssen.

Die muslimische Siedlung scheint günstig zu liegen. Über den Pasig lässt sich leicht in den Süden und Osten Luzons vordringen, außerdem zum Süßwassersee Laguna de Bay. Doch der Radscha ist widerborstig; er will sich nicht unterwerfen, sondern sucht die Spanier zu vertreiben. Bis auf die Grundmauern brennen diese die Stadt zur Strafe nieder und kommen bald unter Legazpis Kommando wieder: mit zweihundertachtzig Mann auf siebenundzwanzig Booten, die bereits alle auf den Visayas gebaut wurden. Am dritten Juni 1571 kapitulieren die Mohammedaner endlich, und *May Nilad* wird in *Manila* umbenannt. Die Einheimischen, die von den Eroberern wie die Urvölker Amerikas kurzerhand *Indios* genannt werden, müssen nun verschwinden. Nur noch Spanier sollen anfangs in jener Stadt leben, die ihnen fortan als Kapitale dienen und streng nach europäischem Vorbild ausgebaut wird: mit einem Hauptplatz in der Mitte und Kathedralen und öffentlichen Gebäuden drum herum und Klöstern, Schulen und Krankenhäusern. 1603 werden sogar Steinwälle und ein Graben errichtet. Doch als 1859 der Deutsche Fedor Jagor hier ankommt, ist er enttäuscht. »Die Bay von Manila ist gross genug um alle Flotten Europa's aufzunehmen; sie gilt für eine der schönsten der Welt. Der Anblick entspricht aber, wenn man, wie der Verfasser, gegen Ende der trocknen Jahreszeit ankommt, durchaus nicht den begeisterten Schilderungen mancher Reisenden«, notiert der Ethnologe,

> die eigentliche Stadt, hauptsächlich von Spaniern, Kreolen und zu ihnen in unmittelbarer Beziehung stehenden Einheimischen und Chinesen bewohnt, liegt, von Mauern und breiten Gräben umschlossen, am linken, südlichen Ufer des Pasig, eine Seite dem Meere zukehrend; ein heisser, öder Ort, voll Klöster, Stifter, Kasernen, Regierungsgebäude. Rücksicht auf Sicherheit, nicht auf Annehmlichkeit, war bei der Gründung maassgebend.

Und so ist auch das Leben hinter den Mauern trostlos. »An Gelegenheit zu Vergnügungen ist Manila sehr arm. Während meines Aufenthalts bestand kein einziges spanisches Theater, tagalische Schauspiele (Uebersetzungen) wurden zuweilen aufgeführt. Es gab keinen Klub, keine lesbaren Bücher. Nicht einmal Zeitungsnachrichten belebten die matte Unterhaltung«, klagt Jagor, der kaum lobende Worte finden mag. Überall findet er düstere und schlecht ventilierte Häuser vor und Eingeborene, die bei Hahnenkämpfen (»in hohem Grade widerwärtig«) herumhängen und Zeit totschlagen – ein »zu Müssiggang geneigtes, nur den Regungen des Augenblicks folgendes Volk«. Ihm ist die ganze Stadt ein Graus:

> Stolz, Neid, Stellenjägerei, Kastenhass sind an der Tagesordnung; die Spanier halten sich für besser als ihre Kreolen, welche wiederum jenen vorwerfen, dass sie nur in die Kolonie kommen, um sich satt zu essen, ebenso herrscht Hass zwischen Weissen und Mestizen.

Die Spanier

Mehr als drei Jahrhunderte lang sollen die Spanier über die neue Kolonie herrschen. Die meiste Zeit sind es aber nur wenige, die den weiten Weg von der Iberischen Halbinsel in die Südsee finden. Nur gegen Ende ihrer Herrschaft, als Rebellen sich anschickten, die Fremdlinge aus dem Land zu jagen, werden es mehr als fünftausend sein. Zur Verstärkung werden aus Amerika mexikanische Spanier auf die Philippinen verschifft. Es ist kein besonders sympathisches Volk, das sich da breitmacht, findet Fedor Jagor:

> Sie kommen an ohne Kenntnisse des Landes, ganz unvorbereitet; Manche sind so faul, dass sie nie die Sprache lernen, selbst wenn sie sich im Lande verheirathen. Ihre Diener verstehen Spanisch, belauschen die Gespräche und Handlungen, und kennen alle Geheimnisse ihrer meist wenig diskreten Herren, während die Eingeborenen diesen ein Räthsel bleiben, das sie auch schon aus Dünkel nicht zu entziffern versuchen. Dass die grosse Zahl der hiesigen, ungebildeten, über ihre Mittel hinaus lebenden Spanier, die alle die Herrn spielen wollen, gleichviel welche Stellung sie zu Hause einnahmen, das Ansehn der Europäer sehr beeinträchtigen muss, ist leicht einzusehn.

Dennoch herrschen die Spanier mit eiserner Hand und mit der Kirche im Bunde. Die meisten Einheimischen lassen sich zwar freiwillig christianisieren, bei denjenigen aber, die sich weigern, wird Gewalt angewendet. Es herrscht Einheit zwischen Staat und Kirche – und schnell wimmelt es im ganzen Land von Augustinermönchen, die auf den Philippinen ein weites Feld zu beackern sehen. Das spricht sich schnell herum, und den Augustinern folgen schon bald Dominikaner, Franziskaner und Jesuiten aus Mexiko, die zum Glück nicht nur ihren religiösen Wahn dabeihaben, sondern auch Mais, Kakao, Avocados,

Tomaten, Süßkartoffeln und Kaffee bringen. 1578 richtet Papst Gregor XIII. den Bischofssitz Manila als Teil Erzdiözese Mexiko ein und lässt in der Hauptstadt eine Kathedrale bauen. Nur etwa eine Millionen Menschen sollen die Inseln bevölkern, aber das sind, mit Ausnahme der Moslems, die vorwiegend im Süden leben, und den wenigen Christen, die schon Magellan unter der Knute hatte, allesamt Animisten. »Spaniens Priester und Mönche waren die eigentlichen Eroberer des Landes«, weiß Roland Dusik, »die Fratres vereinigten bald einen großen Teil der weltlichen Macht in ihren Händen.« Um Erziehung und Bildung kümmert sich die Kirche fortan, und Geistliche bekleiden schnell führende Posten in der Verwaltung des Kolonialgebildes. Soweit geht die Einheit von Kreuz und Schwert, dass sich der Historiker Luis Francia fragt, »wer der wahre Souverän des Archipels war, der Vatikan oder Madrid«. Und der philippinische Jesuitenhistoriker Horacio de la Costa bemerkt gegen Ende des zwanzigsten Jahrhunderts, das Staatsgebilde sei seinerzeit »entweder als eine zivilisatorische Kirche oder als ein Missionarsstaat betrachtet« worden.

Natürlich haben die Kolonialherren nicht nur die Verbreitung ihres Aberglaubens im Sinn. Sie wollen die Philippinen, von deren Vorkommen an Bodenschätzen sie bald enttäuscht sind, als Brückenkopf und Drehscheibe ihres Handels in Südostasien ausbauen. Den Anfang macht die *San Pedro*, das Flaggschiff Legazpis, das 1565 nach Mexiko segelt. Und schon ab 1593 brechen zweimal im Jahr die sogenannten *Manila-Galeonen* – mit zahlreichen Kanonen bewehrte Frachtensegler, die auf eine Wasserverdrängung von bis zu zweitausend Tonnen kommen – zur Pazifiküberquerung in Richtung Acapulco auf – mehr Pazifikpassagen werden von Madrid nicht genehmigt. Geladen haben die Schiffe Porzellan, Seide, Gewürze, Elfenbein oder Parfüm, das chinesische Dschunken im Hafen von Cavite umschlagen, und sie kehren heim mit neuen Missionaren, Beamten, Soldaten und vor allem Silbermünzen. Insgesamt sollen auf diesem Weg »vielleicht 400 Millionen Silber-Pesos aus Lateinamerika nach Manila gebracht worden sein«, was »einen der größten vormodernen Edelmetall-Transfers in der Weltgeschichte darstellt«.[39]

Luis Fracia:

---

[39] Norman G. Owen: *The Emergence of Modern South East Asia*, Singapur 2010, S. 150.

> Der Gewinn aus dem Galeonenhandel machte Manila zur wohlhabenden Stadt, sichtbar im Bau solider Gebäude und äußerer Mauern und dem Angebot an Luxusgütern für solche, die sie sich leisten konnten.

Verwaltungstechnisch unterstehen die Philippinen bis zur mexikanischen Revolution im Jahre 1821 Spaniens Vizekönig in Mexiko, erst danach werden sie direkt Madrid unterstellt. Im Innern hilft ein Verwaltungssystem, das sich in den älteren Kolonien bereits bewährt hat: nämlich das Land in sogenannte *Encomiendas* aufzuteilen, Verwaltungsbezirke, die Günstlingen übertragen werden – vorwiegend Kreolen und Kirchenleuten. Schnell haben sich Aristokraten und Mönche riesige Latifundien unter den Nagel gerissen – es wird der Grundstein für ein System gelegt, unter dem das Land bis heute leidet. Dusik beschreibt das so:

> Die Encomenderos knechteten ihre Untertanen durch hohe Tribute (*Bandala*), von denen sie wiederum einen Teil an die Krone abführen mußten, und vor allem durch ein Zwangsabgabesystem (*Polo*), das alle männlichen Filipinos zwischen 16 und 60 Jahren dazu verpflichtete, 40 Tage im Jahr unentgeltlich bestimmte Arbeiten (Bau von Kirchen, Festungen, Straßen u. a.) zu verrichten.

Von außen müssen sich die Eindringlinge gegen allerlei Ungemach erst behaupten. Die Portugiesen rennen gegen Legazpis Basis auf Cebu an und beenden diese Attacken erst, als Philipp II. 1580 Portugal annektiert. Manila wird 1574 und 1575 von dem chinesischen Seeräuber Limahong belagert. Die Japaner versuchen, die Philippinen Ende des sechzehnten Jahrhunderts ihrem Kaiserreich einzuverleiben. Und die Holländer greifen in den Jahren zwischen 1600 und 1646 mehrfach von ihrer indonesischen Basis in Batavia, dem heutigen Jakarta, aus an – zuvor hatte ihre *Vereenigde Oostindische Companie* das Archipel von den Portugiesen übernommen. Das war gewissermaßen die Fortführung des Dreißigjährigen Kriegs zwischen Protestanten und Katholiken in der Südsee – im Westfälischen Frieden 1648 wird formal festgehalten, dass die Philippinen der spanischen Krone gehören. 1662 schließlich droht noch der chinesische Outlaw und Formosa-Eroberer Koxinga mit einer Invasion, kann seine Pläne aber nicht mehr in die Tat umsetzen, weil er frühzeitig der Malaria erliegt. 1762 erobern die Briten Manila in einem Überraschungsangriff, müssen es nach der Unterzeichnung des Pariser Vertrages 1763 jedoch wieder zurückgeben, was den britischen

Schriftsteller Alex Garland seinen Protagonisten mutmaßen lässt, »daß sich die meisten Spanier noch heute dafür schämen, daß die Briten ihnen ihr Land weggenommen haben« – aber klar: »im Vergleich zu vierhundert Jahren spanischer Herrschaft, eeeeh, nichts als knick-knack«. Auch dieser Konflikt hatte seine Wurzeln in einem europäischen Konflikt mit globalen Auswirkungen. Im Siebenjährigen Krieg balgten sich Engländer und Franzosen, und der Bourbonen-Abkömmling Karl III. von Spanien hatte sich auf die Seite Frankreichs geschlagen.

Im Süden allerdings stoßen die spanischen Kreuzritter schon früh an ihre Grenzen und auf massiven Widerstand der muslimischen Bevölkerung, die von den Spaniern solange beharrlich und abschätzig als *Moros*, bezeichnet wird, bis sie diesen Begriff voller Stolz selber annimmt. Scholl-Latour: »Sie prallten auf fanatische, religiös motivierte Gegner.« So kommt es weit entfernt von den Schlachtfeldern Europas, Nordafrikas oder des Nahes Osten zum Kampf der beiden aggressiven Religionen – wohl zur Verblüffung der Spanier, die hier am allerwenigsten damit gerechnet haben dürften. Tatsächlich, schreibt Carmen Abuhabakar, Dekan des Instituts für Islamische Studien an der Diliman-Universität, habe sich »ein neues Bewußtsein unter den Muslimen gebildet, sich nicht nur als eine Einheit zu betrachten, die regional begrenzt auf der Insel Mindanao beheimatet ist, sondern vielmehr auch als Teil der sich ausdehnenden Welt des Islam«. Jedenfalls ist mit den Moros nicht zu spaßen. 1578 beginnen die Spanier wütende Angriffe auf die renitenten Muslime im Süden, die wiederum Widerstand leisten und mit ihren Lantakas-Piratenbooten die Gewässer unsicher machen. »Als die Spanier kamen, wurden die Stämme aus dem Norden schnell besiegt und christianisiert. Als Konsequenz gaben die meisten ihre Kultur, Gebräuche und Traditionen auf, nahmen das Christentum an und lernten, gemäß der neuen Kultur aus Europa zu leben«, schreibt der seit 1940 auf Mindanao beheimatete Journalist Patricio Diaz (*Understanding Mindanao Conflict*), »auf der anderen Seite widerstanden die Muslime den Spaniern. Während Teile von Mindanao und Sulu erobert wurden, wurden die Muslime als Gruppe nie effektiv kontrolliert und kolonialisiert.«[40] Immer wieder entsenden die Spanier Truppen in den

[40] Diaz sieht darin übrigens einen Grund für die immer noch existierende Rückständigkeit der Region: »Durch den Widerstand und das Beibehalten der eigenen Kultur und Zivilisation, wehrten sie sich in Wirklichkeit gegen

Süden. 1578 etwa gelingt es ihnen mit Hilfe christianisierter Einheimischer, den Sultan von Jolo niederzuwerfen. Doch kaum kehren sie in ihre Festungen im Norden zurück, organisieren sich die Muslime neu, beginnen gar, die Visayas-Inseln heimzusuchen und grausam Rache zu nehmen. Der Bau einer Festung in Zamboanga, das Fort del Pilar, ist 1635 der verzweifelte spanische Versuch, sich vor den Unruhestiftern zu schützen. 1637 gelingt es dem Gouverneur Corcuera schließlich, mit einem Kommando, dem siebenhundertundsechzig Spanier und Tausende von christlichen Filipinos angehören, gegen Jolo vorzurücken und das Sultanat nach dreieinhalbmonatiger Belagerung schließlich einzunehmen. Als er den Moros im Mai 1638 allerdings den Rücken kehrt, um sich in Manila als Eroberer feiern zu lassen, ist sein großer Sieg schon wieder dahin, übernehmen die Mohammedaner wieder die Kontrolle. So geht es eine ganze Weile. Erst 1875 wendet sich das Blatt endgültig, als die Spanier eine Großoffensive starten: mit neuntausend Mann, elf Transportschiffen und zweiundzwanzig Kanonenbooten. Allerdings wankt ihre Herrschaft im Pazifik da schon, und Fedor Jagor, der scharfsichtige deutsche Beobachter, hat längst erkannt:

> Nun aber, wo endlich die östlichen Gestade des stillen Meeres sich bevölkern und mit beispielloser Schnelligkeit ihrer grossen Zukunft entgegen gehen, werden die Philippinen nicht länger in ihrer bisherigen Abgeschlossenheit verharren können; denn für die Westküste Amerika's liegt wohl keine tropische Kolonie Asiens so günstig.

Jagor sieht also schon die kommende Weltmacht im Anzug. Natürlich rebellieren nicht nur die Moros. Auf der Insel Samar erheben sich 1649 die Anhänger des aufmüpfigen einheimischen Priesters Juan Ponce Sumoroy, und 1744 wagen dreitausend Rebellen auf Bohol den Aufstand. Sie ziehen sich mit ihrem Führer Francisco Dagohoy, einem Barangay-Chef, ins Landesinnere zurück, gründen Dorfgemeinschaften und verteidigen dort, mittlerweile ist ihre Zahl auf zwanzigtausend gestiegen, tatsächlich vierundachtzig Jahre lang, bis 1829, ihre Unabhängigkeit. Anlass ist ein Zwist zwischen Dagohoy und dem jesuitischen Hilfspfarrer Gaspar Morales, der Dagohoys Bruder Sagarino ein katholisches Begräbnis verweigert, weil der ganz unchristlich in einem Duell

---

den Wandel. Konsequenterweise stagnierten sie, während sich die Christen im Norden ökonomisch, sozial und politisch auf Art des fortschrittlichen Westens entwickelt haben.«

ums Leben kam. Es kommt aber auch der Zorn über Tributzahlungen und Zwangsarbeit hinzu. 1762 schließlich – gerade haben die Briten die Spanier in Manila überrumpelt – versucht in Pangasinan, im Norden Luzons, ein Aufrührer namens Juan de la Cruz Palaris die Gunst der Stunde zu nutzen – sein Aufstand wird allerdings bereits 1764 niedergeschlagen, er selbst hingerichtet. Etwas erfolgreicher lässt sich eine Erhebung etwas weiter nördlich an, in der Ilocos-Region, die sehr viel später einmal Ferdinand Marcos' Hochburg werden soll. Hier beginnt der 32jährige Waise Diego Silang »einen Mini-Bürgerkrieg« (Francia) und erringt zeitweilig die Kontrolle über den Süden – später wird er allerdings von dem Mestizen Miguel Vicos, der sich selbst als Werkszeug der katholischen Kirche betrachtet, hingerichtet, und seine Witwe Gabriela übernimmt das Kommando, bis auch sie ihren Feinden in die Hände fällt und mit neunzig anderen gehängt wird.

Es gärt also, doch »erst in der zweiten Hälfte des 19. Jahrhunderts, als sich immer mehr Filipinos ihrer rassischen Diskriminierung und wirtschaftlichen Benachteiligung bewußt wurden, nahm der Nationalismus, dessen Kern der Befreiungsgedanke vom kolonialen Joch war, schärfere Konturen an«, so Roland Dusik: »Überall im Land entstanden antikoloniale Freiheitsbewegungen.«

Mit kaum einem Namen wird der Kampf der Filipinos gegen die spanische Kolonialmacht so verbunden wie mit dem José Rizals.

Tragischer Held

Geboren wird der spätere Nationalheld und Dichter mit dem vollständigen Namen José Protasio Rizal Mercado y Alonso Realonda am 19. Juni 1861 als siebtes von insgesamt elf Kindern in der Stadt Calamba City auf Luzon. Er ist ein chinesischer Mestize, entstammt einem begüterten Haus und wird von den Eltern nach Manila auf die Schule geschickt. Dort stellt er sich als Naturtalent heraus, das spielend diverse Fremdsprachen lernt, 1877 den Abschluss an der philosophischen Fakultät macht, um Landvermesser zu werden, sich aber gleichzeitig für Literatur und Philosophie an der Dominikaneruniversität Santo Tomas in Manila immatrikuliert. Er beschließt, Arzt zu werden, als er erfährt, dass seine Mutter erblindet, verlässt aber die Universität in Manila, als er sich von den Priestern diskriminiert führt. Stattdessen geht er nach

Madrid und beendet dort sein Studium mit der Note ausgezeichnet. Nebenbei gründet er mit anderen exilierten Gesinnungsgenossen die »Propagandabewegung« und schreibt für die sozialkritische Zeitung *La Solidaridad*.

Nun beginnt der »brillante Universalgelehrte« (Francia) seine Wanderjahre. In Paris spezialisiert er sich in einer Augenklinik, danach zieht es ihn nach Heidelberg, wo er Augenheilkunde praktiziert. Gleichzeitig jedoch pflegt er seine literarischen Interessen. Noch in Heidelberg übersetzt er Friedrich Schillers Wilhelm Tell und zieht später in eine billige Pension in der Jägerstraße 71 in Berlin, wo er für dreißig Mark die Nacht bleiben kann. Hier beendet er schließlich auch sein wichtigstes, bereits in Heidelberg begonnenes Werk *Noli Me Tangere*[41], das zuerst in Berlin erscheint. Der Roman ist eine Anklage gegen die Zustände in seinem Heimatland. Rizal wolle in seinem Werk »den unterdrückten Filipinos ihre elende Lage als Ausgebeutete vor Augen führen und ihren Haß gegen die Kolonialherren schüren, die, hinter einem Wall von Traditionen, Privilegien und Vorurteilen verharrend, jeden Versuch, politische oder soziale Reformen zugunsten der Einheimischen einzuführen, brutal unterdrücken«, befindet *Kindlers Neues Literaturlexikon* und kommt zu dem Schluss: »Der Wert des Buches besteht vor allem darin, daß es zum ersten Mal einer Menschengruppe Gestalt und Stimme verlieh, die bis dahin zum Schweigen verurteilt war.« Kein Wunder, dass es den Spaniern missfällt. Es grenzt an ein Wunder, dass Rizal 1892 entgegen dem Rat guter Freunde dennoch auf die Philippinen zurückkehrt, wo er, gerade einmal eine Woche wieder in der Heimat, die *Liga Filipina* gründet, die sich für Reformen, die Gleichheit aller Filipinos und die Förderung von Bildung, Ackerbau und Industrie einsetzt. Rizal wird verhaftet und nach Dapitan, eine Küstenstadt und Jesuitenmission auf Mindano, in die Verbannung geschickt.

Los Indios Bravos nennen sich Rizal und seine Gefährten – tapfere Indianer. Sie übernehmen den Begriff aus einer Buffalo-Bill-Show, die Rizal 1889 in Paris besucht hatte. *Indios*, so nennen die ignoranten Spanier schließlich auch die Einwohner der Philippinen. Und tapfer sind sie. Denn es erfordert Mut, sich gegen das rigide spanische Regime zur Wehr zu setzen. Als 1892 der antispanische Untergrundbund *Katipunan* gegründet wird, herrscht höchste Geheimhaltungsstufe. *Kataastaa-*

---

[41] Dt.: Berühre mich nicht.

sang Kagalanggalangang Katipunan ng mga Anak ng Bayan ist der vollständige Name dieser von Andrés Bonifacio gegründeten umstürzlerischen Vereinigung: ein höchst angesehener und ehrenwerter Verein der Kinder des Landes. »Die letzte Dekade des neunzehnten Jahrhunderts ist beispiellos«, schreibt Luis Fracia, »Chaos, soziale Erhebungen, Krankheiten, Hunger und sinnloser Tod, aber auch Hoffnung, Träume, ein plötzlicher Sinn für eine neue Richtung – Geburtsschmerzen einer kommenden Nation, Todeswehen einer noch nicht ausgestorbenen kolonialen Ordnung.« 1896 ruft die *Katipunan* zur Revolution, und schnell breitet sich die Revolte im ganzen Land aus. Die Antwort der Spanier, die ihr auseinanderfallendes Inselreich kaum mehr zusammenzuhalten imstande sind, antworten mit brutaler Gewalt. Tausende Filipinos werden in die Kerker der Kolonialherren geworfen. Am 30. Dezember stirbt auch José Rizal durch die Kugeln eines spanischen Erschießungskommandos. Zuvor hatte man ihn, der sich erfolgreich darum beworben hatte, am spanisch-kubanischen Krieg als Militärarzt teilzunehmen, noch in Barcelona an Bord eines Schiffes, das ihn in die Karibik bringen sollte, verhaftet und zurück auf die Philippinen geschafft. Ein Gericht befand den Schriftsteller dann des Aufruhrs für schuldig. In der Nacht vor seinem Tod aber hatte er noch ein Abschiedsgedicht schreiben können, es ist sein Vermächtnis, eine Hymne auf die freien Philippinen: *Mi Ultimo Adios* (dt.: *Mein letztes Lebewohl*).

Die Amerikaner

In der zweiten Hälfte des neunzehnten Jahrhunderts hatten sich auch die Kubaner unter der Führung des Nationaldichters José Martí und anderer Aufrührer gegen ihre spanischen Herren erhoben. Schon seit langem hatten verschiedene Präsidenten der langsam zur Großmacht reifenden Vereinigten Staaten erwogen, die Zuckerrohrinsel einzunehmen oder zu kaufen, waren aber einem Konflikt mit den Spaniern stets aus dem Wege gegangen. Am 15. Februar 1898 bietet sich ihnen endlich der langersehnte Anlass, sich des Karibikeilands zu bemächtigen. Da explodiert im Hafen von Havanna das amerikanische Kriegsschiff *USS Maine*, das zuvor als Zeichen von Washingtons Machtanspruch auf die Insel geschickt worden war. Natürlich ist das eine Provokation. Und als die *Maine* dann tatsächlich in die Luft fliegt, werden sofort die Spanier verdächtigt, hinter dem Anschlag zu stecken.[42] »Remember the Maine! To hell with Spain!«, ist der Schlachtruf der Zeit. Und der Zeitungstycoon Randolph Hearst vom *New York Journal* spricht zu seinem Layouter Worte, die ihn unsterblich machen sollen: »Du lieferst die Bilder. Ich liefere den Krieg.« Am 25. April ist es tatsächlich soweit, da erklärt die amerikanische McKinley-Regierung Spanien den Krieg. Eine neue Großmacht steigt ein in das *Great Game*, das große Spiel der Kolonialmächte, und greift nach überseeischen Territorien. Als *Splendid Little War* soll das folgende Scharmützel in die amerikanische Geschichte eingehen. Bereits zehn Tage nach Kriegsbeginn zerstört das US-Pazifikgeschwader unter dem Befehl von Admiral George Dewey die spanischen Kriegsschiffe in der Manila-Bay und beginnt mit der Belagerung der philippinischen Hauptstadt. Deren spa-

[42] Auch wenn eine Untersuchungskommission im Jahre 1976 herausfindet, dass die Explosion von einen Brand im defekten Kohlebunker verursacht worden war.

nische Herrscher ahnen natürlich schnell, dass ihre Zeit gekommen ist. Im Lande selbst haben sie es mit den Rebellen zu tun und vor der Küste mit der amerikanischen Marine. Jetzt geht es nur noch um eine möglichst elegante Lösung: Natürlich wollen sie sich lieber den europäischstämmigen Amerikanern als den malaiischen Revolutionären ergeben. Darum laufen bereits Geheimverhandlungen zwischen der alten und der neuen Kolonialmacht, als sich Rebellengeneral Emilio Aguinaldo zum Präsidenten der Republik ausrufen lässt und dabei fest mit der Unterstützung der neuen Verbündeten rechnet:

> Unter dem Schutz der mächtigen und menschlichen nordamerikanischen Nation, rufen wir aus und erklären feierlich, im Namen und bevollmächtigt von den Einwohnern aller philippinischen Inseln, daß sie das Recht haben, frei und unabhängig zu sein.

Dann ernennt er Minister und bereitet sich auf die Schaffung einer Republik vor. Doch die Vereinigten Staaten haben mitnichten eine Unabhängigkeit der Philippinen im Sinn, die trachten selbst nach neuer Macht und Größe. Sie nehmen Manila in einem Scheingefecht mit ihren spanischen Widersachern ein und verriegeln die Stadt vor den philippinischen Truppen. Der Friedenvertrag von Paris regelt den Rest. Zwanzig Millionen US-Dollar müssen die Amerikaner an Madrid überweisen – und machen ein Schnäppchen, denn dafür erhalten sie die Philippinen, Guam und Puerto Rico. Nur Aguinaldo, der sich schon fast am Ziel gewähnt hatte, zürnt natürlich und erklärt den Amerikanern am 5. Februar 1899 den Krieg. Der »glänzende, kleine Krieg« artet zum Gemetzel aus. Noch im gleichen Jahr erscheint Rudyard Kiplings Gedicht *Die Bürde des weißen Mannes* mit dem Untertitel *Die Vereinigten Staaten und die Philippinen*:

> Nehmt auf euch des Weißen Mannes Bürde
> schickt die Besten, die ihr aufzieht hinaus.
> Auf, gebt eure Söhne in die Verbannung,
> der Notdurft eurer Gefangenen zu dienen.
> Laßt sie schwer gerüstet wachen
> über eine Menge, wankelmütig und wild
> eure frisch eingefangenen, tückischen Völkerschaften,
> die halb noch Kinder sind, halb Teufel.

Das Gedicht, das der Vater des *Dschungelbuchs* da dem Südseekonflikt widmet, soll bald zu einem Manifest des Imperialismus werden. Am

Ende des zweijährigen Schlachtens aber bleibt wenig Raum für Kriegs- und Fortschritts-Romantik, sind viertausendzweihundert getötete amerikanische Soldaten zu beklagen, über sechzehntausend philippinische Freiheitskämpfer und rund zweihunderttausend Zivilisten. Und Präsident McKinley? Der bekennt gegenüber einer Gruppe protestantischer Geistlicher: »Als mir bewußt wurde, daß uns die Philippinen in den Schoß gefallen waren, hatte ich keine Ahnung, was ich damit anfangen sollte.« Na ja, und dann habe er gebetet und Gott um Rat gefragt, erkannt, dass die Philippinen christianisiert und zivilisiert werden müssten, als hätten das, bei Gott!, nicht schon die Spanier erledigt, und dann habe er seinen Leuten im Kriegsministerium erklärt, »daß die Philippinen auf die Landkarte der Vereinigten Staaten eingetragen werden müßten«. Natürlich amerikanisieren die Yankees das Land so gründlich wie sie auch den Rest der Welt amerikanisieren.

Unterbrochen wird die amerikanische Dominanz nur von den Japanern. Am 7. Dezember 1941 hatten deren Truppen den amerikanischen Pazifikstützpunkt Pearl Harbour angegriffen, am 2. Januar 1942 schon nehmen sie Manila ein. Die unterlegenen US-Streitkräfte unter dem Kommando des legendären Generals Douglas McArthur müssen sich auf die Insel Corregidor in der Manila-Bay zurückziehen. In einer Nacht- und Nebelaktion wird McArthur später nach Australien gebracht, wo er die Rückeroberung der Inseln vorbereitet; der Rest seiner Truppen kapituliert am 9. April 1942. Rund sechsundsiebzigtausend alliierte Kriegsgefangene fallen dabei den Japanern in die Hände. Sie werden auf einen über hundert Kilometer langen Marsch in die japanischen Konzentrationslager geschickt. Nur sechsundfünfzigtausend überleben den *Todesmarsch von Bataan*. Vierundzwanzigtausend Soldaten werden in den Lagern sterben. Am 20. Oktober 1944 schließlich kehrt McArthur, wie versprochen, auf die Philippinen zurück und geht in Leyte an Land. Am 4. Juli 1946 werden die Philippinen endgültig in die Unabhängigkeit entlassen.

Die amerikanischen Spuren sind immer noch unübersehbar. An jeder Ecke gibt es *McDonald's* und *Starbucks*, und Manila wirke mittlerweile »vielfach wie eine Parodie auf die trostlosesten Gegenden Milwaukees«, schreibt James Hamilton-Paterson: »Die schwachen Spuren Europas waren auf brutalste Weise von der Pepsikolonisation überflutet worden.«

Aber Hamilton-Paterson ist Engländer.

II Von Politikern, Popen, Boxern und Provinzcaudillos

Manila

Romeo Parol zeigt Imeldas Schuhe
Imelda Marcos, Thilo Thielke bei den Bankunterlagen

Müllkippe Pier 18
Jenelyn mit ihrem Baby Rachel

Müllsammler
Straßenszene Manila

Reisforscher Achim Dobermann
Reis

Unterricht für die Kinder von Cavite
Efren Peñaflorida (links) erklärt den Laptop

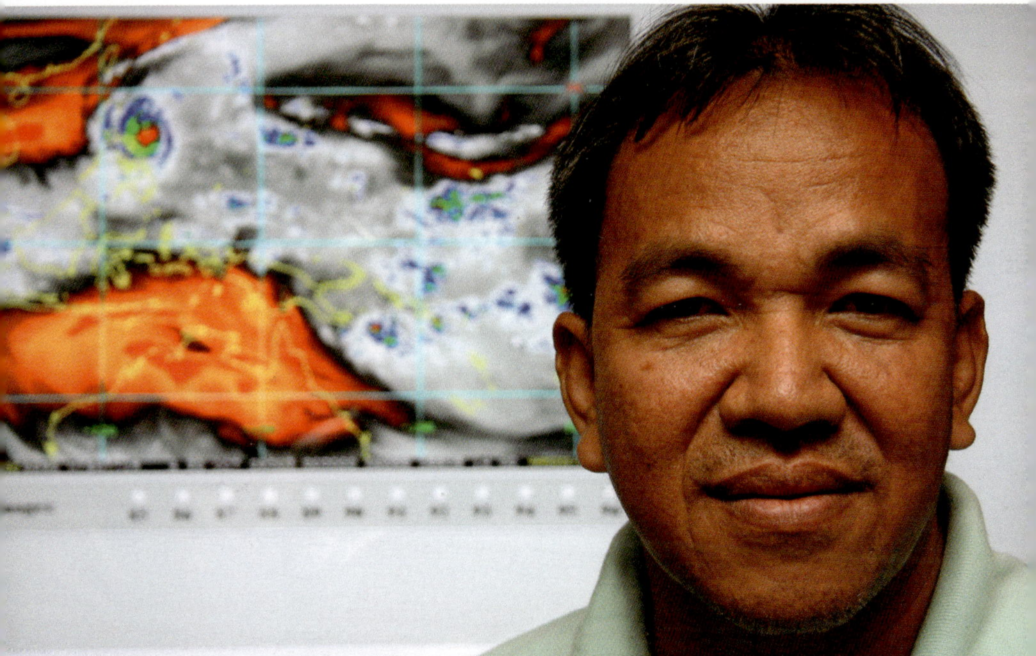

Mount Mayon
Katastrophenschützer Cedric Daep

Bayern-Fan-Club Boracay (ganz links: Schatzi und Haxe, daneben Christine und Peter Packy und Christie, dritter von rechts: Andy). Unten: Kinder

Waffenschmiede Danao

Karfreitag in San Fernando

Der Römer Danilo Aquino und sein Cousin Arnel »Jesus« Sanggalang
Kreuzigung

Rebellenposten der MILF
MILF-Training

MILF-Rebellen beim Koranstudium
Vater Ponpon mit Flüchtlingskindern

Gedenken der Opfer von Maguindanao
Journalistenwitwe Jean Merisco mit Tochter Francis

Periodico-Chefredakteur Freddie Solinap in seinem Büro
Box-Champion Manny Pacquiao im Armenviertel von General Santos

Mit Reissäcken gefülltes Lager des World Food Program in Cotabato
Sonnenuntergang über der Manila-Bay

Besuch bei der alten Dame

Manila

Von der Terrasse ihres Penthauses im dreiundvierzigsten Stockwerk hat die alte Dame einen ganz guten Überblick. Am Horizont funkelt der Ozean wie tausend Diamanten in der untergehenden Sonne. Es weht eine leicht salzige Brise herüber, und mild legt sich das Abendlicht über ihre Stadt: Manila, die schöne, die gewalttätige, die lebenshungrige Metropole. Imelda Marcos, einundachtzig Jahre alt mittlerweile, blickt majestätisch hinunter.

Die Menschen auf der Erde quälen sich durch den Feierabendverkehr: die einen gut verborgen hinter den verdunkelten Scheiben ihrer protzigen Limousinen, die anderen den Blicken der Umgebung schutzlos preisgegeben, auf nackten Füßen, in Lumpen gehüllt, den dicken Autos ihre offenen Hände bettelnd entgegenreckend. Es ist ein obszönes Bild. Das steinreiche Manila und das bitterarme liegen überall in der Elfmillionen-Einwohner-Stadt dicht beieinander.

Imelda Marcos – gekleidet in einen kittelartigen, marineblauen Hosenanzug mit gebatikten Blumenmustern an den Ärmeln – scheint das jedoch nicht zu sehen. Sie blickt zärtlich auf die bronzene Büste ihres im September 1989 verstorbenen Mannes Ferdinand. Es ist ein kitschiges Stück aus der Schmiede irgendeines Vasallen. Aber sie hat einen schönen Platz dafür direkt an der Brüstung gefunden. So bekommt er genug Licht und thront über einer Stadt, der er den Rücken zuwendet, während sein markantes Profil auf die Ruheresidenz seiner Gemahlin gerichtet ist.

Wenn Imelda Marcos da so steht, oben, auf ihrem angestammten Platz an der Sonne, staatstragend und selbstbewusst, hat es den Anschein, als habe sich für sie wenig geändert seit damals. Als seien sie und ihr Mann 1986 nicht mit Schimpf und Schande zunächst aus dem *Malacañan*-Palast und schließlich aus dem Land gejagt worden. Als habe es nicht diese Revolution des Volks gegeben, die sich *People Power* nannte und deren Symbolfarbe gelb war. Als wären da keine Unruhen gewesen und die Ermordung des ärgsten Rivalen und Oppositionsführers Benigno *Ninoy* Aquino auf dem Flughafen von Manila.

Einundzwanzig Jahre lang hatte Ferdinand Edralin Marcos (geboren am 11. September 1917) die Philippinen geherrscht – über eine »bezaubernde Inselwelt«, in der, laut meinem *DuMont-Führer*, »östliche und westliche Kultur eine ungewöhnliche und interessante, wenn auch nicht immer harmonische Synthese eingegangen sind«.

»Die Ehediktatur« der Imelda Marcos

Nur selten wich Gattin Imelda von seiner Seite, eine Ikone mit hochtoupiertem Haar, orchideenhaft, stolz, vornehm und machtbewusst. Aber vielleicht sollte man eher sagen: Sie hatten gemeinsam über das Inselreich geherrscht, Imelda war schließlich lange Jahre auch Ministerin und Sonderbotschafterin in seinem Kabinett, sie war das Glamourgirl der Regierung Marcos. Von einer »Ehediktatur« in einem »der ärmsten und sympathischsten Länder Asiens« schrieb wohlweislich der langjährige Asienkorrespondent des *Spiegel*, Tiziano Terzani, in seinem Buch *In Asien*. James Hamilton-Paterson wagt in seinem Roman *Die Geister von Manila* gar die These, Imelda habe letztendlich allein geherrscht – über das gesamte Land wie über ihren Gemahl. Über den und seine Spießgesellen (»Männer mit Visionen«) lässt er einen seiner Protagonisten, den Polizei-Inspektor Dingca, mitleidlos urteilen:

> Was sich vor ihrer eigenen Nase abspielte, nämlich die sukzessive Übernahme der Zügel durch irgendein gerissenes Miststück, merkten sie erst, wenn es zu spät war. Als ihm allmählich dämmerte, was um ihn herum passierte, war der Unglückliche schon viel zu krank, um etwas dagegen zu unternehmen, und hatte wenig Lust, sich allzu weit von seinen medizinischen Apparaturen im Malacañang-Palast wegzubewegen.

Wie auch immer – mit ihrer Herrschaft werden bis heute Raffgier, Korruption und Kriegsrecht in Verbindung gebracht. Die dreitausend Paar Schuhe (Größe achtunddreißigeinhalb) und die fünfhundert Büstenhalter (Größe fünfundachtzig B), die Imelda gehortet hatte, sind längst Legende. Ein Teil der Schuhe lässt sich mittlerweile in einem Museum in Marikina (Großraum Manila) besichtigen; man hatte sie 1986 in dem verwaisten Palast gefunden und Jahre später dem Volk zugänglich gemacht.

Sie führten ein Leben in Saus und Braus, die beiden. Bisweilen verschleuderte Imelda auf Shoppingtouren in New York oder Paris eine Millionen Dollar in drei Tagen. Wieder daheim flanierte sie dann durch die Slums von Manila und rief den Armen zu: »Ich weiß, ihr kleinen Leute wollt mich in meinen besten Kleidern, mit meinen Diamanten sehen, ihr wollt aufblicken können zu einem Star!« Ständig jettete sie durch die Welt, wurde an der Seite Fidel Castros ebenso gesichtet wie an jener des Waffenhändlers Adnan Kashoggi. »Verglichen mit Imelda Marcos, lebte Marie Antoinette wie eine Bettlerin«, meinte der amerikanische Kongressabgeordnete Stephen Solarz, nachdem er im Malacañan-Palast sah, was das Paar bei seiner überstürzten Abreise zurücklassen musste. Dabei war ja schon imposant genug, was der Klan alles mit nach Hawaii geschleppt hatte. Zweiundzwanzig Kisten voller Bargeld in verschiedenen Währungen und zweihundertachtundsiebzig Kisten mit Dokumenten, Schmuck und Geld sollen die beiden an Bord zweier Transportmaschinen der amerikanischen Luftwaffe in den fünfzigsten Bundesstaat der USA geschleust haben. Darunter das Präsidentensiegel, von dem sie sich nicht trennen mochten. An Bargeld sollen sie außerdem 7,7 Millionen Dollar dabeigehabt haben – was nur einen kleinen Teil ihres geschätzten Vermögens von fünf bis zehn Milliarden Dollar ausmacht, die zum großen Teil irgendwo im Ausland liegen. Damit gelten Marcos-Herrschaft und anschließende Flucht wohl zurecht als einer der dreistesten Raubzüge der neueren Geschichte. Nur Imelda mag sich daran nicht erinnern. »Geldlos, machtlos, landlos saßen wir auf Hawaii«, sagt sie, ohne mit der Wimper zu zucken.

Mittlerweile regiert nach Cory Aquino mit Benign Aquino schon die zweite Generation der Aquinos das Land. Die Geschichte der Philippinen, oft als »lateinamerikanisches Land in Asien« bezeichnet, ist die Geschichte von Klans. Kein Wunder, dass die hohen Erwartungen die einmal an die Herrschaft der Aquinos geknüpft worden waren (Landreform, Bekämpfung der Korruption, Beendigung des Bürgerkriegs), mittlerweile weitgehend enttäuscht wurden. Imelda aber kehrte Anfang der neunziger Jahre unbehelligt aus dem Exil zurück. Sie wurde zwar nicht besonders herzlich empfangen, aber auch nicht gerade abgewiesen.

1993 begegnete ich ihr zum ersten Mal, als sie durch die zerstörten Dörfer am Hang des Vulkans *Mount Mayon* tourte. Der Berg, der wegen seiner symmetrischen Kegelform als einer der schönsten Vulkane der Erde gilt, war wenige Tage zuvor ausgebrochen und hatte neunundsiebzig Menschenleben gefordert. Die meisten Opfer waren Bauern gewesen, die am Hang des fruchtbaren Bergs ihr Auskommen gefunden hatten. Eine Schlammlawine hatte sie erfasst und lebend unter sich begraben. Damals waren Armee und philippinische Katastrophenhelfer hektisch damit beschäftigt, Zehntausende von Bewohnern der umliegenden Siedlungen zu evakuieren. Sie befürchteten eine noch gewaltigere Eruption, einen *Big Bang*. Die Katastrophe des *Pinatubo* mit fast neunhundert Toten im Jahr 1991 war den Menschen schließlich noch in unheilvoller Erinnerung, und so versammelten sich am Fuße des Bergs jede Menge Helfer, Vulkanologen und Journalisten und beobachteten argwöhnisch den Rauch, der noch wochenlang aus dem Kegel quellen sollte.

Damals begleitete ich gemeinsam mit meinem Kollegen Johannes von Dohnanyi, der als Korrespondent in Singapur stationiert war, Imelda ein Stück auf ihrem Weg durch die Dörfer. Das skurrile Bild werde ich nicht vergessen: hier die fast ununterbrochen schnatternde und scherzende, frisch frisierte Diktatorengattin in einem orangefarbenen Kostüm, auf Stöckelschuhen und mit hochtoupiertem Haar, dort die verstörten Bauern in ihren Auffanglagern, in umfunktionierten Klassenräumen, auf Schulhöfen campierend, Schutz suchend unter bunten, im Wind flatternden Plastikplanen. Aber sie fanden nichts dabei, von der milliardenschweren Diva umgarnt zu werden.

Mit einer Mischung aus Ehrfurcht und Neugier, aber nur selten feindselig oder aggressiv, verfolgten sie den Auftritt der einstigen First Lady, die munter, aber auch etwas dreist erklärte, sie sei »jetzt arbeitslos«, würde eine »Ein-Mann-Hilfsorganisation« bilden und sei einzig und allein gekommen sei, Gutes zu tun. Die beklagte, sie selbst, »erfahren im Umgang mit Taifunen, Erdbeben und Vulkanausbrüchen«, sei »nun Opfer eines, allerdings von Menschen gemachten, Desasters geworden« und nachher im Minibus herumalberte, der Vulkan sei »genau wie eine Frau: schön, aber sehr gefährlich«. All die Lakaien, die Bodyguards und Speichellecker, die sich um Imelda versammelt hatten, lachten dazu ihr unterwürfiges Lachen.

Vielleicht vergessen die Filipinos, denen man nachsagt, besonders lebenslustige Insulaner zu sein, ja besonders schnell; vielleicht waren ihre Erinnerungen an die Herrschaft des illustren Paars – zumal nach der Ernüchterung über Corys halbherzige Politik – ja auch gar nicht so schlimm. Ich jedenfalls musste mich erst daran gewöhnen, wie gleichgültig sich Menschen, die »mehr als zwanzig Jahre unter der Knute eines repressiven und korrupten Regimes litten« (Terzani), gegenüber jener Frau gaben, die jahrelang das Volk so schamlos bestohlen und sich selbst bereichert hatte.

Ähnliche irritiert von der Duldsamkeit des Volks äußerte sich übrigens David Jiménez, Asien-Korrespondent der spanischen Tageszeitung *El Mundo*, nach einem Armenaufstand in Manila. »Es gibt keine Wut in den Gesichtern der Filipinos«, notierte der Reporter, »vielleicht sind sie das Volk, das sich auf Erden am wenigsten selbst ernst nimmt.« Ich habe daraufhin die Philippinen auf der jährlich von *Forbes* veröffentlichten Liste der »glücklichsten« Länder gesucht, sie aber nur auf Platz vierundneunzig gefunden, einundsechzig Plätze hinter Deutschland.[43] Aber die Aussagekraft dieser Rankings ist ohnehin mehr als zweifelhaft. Die Dänen führen 2010, nebenbei, die Liste vor den anderen Skandinaviern an.

Den Leichnam ihres Mannes hatte Imelda, als sie in die Heimat zurückkehrte, gefriergetrocknet im Gepäck. Noch immer harrt er in einem Mausoleum in Batac seiner Beisetzung auf dem Heldenfriedhof von Manila. Die immerhin wird jenem Mann noch verweigert, der bereits in den dreißiger Jahren des letzten Jahrhunderts eigenhändig einen politischen Gegner seines Vaters erschossen haben soll und danach für den Tod Tausender anderer seiner Landsleute verantwortlich war. Jährlich zu Ferdinand Marcos' Todestag versammelt sich seine Familie an der vorübergehenden Ruhestätte des Patriarchen, um tränenreich die Ungerechtigkeit zu beklagen, die ihm von den Aquinos und all den anderen Neidern angetan wurde, und wartet auf seine Rehabilitierung wie auf eine göttliche Erscheinung.

Als wir lange genug die Aussicht auf Manila genossen haben, dirigiert uns Imelda behutsam zurück ins Haus. Eine alte Freundin von ihr ist zu Besuch, und ich werde begleitet von Charmaine, einer philippini-

---

43 http://www.forbes.com/2010/07/14/world-happiest-countries-lifestyle-realestate-gallup-table.html

schen Journalistin, der ich diese Einladung in Imeldas Reich verdanke. Unvermutet finden wir uns in einem ballsaalgroßen Raum wieder, in dem sich kitschige Preziosen neben wahren Schätzen türmen – Michaelangelo, Gauguin und Picasso goldgerahmt. Sich aufbäumende Porzellan-Rösser stehen da neben Figuren chinesischer Tänzerinnen auf dem Fußboden herum; eine Buddhafigur mit Schmähbauch lehnt achtlos an einem alten eingerahmten Titelbild der Illustrierten *¡Hola!*, das eine elfenhafte und junge Imelda in einem schneeweißen Kleid zeigt. Auf der Fensterbank: eine ganze Galerie von Erinnerungsfotos »Marke: Ich und Gott und die Welt«, außerdem Maria und das Jesuskind im Goldrahmen und antike Gipsköpfe und Drachen aus Jade und Beistelltischchen mit Goldverzierung. Es sieht gar nicht so viel anders aus als im türkischen Ramschladen auf der Reeperbahn. Weltstars beschenken sich also auch nur mit Nippes, nur dass sie fünfzig Mal soviel dafür ausgeben wie andere Kunstbanausen.

Nachdem wir den ganzen Plunder gehörig bestaunt haben, bittet uns Imelda feierlich, auf den bereitgestellten Stühlen Platz zu nehmen, und den herbeigeklingelten Diener, die schweren grünen Vorhänge zuzuziehen. Währenddessen reicht das Hausmädchen Kaffee und Kekse, und Imelda macht sich jetzt etwas umständlich an einer Power-Point-Präsentation zu schaffen. Sie hat nämlich eine Vision.

Imeldas Visionen

Was nun folgt, ist ein irrsinniger, mehr als zweistündiger Vortrag über die Welt und wie sie sein soll. Die Exkursion in Imeldas verworrene Gedanken lässt sich aber zum Glück knapp zusammenfassen und passt auf das Titelbild des *Golden Blatts*: Alle Menschen sollen reich und schön sein. Dazu gibt es viele Grafiken. Zum Beispiel zeigt uns Imelda ein Dollarzeichen, um das kleine Männchen kreisen. »So ist es heute«, klärt sie uns auf: »Viele Menschen, wenig Geld.« Dann drückt sie auf einen Knopf, und man sieht ein Männchen in der Mitte, um das ganz viele Dollarzeichen kreisen, und Imelda sagt allen Ernstes: »Und so sollte es sein: Viele Dollars kreisen um wenige Menschen.« Es gibt eine ganze Menge solcher Folien. Eine soll uns zum Beispiel die Herrschaft ihres Mannes besser verstehen helfen. Man sieht eine mysteriöse Addition: ein Männchen plus ein Kreis plus ein Quadrat plus ein Dreieck ergeben eine komische Figur, die aus dem Männchen und all diesen geometrischen Formen besteht. Was das alles bedeuten soll: »Marcos plus Freiheit plus Gerechtigkeit plus Demokratie ergeben Frieden.« So geht es die ganze Zeit. »Meine Formel ist ›Schönheit für Liebe‹, und Marcos' Formel war ›Macht für Frieden und Liebe‹«, plaudert die Diva, die noch andere Kalendersprüche auf Lager hat: »Die einzige Demokratie ist Gott.« Und: »Man muss erst eine schöne Blume sein, bevor man eine Frucht wird.« Nachdem ich mir anfangs das Lachen kaum verkneifen konnte, drohe ich nach einer Weile einzunicken. Wie hat es diese Frau bloß geschafft, die Mächtigen dieser Welt um den Finger zu wickeln und einen großen Teil jenes Volks, das unter ihrer Verschwendungssucht zu leiden hatte, noch dazu?

So sehr ihr die Rolle auf den Leib geschnitten schien: Imelda Romualdez, Tochter eines Professors und einer Modedesignerin, wurde keineswegs in die Welt der Mächtigen und Reichen hineingeboren, sondern in den verarmten Zweig einer Großgrundbesitzerfamilie, von der *Spiegel*-Autor Erich Follath, der Ferdinand Marcos wenige Jahre vor seinem Tod auf Hawaii traf, behauptet, sie hätten »als Nichtsnutze, als schwarze Schafe, als Schande des Clans« gegolten, und das habe »man die Kleine ihre ganze Jugend hindurch spüren« gelassen.

Es muss eine trostlose Jugend gewesen sein. Ihr Name habe regelmäßig am schwarzen Brett gestanden – wo festhalten wurde, wer sein Schulgeld wieder einmal nicht bezahlt habe. Meldy aus Leyte, bis dahin eher eine Dorfschönheit, hatte kaum Freundinnen, bestand mit Ach und Krach das Abitur und jobbte als Schallplattenverkäuferin und Bankbotin. Bei einem örtlichen Schönheitswettbewerb errang sie immerhin den Titel *Rose von Tacloban*, und nachdem sie bei der Wahl zur *Miss Manila* nur zweite wurde, beschwerte sie sich derart lautstark beim Bürgermeister, dass der ihr, um weiteren Ärger zu vermeiden, den Titel *Muse von Manila* verlieh. Follath: »Sie hatte keine Manieren, sie schminkte und kleidete sich viel zu grell, ihre Vorstellung von einem Gespräch über Literatur beschränkte sich auf Zitate aus ›Reader's Digest-Heften‹.« So sah er also aus, der holprige Beginn eines Lebens, das vom ehemaligen *Talking-Heads*-Chef David Byrne mittlerweile zur Rockoper *Here Lies Love* vertont wurde.

Im April 1954 begegnete die Aufsteigerin zum ersten Mal ihrem zukünftigen Mann, dem 36jährigen Kongressabgeordneten Ferdinand Emmanuel Edralín Marcos.

Der junge Mann, von seinen ehrgeizigen Eltern nach dem spanischen Regenten Ferdinand VII benannt, hatte damals bereits ein bewegtes Leben hinter sich. Als Spross einer der zwanzig einflussreichsten philippinischen Familien hatte er eine gute Schulbildung genossen, schon früh Jurisprudenz studiert und mit einem herausragenden Ergebnis abgeschlossen. Während des Zweiten Weltkriegs diente er als Offizier in der einundzwanzigsten Infanteriedivision. Er geriet in japanische Kriegsgefangenschaft und überlebte den sogenannten *Todesmarsch von Bataan*. Nach dem Krieg wurde er Referent des ersten Präsidenten der unabhängigen *Republika ng Pilipinas*, Manuel Roxas, und 1949 in das philippinische Unterhaus gewählt. Er glänzte durch gute Manieren und eine brillante Rhetorik, der er nach dem mutmaßlichen Mord an Julio Nalundasan, einem Widersacher seines politisch aktiven Vaters, seinen Freispruch verdankte. Nebenbei tat er sich als Sportler hervor; er boxte, schwamm und rang. Und er strickte an seiner eigenen Legende, indem er eine Guerillaeinheit erfand, die er im Kampf gegen die Invasoren aus dem Land der aufgehenden Sonne geführt haben will. Und so ist es nicht erstaunlich, dass Imelda dem Werben des stürmischen und verheißungsvollen jungen Politikers schon nach elf Tagen nachgab. Da hatten sich zwei gefunden, die gut zusammenpassten. Am 1. Mai 1954 war Hochzeit. 1965 wurde Ferdinand Präsident des Landes.

Anfangs tatkräftig unterstützt von den USA, die ihre ehemalige Kolonie immer als Brückenkopf gegen den sich in Asien ausbreitenden Kommunismus betrachteten, begann eine beispiellose Herrschaft, während der es die beiden vortrefflich verstanden, »das Robin Hood-Prinzip auf den Kopf zu stellen und die Methoden zu perfektionieren, den Armen so viel wie möglich aus der Tasche zu ziehen, um es den Reichen zu geben« (Jiménez). Während es mit den Philippinen, die es in den sechziger Jahren immerhin zur zweitstärksten asiatischen Wirtschaft hinter Japan geschafft hatten, nun stetig bergab gehen sollte, konnte sich die Elite des Landes auf Jahrzehnte der Maßlosigkeit freuen.

Harte Zeiten hingegen begannen für politische Gegner dieses Duo Infernale. Allein zwischen der Ausrufung des Kriegsrechts 1972 und seinem politischen Ende 1986 habe Marcos fünfzigtausend Oppositionspolitiker, Journalisten, Gewerkschaftsleute, angebliche Kommunisten und aufrührerische Studenten verhaften lassen, schätzt *Amnesty International*. Hunderte politisch motivierter Morde sollen auf das Konto von Todesschwadronen gegangen sein. Folterungen waren an der Tagesordnung, während im Malacañan-Palast der Champagner in Strömen floss, und Imelda »jahrelang so lebte, als wäre sie die Hauptfigur ihres eigenen schaurig-schönen Musicals« (*Der Spiegel*). Immer stärker geriet das Land nun in den Würgegriff einer neuen, von Marcos protegierten Oberklasse, welche die alte Oligarchie ersetzte – zum Verdruss vieler Filipinos sollte Corazon Aquino später jene alte Herrschaftskaste, der sie selber angehörte und deren Abstammung oft noch direkt auf die spanischen Conquistadores zurückgeht, wieder einsetzen, so dass sich an den quasifeudalistischen Zuständen im Land wenig änderte.

Am ehesten sind die Philippinen wohl immer noch mit den lateinamerikanischen Bananenrepubliken der sechziger und siebziger Jahre vergleichbar – ein Anachronismus: dieses System aus Vetternwirtschaft, Großgrundbesitz und Wildwestmethoden; ein Anachronismus aber auch: diese elegante Frau mit hochgestecktem Haar, die immer aussieht, als käme sie gerade vom Kaffeeklatsch mit Farah Diba oder Gina Lollobrigida, und von der Peter Scholl-Latour nach einem Treffen einmal schrieb: »Sie bewegte sich wie eine Königin und war blendend schön.«

Natürlich will Imelda von der Kritik am Regierungsstil ihres Gatten wenig wissen. Das Kriegsrecht habe die »Disziplin im Land gestärkt«, behauptet sie, und sei sowieso nur verhängt worden, um »Freiheit, Demokratie und Menschenrechte zu verteidigen«, und deshalb sei es auch, wie schön sie das sagt!: »ein friedliches Kriegsrecht gewesen«.

Nur wenn der Name Aquino fällt, droht der »eiserne Schmetterling«, wie einer ihrer vielen Spitznamen lautet, ein wenig die Fassung zu verlieren. Zumindest verzieht Imelda dann den Mund, als habe ihr Koch den Hummer zu weich gekocht und murmelt etwas von Diktatoren und Ausbeutern und dass die Oligarchen das größte Problem des Landes sind. Doch viel lieber spricht sie natürlich vom Comeback ihrer eigenen Sippe, von ihrem Sohn Bongbong, der jetzt Senator ist, und ihrer Tochter Imee, die Gouverneurin der Marcos-Hochburg Ilocos Norte wurde. Da spricht plötzlich die Mutter aus Imelda, und für einen kurzen Moment erhält man zumindest die Ahnung, dass man es mit einem menschlichen Wesen zu tun hat und nicht mit einer Diktatoren-Barbie. Imee hat schon mit sechzehn Jahren das Jugendorchester organisiert, erfahren wir, und sie kümmere sich rührend um junge Künstler. Bongbong hingegen profitiere von seiner Oxford-Erziehung und habe die erste Windmühle Asiens bauen lassen und sei schon mit einundzwanzig Gouverneur von Ilocos Norte geworden. Kurz und gut: Drei wundervolle Kinder habe sie. Längst sind die Marcos wieder salonfähig geworden. Sie selbst hat ja bei der Wahl im April auch wieder einen Wahlkreis gewonnen.

Begegnung mit Mao und anderen Größen

Natürlich erinnert sich Imelda auch gerne an all die Treffen mit den Mächtigen dieser Welt, schließlich hält sie sich selbst für ein Weltereignis. Ihr Vortrag ist vorbei, und Imelda führt uns noch ein wenig in der Wohnung herum. An einem Wandgemälde bleiben wir stehen, es zeigt Imelda gemeinsam mit ihrem Mann und Mao Tse Tung. Imelda liebt dieses Bild. »Mao befahl Tschou En Lai, uns einzuladen«, verkündet sie, »dabei waren wir doch politische Gegner.« Allein Imeldas Charme sei es zu verdanken gewesen, dass sich die beiden rivalisierenden Staaten in der Hochzeit des Kalten Kriegs annäherten. Hätten doch alle Staatsmänner solch Fabelwesen an ihrer Seite gehabt, will sie uns damit wohl sagen, vielleicht hätte es keine Kriege und Krisen auf Erden gegeben. Jedenfalls habe Mao ihr noch erzählt, dass er beobachtete, wie sie, Imelda, in Manila ein Kulturzentrum aufgebaut habe, das wolle er jetzt nachmachen. Kommentar des Kulturrevolutionärs: »Imelda, als Führer von 1,6 Milliarden Menschen wandle ich in ihren Spuren.« Und dann soll er ihr noch anvertraut haben: »Eine Waffe vereinigt nicht die Menschen.« Was sich große Führer eben so erzählen, wenn sie sich über den Weg laufen.

Zu jedem fällt ihr jetzt etwas ein, sogar an Helmut Kohl und Kim Il Sung erinnert sie sich. »Saddam Hussein flog uns dorthin, wo sich einst die hängenden Gärten von Babylon befunden hatten, und rief ›Das ist der Garten Eden‹; Fidel chauffierte mich höchstpersönlich durch Havanna – eine Ehre, die er nur einer anderen Frau zukommen ließ, seiner Mutter; und Gromyko hat bei der Beerdigung Tschernenkos ausgerufen: ›Du bist die Wichtigste, Imelda, Du bist ein Freund.‹« Imelda sagt, sie könne weinen, wenn sie so zurückdenke, und das nimmt man ihr ab. Denn ihre Welt ist klein geworden, seit sie nicht mehr an der Macht ist.

Sie führt uns jetzt zum Fahrstuhl; ein Stockwerk höher liegt ihr Arbeitszimmer. Dort oben hat sie die Reste ihrer Raffgier fein säuberlich zu Stapeln geschichtet. »Einhundertundachtzig Stapel«, meint Imelda, »vielleicht auch ein paar mehr, jeder Stapel ein Bankkonto.« Imelda wandert durch die Reihen. So liegt ihr die Welt ein letztes Mal zu Füßen: Bayerische Luxemburg Bank steht auf einem Stapel, auf einem anderen Swiss American Security, Bank of Montreal, Algemene Bank Nederland, Michigan National Bank – es ist eine kleine Weltreise, immerhin.

»Meistens haben wir in Gold investiert«, plaudert die ehemalige First Lady, denn Marcos habe dem Dollar nicht getraut: »›Der Dollar kollabiert‹, hat er immer gesagt, ›aber der Goldwert bleibt‹.« Und nun fast alles weg; eingefroren, gesperrt, dem Staat zurückgegeben. Allein die Schweizer haben in den neunziger Jahren sechshundert Millionen Dollar blockiert und dann an den philippinischen Staat überwiesen. Soll all die Mühe also umsonst gewesen sein? Imelda könnte schon wieder weinen – aber sie kämpft. Sie will das Geld zurück. Sie prozessiert noch immer um ihre Millionen. Mittlerweile ist sie bei der Fujibank angekommen, gleich neben der Riggs National Bank und Horizon Princeton. Keiner weiß, wie lange sich die Verfahren noch hinziehen, vielleicht wird sie das Ende nicht mehr erleben. Erst kürzlich verdonnerte sie ein philippinisches Gericht zur Rückzahlung von zehn Millionen Pesos, rund einhundertsechsundfünfzigtausend Euro.

Und was will sie noch mit all dem Geld? »Ich bin süchtig nach dem Guten, Wahren und Schönen«, sagt sie und flunkert, dass sie mit dem Geld jetzt nur noch Gutes tun und den Menschen Basketballplätze und Musentempel schenken wolle. Das russische *Bolschoi*-Theater kommt ihr in den Sinn, so etwas will sie in Manila auch errichten – fürs einfache Volk. Denn eins habe sie in ihrem langen Leben gelernt: »Das Volk braucht nicht nur Basisdinge, das braucht auch sehr, sehr schöne Sachen.«

Eine Frage habe ich zum Abschied doch noch. Wofür sie all die Schuhe gebraucht habe? Dreitausend Paar. Sie sind das Symbol des Irrsinns geworden, der die Herrschaft Imelda und Ferdinand Marcos' ausgezeichnet hat. Die habe sie doch bloß gesammelt, erklärt Imelda und lächelt honigsüß, »so wie andere Menschen Briefmarken«. Getragen habe sie die kostbaren Stücke hingegen nur ungern, Leder sei nämlich schlecht für ihre Füße. »Privat habe ich immer nur billige *Espadrilles* angehabt, Drei-Dollar-Schuhe aus Leinen.« Und was das Tollste sei,

Imelda schüttet sich vor Lachen: Nachdem die erbosten Anhänger von Cory Aquino voller Abscheu über ihre Verschwendungssucht die Geschichte mit den dreitausend Paaren, die sie besaß, in die Welt gesetzt hätten, werde sie geradezu überschüttet mit Schuhen. »Alle haben Mitgefühl mir«, ruft sie uns nach, »alle schenken mir Schuhe seitdem, ich besitze jetzt mehr als vorher.«

Die Menschen von Pier 18 und Doktor Reis aus Jena

Manila und Los Baños

Wenn es regnet, steigt der Gestank wie fauliger Nebel aus den Müllbergen. Füllt noch den letzten Winkel dieses desperaten Orts, wabert durch Wellblechhütten und aus alten Planen und Mülltüten gebastelten Zelten, setzt sich in die Nase, die Kleider, stülpt einem den Magen um. Auch heute hat es wieder geregnet. Der Boden ist ein einziges fliegenumsurrtes Feuchtgebiet, eine morastige, breiige Masse, deren Konsistenz an Elbschlick erinnert; die unter den Füßen schmatzt, als wolle sie einen nicht loslassen. Stoff für einen Alptraum oder Horrorfilm.

Mehrmals am Tag quälen sich große Lastwagen durch den Matsch. Unter ihren Vorderrädern spritzt meterweit stinkender Schlamm. Er trifft die Hütten am Rande der tief in den Abfall eingegrabenen Fahrspur, und er trifft die Menschen, die in diesen Hütten leben, als wolle er sie verhöhnen. Doch die Leute scheint das nicht zu stören. Im Gegenteil: Plötzlich strömen sie alle zusammen. Zuerst kommen die lärmenden und tobenden und lachenden Kinder und veranstalten ein Wettrennen. Ihnen folgen die Älteren – gemessenen Schritts kommen sie daher, als wären sie auf dem Kirchgang. Den Abschluss der Prozession bilden die Gebrechlichen und Krüppel; sie humpeln den anderen nach, manche robben über den Müllberg, ziehen wie Amphibien ihre knöcherigen Körper nach.

Einige Jugendliche haben sich bereits auf die Ladefläche des Mülltransporters emporgeschwungen. Die anderen warten geduldig, bis der Wagen stoppt und bilden einen Halbkreis um das motorisierte Ungetüm. Fast ehrfürchtig verfolgen sie, was nun kommt, und was sie schon tausendmal erlebt haben mögen. Unter den Flüchen des Fahrers und begleitet von den Schlägen seiner Begleiter, die allzu vorwitzige Kletterer zu verscheuchen suchen, hebt sich die Ladefläche an, und wie in Zeitlupe wälzt sich ein Berg von Unrat vor die Füße der Wartenden.

Von Müllmenschen und ihrem Überlebenskampf

Natürlich haben die Kräftigsten als erste den Hügel erstürmt, gierig stöbern und stochern sie nach Kostbarkeiten. Die anderen folgen routiniert einer oft erprobten Arbeitsteilung. Die einen klauben Flaschen heraus, andere Plastiktüten, Kronkorken, Metallstücke, Fruchtsaftverpackungen, Coladosen, Pappkartons, Essbares. Was brauchbar ist, wird sortiert, gebündelt, gestapelt, verschnürt und wandert auf neue Berge. Was unbrauchbar ist, bleibt liegen, wird mit der Zeit unter den Füßen der Müllmenschen festgestampft, zusammengepresst unter den Rädern der Lastwagen, bis sich eine neue Schicht bildet, oder es geht in Flammen auf – so entsteht mit der Zeit eine Moränenlandschaft aus Abfall.

Ein paar tausend Menschen leben in dieser Welt, und seit die Nahrungsmittelpreise vor einiger Zeit so rasant gestiegen sind, werden es ständig mehr. Sie nennen ihr Zuhause *Pier 18*, wegen des Hafenabschnitts, an den es grenzt. Manchmal sehen sie stolze Schiffe vorbeigleiten. Schiffe, die den Hafen von Manila anlaufen. Das Zentrum der Hauptstadt mit seinen Luxushotels, der Uferpromenade, den Nachtclubs und Villen, liegt nur ein paar Kilometer entfernt. Doch die wenigsten Menschen von Pier 18 haben diese Welt jemals betreten.

Seit drei Jahren lebt Jenelyn auf Pier 18; eigentlich kommt sie aus einem Fischerdorf im Norden Luzons. Doch dort gab es irgendwann keine Arbeit mehr, nicht für sie und auch nicht für ihren Mann. »Ihr seid jung und stark, geht nach Manila, dort gibt es für jeden etwas«, drängten die Angehörigen, »hier liegt ihr uns nur auf der Tasche, wir wissen selber nicht, wie wir überleben sollen.«

Da packten sie ihre Sachen. Aber wohin sollten sie gehen? Manila ist groß. Manila ist arm. Manila hat genug Probleme. In Manila gibt es »Elendsviertel von den Ausmaßen einer mittleren Großstadt«, wie der Schriftsteller Alex Garland in seinem lesenswerten Roman *Manila* schreibt. »Hier warten sie nicht unbedingt auf einen«, sagt Jenelyn.

Wie viele, die nicht mehr wissen, wohin sie gehören, landeten sie auf dem Müll. Jenelyn ist jetzt vierundzwanzig Jahre alt, aber so, wie sie aussieht, könnte man sie für mindestens zwanzig Jahre älter halten. Ihr Körper ist ausgezehrt, bald die Hälfte der Zähne schon ausgefallen, das Haar verfilzt.

Jenelyn lächelt trotzdem. Im Arm trägt sie ihr Baby, Rachel, es ist vier Monate alt. Ihr ältester Sohn ist zwei. Der Mann ist auch noch da, ihre Schwester nachgezogen, als sie hörte, dass man in Manila vom Müll der Reichen besser leben könne, als im Heimatdorf vom Fischfang. Fünf hungrige Mäuler also, die gestopft werden müssen.

Hundertfünfzig Pesos, etwas mehr als zwei Euro, pro Tag verdient Jenelyn mit dem Müll, den sie an Zwischenhändler weiterverkauft. Bislang konnten sie sich dafür dreimal am Tag etwas zu Essen leisten: Reis, ein wenig Fisch, Gemüse. Aber seit plötzlich die Reispreise explodierten und zwischenzeitlich um dreihundert Prozent stiegen, weiß Jenelyn kaum noch, wie sie die kleine Familie durchbringen soll. Zwar ist das Schlimmste vorbei, doch noch immer befinden sich die Preise auf einem ungewöhnlich hohen Niveau.

»Wenn das so weitergeht, bekommen wir ernsthafte Probleme«, sagt Gerry de Asis von der Hilfsorganisation *The Philippine Christian Foundation*, die sich um die Müllsammler kümmert, Schulen unterhält und Speisungen organisiert, »alles ist so teuer geworden, dass sich die Menschen hier kaum noch etwas zu essen leisten können.«

Eigentlich sollten alle Müllkippen in Manila längst geschlossen sein, seit es am 10. Juli 2000 im Bezirk Payatas zu einer Tragödie kam. Auf der hier gelegenen, einst größten Müllkippe des Landes hatten damals über achtzigtausend Menschen unter erbärmlichsten Bedingungen gehaust. Viele waren aus anderen Gebieten der Stadt nach Payatas umgesiedelt worden, weil dort kein Platz mehr war für sie, weil neue Wohnblocks, Shopping-Malls und Highways gebaut wurden, wo sie einst wohnten. Da schaffte man sie einfach nach Payatas, auf jene 23,3 Hektar Land am Stadtrand, die irgendwann einmal als Müllkippe Manilas ausgewiesen worden waren. Den Menschen blieb kaum etwas anderes übrig, als sich in ihr Schicksal zu fügen und fortan vom Müll zu leben. Ihren Ort aber nannten sie in einer Mischung aus trotzigem Stolz und Sarkasmus *Lupang Pangako*, Gelobtes Land.

Eine Weile hörte man nicht viel von den Menschen in der Müllstadt, doch das sollte sich ändern, als in jenem Sommer vor zehn Jahren heftige Regenfälle wüteten, auf die Wellblechdächer und die Plastikplanen prasselten, sich Sturzbäche in die Siedlung aus Abfall fraßen und schließlich einen gewaltigen Müllberg unterhöhlten und einstürzen ließen. Dreihundert Hütten wurden damals von den stinkenden Massen begraben, mehr als sechshundert Menschen fanden unter ihnen den Tod. Sofort schwirrten Fernsehteams herbei, Fotografen, Reporter. Ihre Bilder gingen um die Welt. Und Manila, wo jeden Tag siebentausend Tonnen Müll anfallen, schämte sich, wenigstens ein bisschen. Denn fortan sollte man den Namen der stolzen Stadt mit Horrorbildern in Verbindung bringen: verwesenden Leichen, bettelarmen Müllmenschen, zusammengefallenen Elendsquartieren. So ein Image wird man schlecht wieder los. Und deshalb sollte es so etwas wie Pier 18 eigentlich heute gar nicht mehr geben. Doch der Kampf gegen das Elend ist ein Kampf gegen Windmühlenflügel in diesem Land.

Asis spricht von einer »Tragödie, die sich anbahnt«. Die Menschen litten an Asthma und Tuberkulose; hätten Atemwegserkrankungen und Lungeninfektionen wegen des ständigen Rauchs und der Bakterien auf der Müllkippe. Fast ein Drittel der Menschen von Pier 18 sei unterernährt. Gerade einmal einhundertundfünfzig würden regelmäßig Nahrungsmittelhilfe erhalten. Asis ist vierzig Jahre alt, Typ notorischer Optimist, ein zupackender Mensch in blauem Polohemd, mit kurzgeschnittenem Haar und einem immer freundlichen Lächeln. Seit einem Jahr arbeitet er nun für die christlichen Helfer der Müllsammler, aber schon seit zwanzig Jahren in der Entwicklungshilfe. »So schlimm wie derzeit war es nie«, sagt er, »was wir hier tun, ist die reinste Sisyphosarbeit.« In seinem kleinen Büro hat der Helfer eine zweibändige Ausgabe griechischer Mythen stehen. Er weiß, dass er den Kampf gegen die Armut kaum gewinnen kann. Dreihunderttausend Menschen sollen allein in Manila von den sechzehntausend Kubikmeter Müll, den die Stadt täglich ausspucken soll, leben. Vierzig Prozent der Filipinos leben an der Armutsgrenze. Immer wieder kommt es zu Katastrophen.

Glaubt man den Wissenschaftlern vom *International Rice Research Institute*, die im dreiundsechzig Kilometer entfernten Los Baños forschen, verschärft sich der Kampf ums Überleben derzeit dramatisch. »Die pure Größenordnung des Hungers in Asien wird oft von der Dynamik der Makroökonomien in der Region kaschiert«, heißt es in einer im September 2010 veröffentlichten Studie des Instituts, »aber Asien beheimatet immer noch fünfundsechzig Prozent der Hungernden in der Welt. Und die geben im Schnitt die Hälfte ihres Einkommens für Nahrung aus«.

Die Reisforscher von Los Baños

Eine dramatische Tropenlandschaft mit Palmen, heißen Quellen und kegelförmigen Vulkanen, über denen sich satte, bauchige Wolkenberge türmen, umgibt das Universitätsgelände der Reisforscher, die ihr Domizil in einer von Manilas begehrtesten Sommerfrischen errichtet haben.

Auch der deutsche Reisende Fedor Jagor hatte die Region auf seiner Reise Mitte des neunzehnten Jahrhunderts besucht. »Jalajala gegenüber, am Südrande des Sees von Bay, liegt das Dörfchen Los Baños, nach einer heissen Quelle am Fuße des Vulkans Maquiling benannt«, schrieb er, »schon vor Ankunft der Spanier diente sie den Eingeborenen zu Heilzwecken, jetzt wird sie nur noch wenig genutzt. Das Ufer des Sees ist dort und fast ringsum so seicht, dass man selbst vom flachen Kahne aus nicht trocknen Fusses landes kann, eine Schicht von Sumpfmuscheln (Paludina) bedeckt den Boden.«

Heute erstreckt sich hinter einem Schlagbaum ein weitläufiges, zweihundertfünfzig Hektar großes Forschungsgelände mit modernen Labors, Kühlkammern und Lesesälen. Die wichtigsten Reisexperten weltweit können sich hier ihren Forschungen widmen, die Hochschule ist relativ großzügig ausgestattet und verfügt über eine Saatgut-Sammlung von mehr als einhundertzehntausend Reissorten. 1960 war das Institut – maßgeblich finanziert von der amerikanischen *Rockefeller- und der Ford-Foundation* – gegründet worden, um die Ernährungsproblem der Welt zu lösen,

Wer das Privileg hat, von einem der Mitarbeiter des IRRI durch die eisgekühlten Lagerräume geführt zu werden, läuft an endlosen Reihen mit Proben vorbei und erfährt nebenbei, dass es Reissorten gibt, die *O. glaberrima* heißen und im Senegal gedeihen oder *Mahsuri* (Malaysia), *HR 22* (Indien) und *Carolina Gold* (USA). Reis von Papua Neuguinea (*C 8432*) bis Liberia (Surgbon) wird hier gelagert, von Thailand (*Khao Dwak Mali*) bis Iran (*Gharib*), und draußen wachsen in langen, sumpfigen Reihen Kreationen mit kryptischen Namen wie *CR 1009 + Sub 1* oder *Samba Mahsuri*.

Wenn es einen Ort gibt, an dem Lösungen gefunden werden können, eine rasant wachsende Weltbevölkerung zu ernähren, dann könnte es dieses unscheinbare Gelände sein. Bereits 560 Millionen Menschen, die mit weniger als 1,25 Dollar am Tag auskommen müssen, leben in reisproduzierenden Ländern. Fast zwei Drittel der 1,4 Milliarden Armen in der Welt sind in Asien beheimatet, und bei der rückläufigen Bevölkerungsentwicklung in Europa und Amerika und dem kräftigen Wachstum in Ländern wie Indien oder Pakistan wird sich deren Anteil noch kräftig erhöhen.

»2007 kostete eine Tonne Reis rund dreihundert Dollar, 2008 waren es bis zu 1180 Dollar, derzeit liegt der Preis immer noch bei rund 550 Dollar«, rechnet der indische IRRI-Sozioökonom Samarendu Mohanty vor: »Wenn sich daran nicht irgendwann etwas fundamental ändert, steuern wir auf eine Katastrophe zu.«

Hauptbetroffen vom seit rund zehn Jahren anhaltenden Preisanstieg seien Länder wie die Philippinen – mit rund neunzig Millionen Reis-Essern und einem Verbrauch von über 50.000 Tonnen täglich. Das Land ist größter Reisimporteur weltweit und langfristig vom Import abhängig – auch, wenn die Regierung ehrgeizig verkündet, das Land wolle sich spätestens im Jahr 2013 selbst versorgen können.

Derzeit beobachtet Mohanty auf den Reisbörsen »an einem einzigen Tag Preisschwankungen wie es sie früher in einem ganzen Jahr gegeben hat«. Das ganze System scheine ins Wanken geraten zu sein. Dem Ölpreisschock folgten Spekulationsblase und Nahrungsmittel-, Kredit- und Weltwirtschaftskrise. In der Folge kam es zu einer fatalen Kettenreaktion: In Panik schotten immer mehr Staaten ihre Märkte ab, Länder wie Indien legen riesige Reserven an und verknappen damit das Angebot weiter.

»Die gefährliche Mischung aus wirtschaftlichem Abschwung und anhaltend hohen Lebensmittelpreisen hat im Vergleich zum Vorjahr rund 100 Millionen Menschen zusätzlich in Armut und Hunger gestürzt«, sagte im Juni 2009 der Chef der Welternährungsorganisation FAO, Jacques Diouf, und präsentierte schockierende Zahlen.

Danach hungern derzeit über eine Milliarde Menschen weltweit, elf Prozent mehr als noch 2008. Mit 640 Millionen Menschen sind noch immer mit Abstand die meisten Menschen im überbevölkerten Asien betroffen. Doch in Afrika, wo 265 Millionen Menschen Hunger leiden, sieht es nicht besser aus, und selbst in Lateinamerika sollen der FAO-

Untersuchung zufolge immer noch 53 Millionen Menschen zu wenig zu essen haben.

Ein Ende dieses Dramas scheint nicht in Sicht. Immer häufiger auftretende Wetterextreme wie Dürren, Fluten oder Hitzewellen dürften ebenso zu einer Verschärfung der Lage beitragen wie die unablässig wachsende Weltbevölkerung. Derzeit leben rund 6,75 Milliarden Menschen auf diesem Planten, doch in vierzig Jahren, werden es nach Schätzungen schon 9 Milliarden sein. Will man die alle ernähren, glaubt die FAO, müssten bis zum Jahr 2050 die Erträge von Weizen, Mais, Kartoffeln oder Reis verdoppelt werden.

»In einen Strudel aus Energieknappheit, Preis-Inflation und Klimawandel geraten, wird die Nahrungsmittelsicherung die hartnäckigste Herausforderung für jene bleiben, die auf geradezu kriminelle Weise die Selbständigkeit und Selbstversorgung vernachlässigt haben«, schreibt das philippinische Magazin *Impact* seinen Politikern ins Stammbuch – und das in einem Land, »in dem der Exodus der Landbevölkerung in die Städte beispiellos ist und die Menschen ihre Bauernhöfe für vermeintlich bessere Jobs aufgeben«.

In Zeiten wie diesen wird nach Los Baños geblickt. Schon einmal konnten die Leute vom IRRI die Menschheit vor einer drohenden Katastrophe bewahren – 1966 entwickelten die Wissenschaftler aus Los Baños die Hochertragssorte *IR8* und setzten sich damals an die Spitze der sogenannten *Grünen Revolution*. Durch IR8 konnte der Ernteertrag verdoppelt werden, die Ernährungskrise Anfang der siebziger Jahre konnte halbwegs glimpflich überstanden werden.

Nun hoffen die Menschen auf ein ähnliches Wunder. Nach Berechnungen der IRRI-Wissenschaftler müssten weltweit jedes Jahr zehn Millionen Tonnen mehr Reis produziert werden, um die wachsenden Bedürfnisse zu decken. Diese Quote wird seit Jahren nicht mehr erreicht. Viel zu schnell wächst die Menschheit. Allein auf den Philippinen, das eine Fruchtbarkeitsrate aufweist, die mehr als doppelt so hoch ist wie die von Deutschland, werden in fünfundzwanzig Jahren schätzungsweise 150 Millionen Menschen leben.

Viel zu wenig wurde angesichts der heraufziehenden Gefahr in den vergangenen Jahren in die Forschung investiert, nach ertragreicheren, resistenteren Sorten geforscht. Erst die Turbulenzen auf dem Reismarkt haben die Versäumnisse sichtbar gemacht.

»Die Schere zwischen Bevölkerungswachstum und Nahrungsmittelproduktion geht seit langem immer weiter auseinander«, sagt der deutsche Agrarwissenschaftler Achim Dobermann: »Obwohl wir seit Jahren schon warnen, wurde das Thema verschlafen – vielleicht wegen der Erfolge in der Vergangenheit.«

Dobermann, 48, ist Leiter der IRRI-Forschungsabteilung, eine Koryphäe auf seinem Gebiet. Eine asiatische Zeitung hat den schmächtigen Mann mit der Brille und dem sächsischen Akzent seiner Verdienste wegen einmal *Doktor Rice* genannt. In den achtziger Jahren hat der Jenaer in Leipzig »Tropische Landwirtschaft« studiert, zwei Jahre lang in der russischen Region Krasnodar auf fünfzigtausend Hektar großen Reisanbaugebieten geforscht, seine Diplomarbeit über *Die Chemie der Reisfeldböden* geschrieben. Er forschte schon von 1992 bis zum Jahr 2000 in Los Baños, lehrte dann bis 2007 an der Universität von Lincoln in Nebraska, USA, ehe er zurück zum IRRI ging.

Dobermann ist kein Schwarzseher, aber er ist Realist. »Eine neue Reissorte zu entwickeln, dauert ungefähr fünfzehn Jahre«, sagt er. Viel Zeit dürfe man jetzt nicht mehr verlieren. Überall in seinem Institut wird deshalb fieberhaft daran gearbeitet, wie man die Erträge verbessern und Ausfälle möglichst gering halten, den Pflanzen Toleranzen und Resistenzen gegen Schädlinge und Klimaextreme einzüchten und neue Reissorten entwickeln kann. »Es gibt ein riesiges Potential«, sagt Dobermann, »aber es gibt kein Wundermittel, sondern wir müssen eine Kombination verschiedener Maßnahmen anwenden.«

Einig sind sich die meisten darin, dass es weltweit nicht mehr viel Land für zusätzliche Reisanbauflächen gibt. Zumindest derzeit, denn theoretisch könnte der afrikanische Kontinent allein die gröbsten Versorgungsengpässe stopfen. »In Afrika gibt es alles: Land, Wasser, Sonne – denken Sie nur an den Sudd«, sagt Samarendu Mohanty, »Afrika könnte den ganzen Markt beliefern.«

Doch solange die Infrastruktur derart desaströs ist, der Kontinent sich immer noch mehr auf Entwicklungshilfe statt auf den Warenaustausch verlässt und durchgeknallte Bürgerkrieger ihre Mitmenschen meucheln, bleibt Afrika als Kornkammer des Planeten Erde bloße Phantasterei. Vielversprechender ist es, bisherige Methoden zu verbessern und Mängel zu beseitigen. Auf zehn bis dreißig Prozent schätzen Dobermanns Mitarbeiter etwa die Verluste, die nach der Reisernte entstehen: durch falsche Lagerung, Insekten oder Vögel. Sie haben deshalb einen kostengünstigen Koffer mit einfachen Hilfsmitteln wie Plastiksäcken oder Infrarot-Thermometern entwickelt, der den Reisbauern helfen soll, ihre Verluste deutlich zu verringern.

Hoffnung machen auch Erfolge bei der Entwicklung der Reissorte *Swarna Sub-1*, die siebzehn Tage unter Wasser überleben kann und sich hervorragend für Länder wie Bangladesch oder Indien, die regelmäßig von Überflutungen heimgesucht werden, eignet. Gut voran geht auch die Entwicklung einer Anbautechnik, die für trockene Böden geeignet ist und fünfundzwanzig Prozent weniger Wasser benötigt – was Farmern in Ländern wie Australien, die von regelmäßigen Dürren betroffen sind, helfen könnte.

Eine anderes internationales Projekt hat gerade einen Elf-Millionen-Dollar-Zuschuss von der *Bill-&-Melinda-Gates-Foundation* erhalten, um eine Reissorte zu schaffen, die anders als herkömmlicher Reis, die sogenannte C4-Photosynthese praktiziert. Die Photosynthese ist bei C4-Pflanzen um rund fünfzig Prozent effizienter als bei C3-Pflanzen wie Reis. Ein paar tausend Arten wie Mais, Hirse oder Zuckerrohr haben sich im Lauf der Evolution aus verschwenderischen C3- in effiziente C4-Pflanzen entwickelt.

Wie die Natur das angestellt hat, wissen die Forscher noch nicht. Deshalb wollen sie zunächst versuchen, C4-Pflanzen wie Sorgum in C3-Pflanzen zurückzuverwandeln und mit herkömmlichen Sorgumpflanzen zu vergleichen. »Wenn es uns gelingt, die Gene zu entschlüsseln, die für die Veränderung verantwortlich sind, und einen C4-Reis schaffen, könnten 50 Prozent mehr Reis produziert werden«, glaubt der Los-Baños-Wissenschaftler John E. Sheehy, der das C4-Forschungsprojekt angeschoben hat.

Wie die meisten seiner Kollegen, hält Sheehy europäische Bedenken gegen die Gentechnologie für reine Hysterie – einen Luxus, den man sich nicht mehr lange wird leisten können. »Wir sind der Evolution auf der Spur«, glaubt er, »und letztlich gibt es keine andere Möglichkeit, die Nahrungsmittelproduktion auf eine andere Art und Weise effizient zu steigern.« Dobermann sieht das ähnlich. »Wir helfen der Evolution ja bloß auf die Sprünge«, sagt er, »für das, was wir in einigen Jahren schaffen können, braucht die Natur mitunter Jahrmillionen, und dafür fehlt uns im Moment schlicht und einfach die Zeit.«

Irgendwann müssten sich Europas Moralisten entscheiden, was ihnen wichtiger sei: die Pflege ihrer Bedenken in den politisch korrekten Wohngemeinschaften oder das Überleben der Armen. Denn ausgerechnet in Ländern, wo die Mehrheit bei dem Wort Hunger an Dinge wie Heilfasten denkt, regt sich der heftigste Widerstand gegen den sogenannten Gen-Reis. Achim Dobermann aber will noch bald den genetisch modifizierten *Golden Rice* auf den philippinischen Markt bringen. Er enthält Beta-Carotin. »Er würde schlecht ernährte Menschen nebenbei mit dem lebenswichtigen Vitamin A versorgen«, sagt Dobermann, »außerdem verfolgt IRRI keine kommerziellen Interessen.« Der neue Reis würde helfen; eigentlich könnte selbst Greenpeace keine Einwände haben, meint Dobermann: »Aber andererseits: Wer weiß das schon?«

Auf Pier 18 neigt sich der Tag dem Ende zu, schlagartig ist es dunkel geworden, aber überall lodern jetzt die Feuer und beißender Rauch zieht in langen Schwaden über die Müllkippe. An einem der Feuer wärmt sich auch Jenelyn mit ihren beiden Kindern. Die drei hatten Glück, denn in einem Müllsack fanden sie ein paar Essensreste: Einen halben Salatkopf und sogar ein kleines Stück Fleisch. Ein Festschmaus! Dazu haben sie sich eine Handvoll Reis gegönnt.

Das Schuhmuseum

Manila

Das Schuhmuseum mit Imeldas Preziosen war ein Muss auf meinen Reisen, nachdem ich so viel darüber gehört hatte. Welche ehemalige Diktatorengattin wird im eigenen Land schon derart gewürdigt? Liegt es daran, dass die »meisten Demokratien Ostasiens mit einer autoritären Nostalgie belastet sind«, wie der taiwanesische Politologe Chun Yun-han herausgefunden haben will?

Dabei hatte ich ein ähnlich verblüffendes Erlebnis vor einigen Jahren schon einmal in der Zentralafrikanischen Republik gehabt, wo dem ehemaligen Diktator und Massenmörder Jean-Bédel Bokassa gehuldigt wurde. Es war eine bizarre Situation. Den Norden des Landes kontrollierten Rebellen, nicht selten Kindersoldaten der sogenannten *Volksarmee zur Wiederherstellung der Demokratie*. Sie schwenkten Buschmesser und alte Karabiner, und einige waren mit Pfeil und Bogen und meterlangen Speeren unterwegs. Im Nordosten, entlang der sudanesischen Grenze trieben Aufständische der Union der demokratischen Kräfte ihr Unwesen. Und in der Hauptstadt Bangui saß die satte Oberschicht des Landes auf der Terrasse des französischen Edelrestaurants *Relais des chasses* und ließ es sich bei Antilopen-Carpaccio und Weißburgunder gutgehen.

Viele in diesem *Bé Afrîka* träumten von der Wiedergeburt des alten Tyrannen, der 1979 abgesetzt worden war. Vor dem Hotel Ubangi schwärmte der Devotionalienhändler Claude von der Weisheit und Güte des Blutsäufers, der massenhaft den Mord an politischen Gegnern befahl, Gefangene den Löwen zum Fraß vorwarf und Krüppel aus dem Flugzeug werfen ließ. Nach seinem Sturz fand man angeblich

Leichenteile in seiner Kühltruhe des mutmaßlichen Kannibalen. »Es ist verrückt, dass ausgerechnet Bokassa hier wieder verehrt wird«, stöhnte der deutsche UNO-Mitarbeiter Kersten Jauer, der in Bangui arbeitete, »aber die Menschen können das Chaos nicht länger ertragen und sehnen sich nach einer starken Hand.«

Natürlich lässt sich die Herrschaft der Marcos-Familie nicht mit der dieses afrikanischen Despoten vergleichen, und außerdem sieht Imelda besser aus. Aber verblüffend ist die Verehrung der raffgierigen Beauty-Queen schon. Wie jeder gute Museumsführer hat auch Romeo Parol sein Lieblingsexponat. »Sie sind von vollendeter Schönheit«, schwärmt er, »elegant und teuer und dennoch nicht protzig.« Dann schiebt er behutsam die gläserne Tür der Vitrine zur Seite, greift nach den guten Stücken, stößt einen kaum hörbaren Seufzer aus und murmelt »Beltrami, Roma, sie müssen ein Vermögen gekostet haben«. Parol, einunddreißig Jahre alt, wiegt ein paar Schuhe in seinen Händen. Silbern, mit Brillanten besetzt und ziemlich abgetragen.

»Sie hat sie geliebt«, erklärt Parol aufgeregt, »sehen sie nur, wie zerschlissen sie schon am Rand sind.« Der Museumsführer hat jetzt seine Finger gespreizt, die Schuhe des römischen Nobeldesigners Beltrami ruhen auf seinen nach oben geöffneten Handflächen wie auf einem Samtkissen. Vielleicht spürt der junge Mann den strengen Blick der vormaligen Besitzerin auf seinen Schultern; sie blickt von einem überlebensgroßen Ölgemälde auf ihn herab; hier auf den Philippinen ist sie eine Ikone: Imelda Marcos.

»Als das Volk 1986 den Palast gestürmt und Ferdinand und Imelda zum Teufel gejagt hat, staunte es nicht schlecht«, erzählt Museumsführer Parol, »da stand es nämlich plötzlich vor dreitausend Paar Luxusschuhen.« Imeldas Vermächtnis. Doch wohin mit den Pumps? Die teure Ware gehörte jetzt dem Volk. Doch niemand wollte sie so recht haben. Zunächst blieb der ausgetretene Schatz in den Katakomben des Malacañan-Palasts; erst Jahre später hatte der Bürgermeister von Marikina, einer Stadt, die zum Großraum Manila gehört, die rettende Idee.

Die Empörung über die Marcos-Sippe war längst der Ernüchterung über die politische Realität gewichen. Nicht viel war in dem verarmten Land besser geworden, nachdem sich der Clan nach Hawaii abgesetzt hatte. Die Philippinen waren im Besitz selbstherrlicher Feudalherren geblieben. Auf dem Land tobte ein Guerillakrieg, und auf den Straßen Manilas herrschten schwerbewaffnete Gangs. Und wie das so ist –

plötzlich, im Angesicht des herrschenden Elends – erschien Ferdinands und Imeldas Regime in einem nicht mehr ganz so schlechten Licht.

1998 dachte sich also Bayani Fernando, Bürgermeister von Marikina, dass er mit Imeldas Schuhwerk seine Stadt ein wenig aufpolieren könnte. Marikina nannte sich wegen der langen Tradition ihres Schusterhandwerks schließlich nicht umsonst Schuh-Hauptstadt der Philippinen. Und dann stand da noch dieses alte Haus aus dem sechzehnten Jahrhundert leer.

Die spanischen Eroberer hatten es als Waffenlager genutzt, während des philippinisch-amerikanischen Kriegs diente es als Gefängniszelle für den Freiheitshelden Macario Sakay, später als Fuhrpark der US-Armee und Reismühle von Hazienda-Besitzern. Das wäre doch ein idealer Platz für Imeldas Schuhe, dachte der Bürgermeister. Und weil sie im Malacañan-Palast froh waren, einen Teil der brisanten Beute wieder los zu werden, übergaben sie dem freundlichen Herrn aus der Schuhstadt achthundert Imelda-Paare.

»In diesem historischen Gemäuer finden sie die Schuhe aller Designer von Rang«, erklärt Romeo Parol jetzt stolz: »Bruno Magli, Bologna; Mr. Seymor, Spanien; Garilla, Rom; Andrea Carrano, Mailand.« Ein bestimmtes Modell von Charles Jourdan, Paris, schwarz, hochhackig, hat Imelda sich gleich dreimal anfertigen lassen. Sie muss es sehr gerne getragen haben, der Schriftzug des Maestros auf der Innenseite ist nur noch schwer zu entziffern.

»Von der Idee, ihre alten Schuhe hier auszustellen und damit einer breiteren Öffentlichkeit zugänglich zu machen, ist Frau Marcos übrigens ganz begeistert«, sagt Parol, »zur Eröffnung am 16. Februar 2001 kam sie höchstpersönlich.« Welch eine Ehre! Kaum noch jemand hege Groll gegen die exzentrische Dame. Ganz im Gegenteil, meint Parol: »Es ist alles schon so lange her, die Menschen verbinden mit dem Namen Imelda eher Glanz und Gloria als Elend und Ausbeutung.« Jeden Tag kämen mindestens fünfzehn Besucher, manchmal auch ganze Schulklassen.

Eine Fotoausstellung, die die Schuhsammlung begleitet, trägt wenig dazu bei, den positiven Eindruck zu trüben. Auf einem Bild flirtet Imelda mit Chinas kommunistischen Staatslenker Mao Tse Tung, auf einem anderen wird sie von Fidel Castro durch Havanna chauffiert. Der Charme der feudalistischen Grand Dame betörte selbst die hartgesottensten Klassenfeinde. »Und darum wird sie hier immer noch geliebt«, sagt Parol, »gut ging es den Filippinos damals so wenig wie heute, aber damals fiel wenigstens ein wenig Glamour ab.« Heute hingegen herrsche nur noch Tristesse.

Und was sagt Bongbong zu dem neuerlichen Rummel, der Sohn des verblichenen Diktators? Der hatte als Kind eine hervorragende Erziehung genossen, die Georgetown Preparatory School in Maryland absolviert, eine 1789 gegründete Jesuitenschule, bevor er in Oxford Wirtschaftswissenschaften studierte und 1980, im Alter von dreiundzwanzig Jahren, Vizegouverneur wurde. Bongbong läuft mir in der Lobby des *Manila-Hotels* über den Weg, wo er gerade irgendeine politische Versammlung hat. Er trägt ein grün-rot-kariertes Hemd im Baumfällerstil und dazu schwarze Slipper, und er möchte gerne in die Fußstapfen seines Vaters treten. Bongbong Marcos ist Mitglied in der *Nacionalista*-Partei und hat bei der letzten Wahl erfolgreich für einen Sitz im Senat kandidiert. Ob der Familienname einer politischen Karriere in diesem Land nicht hinderlich sei, will ich wissen, aber Bongbong wiegelt ab und lacht: »Nein, nein, der Name Marcos ist ein Vorteil; eindeutig. Mein Vater hat immer noch viele Anhänger; viele Menschen, die sich an ihn erinnern; viele, die wissen, wie hart er gearbeitet hat.« Es sei doch so, dass alle Regierungen, die nach ihm kamen, alle seit 1986, es nicht besser, sondern noch schlechter gemacht hätten. Marcos: »Die Menschen vergleichen, und sie kommen zu dem Ergebnis, dass es früher besser gewesen ist.«

Er selbst habe als Kind erfahren, wie sich sein Vater abgemüht habe, doch er habe das Glück gehabt, alles als Insider kennenzulernen: »Die Leute sehen nur den Prunk und die Zeremonien, doch Politik ist ein schwerer Job, das ist harte Arbeit.« Und was will er jetzt ändern?

> Wir müssen den *Brain-Drain* beenden, die Abwanderung unserer besten Leute ins Ausland. Wir müssen die Bürokratie stärken, denn in diesem Land funktioniert der Staatsdienst nicht. Wir müssen die privaten Milizen entwaffnen, die Stadt Cotabato gleicht doch einem Kriegsgebiet mit Panzern und Kanonen. Unsere größte Herausforderung ist die Befriedung von Mindanao, aber dem Land fehlen gute Führer. Alles befindet sich in den Händen einflussreicher Klans.

Das übliche eben: Armutsbekämpfung, bessere Bildung, mehr für die Landwirtschaft, weniger Korruption.

Aber da ist noch etwas. »Wir müssen mehr Windmühlen bauen«,

sagt er, »das macht ihr doch in Deutschland auch.« In Ilocos Norte hat er schon einen ganzen Windpark eingerichtet. Marcos Junior ist damit Ökopionier auf den Philippinen. Dort oben ist es ziemlich windig, und an einem guten Tag erzeugen Bongbongs Windmühlen vierunddreißig Megawatt Strom, womit dreißig bis fünfundvierzig Prozent des örtlichen Strombedarfs gedeckt werden können. Ständig peitschen Stürme die Inseln, und ständig fällt der Strom aus. Die Idee klingt nicht so schlecht.

Das rollende Klassenzimmer – von großen und kleinen Helden

Cavite

Cavite, eine gute Autostunde südlich von Manila gelegen, war einmal ein rechtes Rebellennest. 1872 begehrten hier zum ersten Mal zweihundert philippinische Soldaten gegen ihre spanischen Herren auf; und 1869 wurde in dem Ort Kawit, was auf Tagalog soviel wie *Haken* bedeutet und auf die Form dieser Provinz hindeutet, jener Emilio Aguinaldo geboren, der später Präsident der kurzlebigen Ersten Republik werden sollte, die er am 12. Juni 1898 flankiert von zwei Kanonen vom Balkon seines Geburtshauses ausrief.[44] Hier wurde zum ersten Mal die rotweißblaue philippinische Fahne[45] gehisst, und

---

44 Dem Revolutionär war übrigens ein langes Leben beschieden; er starb erst 1964, im Alter von 94 Jahren. Sein Geburtshaus wird heute unter dem Namen *Aguinaldo Shrine* als Museum geführt. Im Garten des mit einem geheimen Fluchtweg ausgestatteten Gebäudes liegt auch das Grab des Ex-Präsidenten. Der Ort Kawit, der früher Cavite el Viejo genannt wurde, ist nicht identisch mit der Stadt Cavite City.

45 Nach offizieller heutiger Deutung: rot für Patriotismus und Heldenmut, blau für Frieden, Wahrheit und Gerechtigkeit und weiß für Gleichheit und Brüderlichkeit. Ursprünglich soll sich das weiße Dreieck aber auf den Geheimbund *Katipunan* bezogen haben. Auf dem weißen Dreieck befindet sich eine Sonne, deren acht Strahlen jene Provinzen repräsentieren, die sich 1896 gegen die spanischen Kolonialherren auflehnten: Batangas, Bulacan, Cavite, Laguna, Manila, Nueva Ecija, Pampanga, Tarlac. Neben der Sonne sind drei Sterne abgebildet, die für die geographische Dreiteilung des Landes (Luzon, Visayas, Mindanao) stehen.

hier erklang zum ersten Mal die philippinische Nationalhymne. Cavite hat also eine lange Geschichte und darf getrost als *Heldenstadt* bezeichnet werden.

Seit einigen Jahren hat Cavite einen neuen, bescheidenen Helden. Keinen bewaffneten Rebellen wie damals, sondern einen jungen Mann aus einfachen Verhältnissen, der nicht die Welt ins Wanken bringen, sondern vielleicht nur ein wenig ins Gleichgewicht bringen will.

Es ist Samstagmittag, und in Cavite City macht sich wie an jedem Wochenende eine gutgelaunte und lärmende Schar Kinder auf den Weg. Viele haben bunte Schirme aufgespannt. Heute tun sie das, weil die Sonne wieder einmal erbarmungslos vom tropischen Himmel brennt, und morgen vielleicht, um sich vor den Wolkenbrüchen des Monsun zu schützen – man weiß nie, das Wetter hier in Südostasien schlägt schnell um und kann einem ganz schön zusetzen. Es sind etwa zehn Kinder, die da unterwegs sind, die meisten sind zwischen zehn und sechzehn Jahre alt, nur der Anführer der Truppe ist älter, Jahrgang 1981: Efren Peñaflorida. Er marschiert meist vorweg und schiebt einen der beiden Wagen. Obwohl alle fröhlich sind und munter durcheinander schnattern, ist ihrem Treiben ein gewisser Ernst durchaus anzusehen.

Die beiden Wagen, die von Cavites Kindern durch die Straßen gerollt werden, sind Efrens Erfindung. Es sind keine gewöhnlichen Wagen, keine, in denen die kleinen Mädchen Puppen spazierenfahren oder solche, in denen ihre Mütter die Einkäufe heimbringen. Efrens Wagen sind, wenn man so will, *rollende Klassenzimmer*. Auf ihnen werden ein Globus transportiert und ein Mikroskop, eine Schiefertafel und Buchstabenspiele, Bücher und Rennautos und Stift und manchmal sogar ein Laptop.

Nach einer halben bis dreiviertel Stunde etwa, nach fünf bis sechs Kilometern, haben die Kinder ihr Ziel erreicht – den Friedhof am Rande der Stadt. Erschöpft befördern sie die Wagen in den Schatten, stellen sich im Kreis auf und singen ein Lied. Und das hat eine magische Wirkung: Nach und nach strömen jetzt aus allen Himmelsrichtungen andere Kinder herbei, kleine und große, dicke und dünne, und wenig später hat sich der noch eben menschenleere Platz gefüllt mit lustigen, aber bitterarmen Besuchern. Die meisten Kinder tragen Lumpen, zerrissene T-Shirts, tausendmal geflickte Hosen und Schuhe, aus denen vorne die Zehen herausgucken.

Sie leben auf der Müllkippe, die gleich neben dem Friedhof liegt, sie hausen in Hütten aus Unrat. Ihre Kindheit verbringen sie damit, den Eltern zu helfen, etwas Brauchbares aus den Resten der Wohlstandsgesellschaft herauszupicken. Doch jetzt pauken sie Geographie, lernen Lesen und Schreiben, und hinter den schattenspendenden marmornen Grabsteinen ertönt konzentriertes Gemurmel. Keines dieser vergessenen Kinder hat schon einmal eine Schule von innen gesehen. Und dennoch haben sie eine kleine Chance, den Anschluss nicht völlig zu verlieren. Und diese Chance gibt ihnen Efren, der junge Mann, der jeden Samstag mit den beiden Wagen kommt.

Efren stammt selbst aus Cavite City. Und Efren weiß, wie es sich anfühlt, wenn man auf der vermeintlich falschen Seite des Lebens geboren wurde. Als Kind wurde er von einer berüchtigten Jugendgang terrorisiert, einer Bande Gleichaltriger, die die Gegend unsicher machten, Klebstoff schnüffelten, mit Waffen herumfuchtelten und andere Jugendliche ausraubten. Solche Banden existieren überall auf den Philippinen, wo es massenhaft »Elendsviertel von den Ausmaßen einer mittleren Großstadt« (Alex Garland) gibt – endlose Barackenlandschaften aus Wellblech, Zementbackstein und Sperrholz. Es sind Gebiete, deren »bunte Collagen aus alten Reissäcken, Plastikplanen und Pappkartons« den christlichen Schweizer Entwicklungshelfer Christian Schneider, der aus Solidarität jahrelang selbst in einem solchen Slum lebte, an »Flüchtlingslager in Kriegsgebieten« erinnern. In denen sich die Menschen aus selbstgeschaufelten Gruben mit fäkalienverseuchtem Wasser versorgen. Eine Welt der Gewalt und Korruption, in der »kaputte Beziehungen, Kokain und Alkohol« (Schneider) alltäglich sind, und in der kriminelle Polizisten »ohne Haftbefehl in Häuser eindringen, brutale Untersuchungen vornehmen und ohne entsprechende Erlaubnis Halbwüchsige oder auch Kinder verhaften und verschleppen«. Laut einem Bericht der *Neuen Zürcher Zeitung* vom September 2008 sollen mittlerweile die Hälfte der Bevölkerung Manilas und vierundvierzig Prozent des ganzen Landes in solchen Slums leben.

Laut amtlicher Statistik müssen sechzig Prozent der Filipinos mit weniger als anderthalb Euro am Tag auskommen. Zweiundzwanzig Millionen Menschen, also mehr als jeder Fünfte, leidet in »diesem ewig geschundenen Land« (David Jiménez) Hunger, jeder Zweite lebt ohne ausreichende soziale Absicherung, während die oberen zwanzig Prozent Bevölkerung mehr als die Hälfte des Volkseinkommens unter sich aufteilen.

So wuchs Efren also auf: direkt neben einer der berüchtigten Müllkippen, in einer Welt voller Gewalt, Hass und Armut. Aber Efren hatte auch das Glück, als eines von drei Kindern in einer intakten Familie großzuwerden – der Vater schlug sich als *Tricycle*-Chauffeur durch, und die Mutter versuchte nebenbei, das Gehalt mit einer kleinen Suppen- und Nudelküche aufzubessern. Größere Probleme hatte Efren mit den Jugendbanden, die die Gegend tyrannisierten. »Entweder schließt du dich uns an, oder wir machen dich fertig«, drohten sie Efren, »aber das wollte ich nicht: diese Burschen rauchten den ganzen Tag Gras, und sie kämpften mit Messern und prügelten mit Eisenstangen aufeinander ein. Sie stahlen Autos und sogar den Kupferdraht der Telefonleitungen.« Eine ganze Weile ging das so. Da stieß Efren auf ein christliches Hilfswerk, das ihm half, dem Druck der Bande zu entfliehen, und ihm zeigte, dass er nicht ganz allein war. Die Gruppe nannte sich *Club 88* und war 1984 gegründet worden.

»Ich weiß nicht, was ich ohne den Club 88 gemacht hätte«, sagt Efren heute, »die Leute dort gaben mir Mut und Selbstsicherheit.« Mit Hilfe eines Stipendiums schaffte Efren sogar das Abitur und absolvierte das *San-Sebastian-College Recoletos de Cavite* mit einem Abschluss in Computer-Technologie. Das ist normalerweise der Moment, in dem junge Leute nach vorne blicken, die Vergangenheit möglichst schnell hinter sich lassen und ein neues Leben zu beginnen versuchen.

Doch Efren blickte auch zurück. Er sah die Kinder in der Nachbarschaft, diejenigen, die arbeiten mussten, um ihre Eltern zu unterstützen, diejenigen, die stahlen, um nicht zu verhungern, oder die stahlen, weil sie nichts anderes gelernt hatten. Er sah diejenigen, die von Jugendbanden terrorisiert wurden. Er sah wenige Kinder, die morgens in die Schule gingen. Da gründete Efren 1997 die *Dynamic Teen Company*, die dem Motto »Creating Heros Out of the Young« folgen, anfangs eine kleine Gruppe, die aus zwanzig Freunden bestand, und sich schwor, zu helfen und nicht einfach wegzusehen.

Wann genau Efren die Idee hatte mit den Wagen, weiß er heute selbst nicht mehr so genau. Die Müllsammler sah er ja praktisch jeden Tag, ihre sogenannten *Pushcarts* durch die Gegend schieben. Auf denen sammeln sie alles, was die Reichen wegwerfen und sich später noch irgendwie zu Geld machen lässt: alte Blechdosen, Plastiktüten oder Essenreste. »Wenn die Kinder nicht in die Schule gehen können, dann muss die Schule eben zu den Kindern kommen«, dachte sich Efren, und dann fügte sich irgendwie alles zu einem Bild zusammen: die Pushcarts, die Kinder, die Schule. Der schräge Einfall sprach sich schnell herum, Efren verkaufte alte Zeitungen, um ein bisschen Geld lockerzumachen, er kaufte ein paar Pushcarts, lud Schulbücher und Schiefertafel auf, überzeugte ein paar Mitstreiter und zog los: Die Idee vom rollenden Klassenzimmer war geboren.

Anfangs war es nicht leicht; misstrauisch wurden die Helfer mit ihren umgerüsteten Müllwagen beäugt, manche warfen ihnen nur freche Worte hinterher, andere auch Steine. Doch Efren und seine Freunde ließen sich nicht beirren. Immer mehr Leute schlossen sich der jungen Truppe nun an, schnell waren schon vier Pushcarts beisammen. Efren und seine Freunde gaben jedem einen eigenen Namen: Kari, Toni, Trio, Nick. Wer helfen wollte, ließ sich zum ehrenamtlichen Lehrer ausbilden. Die meisten sind selber ehemalige *Slumkids*. Jungen wie Michael Advincula, der Mitglied in der *Gang TST* war und eigentlich nur zu Efrens rollender Schule stieß, weil es dort etwas zu essen gab.

1999 begann der Straßenunterricht. Die Dynamic Teen Company entwickelte sich wahrhaft dynamisch, mittlerweile hat sie über zehntausend Mitglieder und beschäftigt zwischen hundert und hundertfünfzig ehrenamtliche Lehrer, die an vier verschiedenen Orten unterrichten. Und Efren? Der ist heute einer der bekanntesten Menschen von Cavite. Bei Google kommt er auf über zweihunderttausend Einträge, Der Fernsehsender *CNN* ernannte ihn zum Helden des Jahres 2009 und unterstützte seine Arbeit mit hunderttausend Dollar. Mittlerweile sollen mehr als eintausendfünfhundert Kinder in den Slums Cavites unterrichtet worden sein. Und bis nach Indonesien und Kenia hat sich die Idee schon herumgesprochen. Dort wollen sie das Erfolgsprinzip kopieren: die Idee von den rollenden Klassenzimmern.

Die Mangyanen

Mindoro

Kurz nachdem am 11. März 2011 vor der Küste Japans die Erde bebte und Tausende von Menschen in einer Flutwelle ums Leben kam, nachdem die ersten Atomkraftwerke explodierten und die Bilder von unermesslichem Leid um die Welt gingen, kamen in einem kleinen Dorf im Südosten der philippinischen Insel Mindoro die Menschen zusammen. Sie bildeten einen Kreis. Dann bat der Häuptling um Aufmerksamkeit. »Dies ist die Rache unserer Ahnen«, sagte er, »der Tag, auf den wir gewartet haben, ist gekommen.« Nach diesen Worten ergriff zustimmendes Gemurmel die Runde.

Wenig später zerstob die Runde, und die Hanunuo kehrte zurück in ihre Bambushütten und Holzverschläge und machten sich wieder an die Arbeit. Das Überleben in diesem abgelegenen Teil der Insel ist hart. Die Hanunuo betreiben Brandwirtschaft, sie bauen Mais und Bananen an und ein bisschen organischen Reis. Außerdem hüten sie Ziegen und erlegen gelegentlich ein Wildschwein – es reicht gerade einmal, um mit Ach und Krach über die Runden zu kommen.

Die Hanunuo gehören zur Gruppe der Mangyanen – einem der über sechzig indigenen philippinischen Völker, die etwas mehr als zehn Prozent der philippinischen Bevölkerung ausmachen. *Mensch* oder *Person* bedeutet Mangyan ursprünglich, und ursprünglich sind sie »Küstenbewohner altmalaiischer Abkunft« (Dusik). Einhunderttausend von ihnen sollen noch auf Mindoro leben, damit stellen sie rund zehn Prozent von Mindoros Gesamtbevölkerung. Neben den Hanunuo leben hier noch die Iraya, Allangan und Tadyawan im Norden, die Tau-Buid, die Buhid und Bangon im Süden und die Ratagnon im Südwesten. Einst muss Mindoro steinreich gewesen sein. Die Insel diente schon lange vor der Ankunft der ersten Spanier den Chinesen, die Mindoro *Ma-i* nannten, als Handelszentrum. Eine chinesische Chronik von 1225 erwähnt die Insel zum ersten Mal. Hier tauschten die Händler aus dem Reich der Mitte Porzellan, Seide oder Tee gegen lokale Produkte wie Bienenwachs, Perlen oder Schildkrötenpanzer. Als eine spanische Expedition unter Martin de Goiti und Juan de Salcedo im Mai 1570 zwei chinesische Dschunken aufbrachte, entdeckten die staunenden Konquistadoren große Mengen an Moschus, Gold, Seide, Kupfer, Porzellan und Eisen.

Heute gehöre Mindoro zu jenen Inseln, die vernachlässigt würden, meint der deutsche Historiker und Südostasienexperte Volker Schult, »obwohl Mindoro nahe der Hauptinsel Luzon liegt und nicht unwichtig ist.« Immerhin ist Mindoro, rund einhundertdreißig Kilometer südlich von Manila gelegen, die siebtgrößte Insel der Philippinen, mit rund zehntausend Quadratkilometern Fläche doppelt so groß wie das Saarland, und in mancherlei Hinsicht, so Schult, spiegele die Insel die Bedingungen in anderen Teilen der Philippinen wider, »namentlich: eine kleine politische und ökonomische Elite, zur gleichen Zeit eine große Anzahl von Kleinbauern, armen Pächtern und Landarbeitern, einer Agrarökonomie, die sich auf wenig Feldfrüchte konzentriert und einer mangelhaften Infrastruktur«. Dazu kommen die Folgen der Umweltzerstörung: Boden erodiert oder wird überflutet, weil weite Teile des Walds illegal abgeholzt wurden. Dies alles gilt auch für viele andere Teile der Inselwelt, doch während die soziale Ungerechtigkeit anderswo zu Unruhen und Aufständen führt, ist es auf Mindoro weitgehend ruhig geblieben – auch wenn der permanente Zuzug neuer Siedler aus Luzon oder von den Visayas, der nach dem Ende des Zweiten Weltkriegs verstärkt eingesetzt hat, zu wachsenden Spannungen führt. Schult: »Mehr und mehr kommen die normalerweise friedlichen Ureinwohner von Mindoro, die Mangyanen, in Schwierigkeiten.«

Der Weg zu den Mangyanen führt mich von Manila zunächst mir dem Bus nach Batangas City, eine Hafenstadt im Süden Luzons mit rund dreihunderttausend Einwohnern. Die Region ist recht wohlhabend. Zahlreiche Strände und Tauchreviere locken jede Menge gestresste Großstädter aus Metro-Manila an. Viele zieht es zum *Mount Taal*, dem mit seinen sechshundert Metern Höhe angeblich kleinsten Vulkan der Welt, samt dazugehörendem See. Schon weniger verirren sich auf die Fähren, die von hier in Richtung Mindoro absetzen. Ein

Schild am Kassenhäuschen klärt über die aktuellen Preise auf. Wer gerne eine kurze Schusswaffe mit an Bord nehmen möchte, hat fünfzigtausend Pesos zu entrichten, für eine lange Schusswaffe ist schon der doppelte Betrag fällig, und drei Magazine Munition kosten weitere fünfundzwanzigtausend Pesos. Nachdem ich die rund fünfundvierzig Kilometer hinüber zum Hafen von Calapan unbeschadet überstanden habe, mache ich mich auf den Weg zur *Mangyanen-Mission*, die gleich in der Nähe des Hafens liegt.

»Die Mangyanen fühlen sich von den malaiischstämmigen Filipinos unterdrückt«, sagt der deutsche Missionar Ewald Dinter, »schon vor langer Zeit haben sie sich deshalb von der Küste in die kargen Berge und tiefen Wälder zurückgezogen, wo viele von ihnen noch wie ihre Vorfahren leben.« Damit teilen die Mangyanen das Schicksal vieler indigener Gruppen auf den Philippinen. Landeskenner Niklas Reese erinnert gar daran, dass in der Vergangenheit philippinische Richter oft »Indigene mit Kindern und Idioten auf eine Stufe stellten«. Überhaupt sei die Mehrheit der Filipinos der Meinung, die Urvölker seien »heidnisch, barbarisch, wild, ziemlich dumm, und manche glauben gar, alle Indigene hätten Schwänze«. Wenn sich jemand töricht benehme, heiße es bisweilen »as if you were an Igorot«,

Der gebürtige Schlesier Dinter gehört dem Orden der *Steyler*-Missionare an. Er lebt seit 1969 auf den Philippinen; er erfuhr vom Überlebenskampf der Mangyanen, erwarb deren Vertrauen und erlernte als einer der wenigen Fremden ihre Sprache. Seit Mitte der achtziger Jahre lebt er nun schon unter ihnen. Damit will er das Werk seines holländischen Glaubensbruders Antoon Postma fortführen, der mehr als fünfundvierzig Jahre unter den Mangyanen lebte, sich um die Erforschung ihrer Riten und Gebräuche verdient machte und auf ihre schweren Lebensbedingungen hinwies. Insbesondere hat Postma die wenig bekannte Sprache der Mangyanen und deren Gedichte studiert und ein Buch darüber verfasst: *Der Schatz der Mangyanen.*

Dinter, 73, ist ein bescheidener Mann mit schlohweißem Haar. Er will die Mangyanen nicht in erster Linie zum christlichen Glauben bekehren, er will ihnen helfen. Er ist fasziniert von ihrer Kultur, und er ist hartnäckig. Jahrelang hatte er anfangs unter den Mangyanen gelebt und sich nach deren Riten und Gebräuchen erkundigt und immer wieder die abwehrende Antwort erhalten, da gebe es keine alten Rituale mehr. Dinter wusste, dass er Geduld benötigen würde, um mehr zu erfahren, da wurde er eines Tages zu einem Fest eingeladen. Es gab reichlich zu essen, Mais und Huhn, und Dinter kaute zusammen mit den Mangyanen Betelnüsse, wie es in diesem Teil der Welt üblich ist. Nach einer Weile erschienen zwei würdevolle ältere Herren, sie setzten sich zu Dinter und erzählten, dass sie den Missionar aus dem fernen Deutschland schon eine ganze Weile beobachtet hätten und ihnen aufgefallen sei, dass Dinter sich nicht ein einziges Mal negativ über die angeblich rückständigen Insulaner geäußert hatte, er ihnen vielmehr voller Respekt begegnet sei. Ab jetzt, verkündeten sie feierlich, würde Dinter alles erfahren, was er zu wissen begehre. Er sei ein Freund und werde als solcher behandelt. Diese Begegnung hat Dinter geprägt. Seitdem hat er sein Leben in den Dienst des vergessenen Volkes von Mindanao gestellt.

»Mission bedeutet auf dieser abgelegenen Insel nicht die Zerstörung der traditionellen Kultur, die Steyler machen hier vielmehr beispielhaft deutlich, wie Missionare die angestammte Kultur nicht nur respektieren, sondern auch erhalten helfen«, behaupten die Missionare von sich selbst. Und das wirkt glaubwürdig. Ewald Dinter sagt:

> Wenn wir einem anderen Volk, einer anderen Kultur, einer anderen Religion begegnen, müssen wir als erstes unsere Schuhe ausziehen. Denn der Ort, den wir betreten, ist heilig. Sonst könnte es sein, dass wir auf dem Traum eines anderen trampeln oder, was noch schlimmer wäre, vergessen, dass Gott schon vor unserer Ankunft dort war.

Er weiß, dass die Probleme der Mangyanen für die Probleme der Urvölker überall auf der Erde typisch sind. »Es gibt fast vierhundert Millionen Menschen auf der Welt, die irgendwelchen Minderheiten angehören«, sagt Dinter, »wenn man sie nach ihren Problemen fragt, geben sie fast alle die gleiche Antwort: Ihnen wird das Land fortgenommen, und sie fühlen sich als Menschen zweiter Klasse angesehen und auch so behandelt. Sie kämpfen um ihre Menschenwürde.« Auf einem Merkblatt hat Dinter deshalb die Grundzüge seines Schaffens festgehalten:

> In unserer Arbeit bewegen wir uns zwischen dem Milieu der einzigartigen Mangyanenkultur und dem starken Einfluss der Zugezogenen, zwischen den friedlichen Lebensgewohnheiten und der Bedrohung von ungerechten Strukturen, zwischen dem Reichtum der Natur und der Zerstörung der Integrität der Schöpfung durch sogenannte Entwicklungsprojekte. Wir bauen stark auf die Verinnerlichung, dass Mangyanen alles wahrnehmen können.

> Alle Mangyanenstämme haben jetzt ihre eigene Organisation. Sie haben eine Föderation unter den sieben Stämmen aufgebaut. Sie sprechen im eigenen Namen und treffen Entscheidungen für ihr eigenes Leben.

So kann Missionsarbeit aussehen, die sich wirklich in den Dienst der Sache stellt. Obwohl sich die ersten christlichen Missionare bereits 1572 auf Mindoro niederließen, sind immer noch rund neunzig Prozent der Mangyanen Animisten und bewahren damit ihre eigene Kultur und pflegen ihren eigenen Aberglauben statt den der Fremden. Noch immer tragen die Menschen Lendenschurz und langes Haar, das auch den Männern bis zur Hüfte reicht. Und sie halten Kontakt zu ihren Ahnen, deren Knochen sie sorgsam in Höhlen aufbewahren. Manchmal kommen sie auch in Dinters Mission und bitten um Rat. Dinter verkauft dort auch Mangyanen-Souvenirs und Bücher, um den Menschen auch finanziell ein wenig unter die Arme greifen zu können.

Bis vor einiger Zeit ging das Leben seinen gewohnten Gang. Die meisten Touristen knatterten in Minibussen an den Hanunuo-Dörfern vorbei in Richtung Boracay, der »Trauminsel« mit Bars und weißen Sandstränden, und auch die philippinischen Behörden haben mit den Wilden von den Bergen wenig zu schaffen. Da tauchten eines Tages Fremdlinge auf. Die Männer, die behaupteten, sie kämen aus einem Land namens Japan, bezahlten ein paar Einheimische, um sie in der Gegend herumzuführen. Sie fuhren von Dorf zu Dorf und stellten seltsame Fragen. Zum Beispiel wollten sie wissen, wo die Mangyanen die Knochen der Verstorbenen aufbewahren würden.

Der Grabraub

Die meisten Mangyanen hegten keinen besonderen Argwohn. Sie sind bekannt für ihre Gastfreundschaft. In einem ihrer Gedichte heißt es:

> Mein lieber Freund, sei hier willkommen!
> Wo kommst Du her?
> Von der Küste, wo Ebbe herrscht
> von den brodelnden Quellen?
> Wenn Du von den Wasserquellen kommst
> lass uns einen Moment reden
> in einer fröhlichen, freundlichen Art.

Aber wer immer Du bist
wir möchten bei Dir sein.

Was sollten die Fremden schon wollen? Es gibt keine Reichtümer bei den Hananuo, die sich gerade einmal selbst versorgen können. Doch eines Tages, als die Dorfältesten und Häuptlinge eine der Gräberhöhlen aufsuchten, um ihre Ahnen in einer schwerwiegenden Angelegenheit um Rat zu ersuchen, bekamen sie es mit der nackten Angst zu tun: Die Ruhestätte war geplündert worden, alle Knochen waren verschwunden. Die Nachricht verbreitete sich wie ein Lauffeuer von Dorf zu Dorf. Und tatsächlich: Insgesamt fehlten auf der ganzen Insel Hunderte von Skeletten, waren ganze Höhlen komplett geplündert worden.

Es dauerte nicht lange, da stellte sich heraus, dass die Japaner hinter dem Grabraub steckten. Dass sie in einer Nacht- und Nebelaktion säckeweise Knochen nach Nippon verschifft hatten und dass ihnen Einheimische für einen Judaslohn von fünfhundert Pesos, etwas mehr als elf Dollar, bei der Arbeit behilflich gewesen waren. »Wir erfuhren, dass eine japanische Organisation namens *Kuentai* hinter der Aktion steckte«, sagt Dinter, »sie hat es sich zur Aufgabe gemacht, die Überreste der japanischen Soldaten, die hier im Zweiten Weltkrieg gefallen sind, zurück nach Japan zu bringen.« Denn zwischen 1942 und 1945 tobten auch auf Mindoro Kämpfe zwischen amerikanischen und japanischen Truppen um die Vorherrschaft im Pazifik. Fünfhundertfünfzigtausend japanische Soldaten sollen damals auf den Philippinen gefallen sein, noch immer gelten die sterblichen Überreste von dreihundertachtzigtausend als vermisst.

Dabei waren auf Mindoro nie besonders viele Japaner stationiert. Gerade einmal vierhundert Soldaten des Tenno sollen nach amerikanischen Geheimdienstinformationen gemeinsam mit den Mitarbeitern der gefürchteten Militärpolizei *Kenpeitai* die Insel kontrolliert haben – erst gegen Kriegsende stieg die Zahl japanischer Soldaten auf eintausenddreihundert. Es war eine Schreckensherrschaft, die die Japaner auch auf Mindoro eingerichtet hatten. Nachdem philippinische Guerilleros sechs japanische Soldaten in dem Ort Caguray getötet hatten, wurden ganze Dörfer niedergebrannt und Menschen massakriert. Als am 29. April 1942 der Geburtstag des Tenno anstand, richteten die Japaner ihm zu Ehren den früheren Bürgermeister Barretto in San José hin. Strafexpeditionen wurden unternommen, und, als die Amerikaner näherrückten, eine Politik der verbrannten Erde betrieben. Ganze Landstriche wurden dabei verwüstet und die Menschen in Lagern zusammengetrieben.

Für die US-Streitkräfte war Mindoro von strategisch wichtiger Bedeutung. »Eine Landung in Mindoro bedeutete, die japanischen Truppen auf den Philippinen voneinander zu trennen«, schreibt Volker Schult in seiner Untersuchung *Mindoro – Sozialgeschichte einer philippinischen Insel im zwanzigsten Jahrhundert*, die Alliierten konnten von hier die Schiffsbewegungen zwischen den Visayas und Luzon kontrollieren. Außerdem war die Insel die ideale Basis für Operationen in Luzon und für Angriffe auf Schiffe in der südchinesischen See. Und noch wichtiger: Es war nun möglich, den Zugang zur wichtigen Manila-Bay zu kontrollieren.

Der amerikanische Militärhistoriker S. E. Morison befand gar: »Der Gang nach Mindoro war einer der kühnsten während des Pazifischen Kriegs.« Bereits am 13. November 1943 war ein erstes US-Sonderkommando mit Hilfe eines U-Bootes auf Mindoro gelandet. Am 15. Dezember 1944 schließlich begann die Invasion. Ohne auf japanischen Widerstand zu stoßen, landeten die Amerikaner in der im Südwesten Mindoros gelegenen Stadt San José. Die zweihundert dort stationierten japanischen Soldaten hatten sich bereits ins Hinterland zurückgezogen, während ihre kaiserliche Luftwaffe Angriffe flog, Versorgungsanlagen zerstörte und auch einige Schiffe der US-Marine versenkte. Nun rückten amerikanische Truppen im Westen von Paluan bis Mamburao und im Osten von Bongabon nach Pinamalayan vor. Am 30. Januar 1945 kontrollierten die Amerikaner bereits wieder die Hauptstadt Calapan, während sich die Japaner in die Berge flüchteten und dort »ein Reich des Terrors etablierten«, so Schult: »Dieser Brutalität fielen zahlreiche Filipinos in und um Calapan herum zum Opfer.« Wie viele Japaner schließlich auf Mindoro Opfer ihres eigenen Kriegs wurden, ist unbekannt.

Weil der verwitterte Knochen eines Mangyanen sich nicht von dem eines Japaners unterscheidet und selbst ein DNA-Test lediglich Auskunft über den etwaigen Zeitpunkt des Todes zu geben vermag, haben die Kriegsgräberfreunde von Kuentai kurzerhand alle Knochen eingepackt, die sie finden konnten. Dinter hat versucht, Kontakt zu den Behörden herzustellen. Die Filipinos haben die Japaner kontaktiert. Selbst Präsident Benigno *Ninoy* Aquino hat die Rückführung der Skelette gefordert. Doch die Japaner möchten die Knochen nicht herausrücken. Erst kürzlich tauchte wieder eine japanische Delegation bei den Hanunuo auf und versuchte, die Grabungen auf den Philippinen fortzusetzen. Das ganze endete in einem endlosen Palaver, und schließlich reisten die Fremden wieder ab. Dinter aber wird der Trubel langsam unheimlich. »Die Mangyanen leiden entsetzlich«, sagt er, »sie sind ein friedfertiges Volk, aber vor allem verehren sie ihre Ahnen.«

Die Verstorbenen in Höhlen beizusetzen, ist übrigens nicht nur auf Mindoro verbreitet. In Leyte entdeckte auch Fedor Jagor »Todtenhöhlen«: »In den Höhlen dieser Felsen setzten die alten Pintados die Leichname ihrer Helden und Aeltesten bei in wohlverschlossenen Särgen, umgeben von Gegenständen, die ihnen im Leben am werthvollsten waren.« Und er befand: »Es weht über dieser Örtlichkeit ein eigenthümlicher Zauberhauch.« Deshalb sei es kein Wunder, »dass die fromme Einbildungskraft die Stätte mit Geistern bevölkerte«.

Jedes Jahr im Juli oder August pflegen die Mangyanen ihr Neujahrs- und Knochenfest zu feiern. Dann versammeln sie sich in den Höhlen, graben die Skelette ihrer Vorfahren aus und kleiden sie ein. Danach sagen sie heilige Sprüche auf und warten, dass die Seelen der Verstorbenen für eine kurze Zeit zurückkehren. Es ist der feierlichste Moment im Jahr. Nur diese Zusammenkunft gewährleistet gute Ernten und Frieden. Seit die Knochen aber verschwunden sind, beklagen die Hanunuo Dürre und Hunger. Seit Fukushima haben sie eine letzte Hoffnung, sagt Dinter: »Dass die Japaner begreifen, dass sie sich nicht mit den Ahnen der Mangyanen überwerfen sollen.« Vielleicht bringen sie dann die Knochen an ihren Ursprungsort zurück. Vielleicht kehrt dann wieder Friede ein auf Mindoro.

Der Exorzist

Manila

Man kommt ganz schön rum bei diesem Job, aber mittlerweile ist es auch Pater Michael Joe Zerrudo, 42, zu viel. Neulich musste er bis in den Dschungel Papuas reisen, um dem Satan die Seelen zu entreißen. »So geht es nicht weiter«, sagt der katholische Priester jetzt und blickt versonnen auf die Schar der Messdiener, die sich hinter ihm in Reih und Glied aufbaut und langsam die *Devine Mercy Parish* von Manila füllt. Seit sich einer seiner Kollegen vor kurzem nach China abgesetzt hat, um dort Konfuzianer und Taoisten zu bekehren, gibt es nur noch zwei Exorzisten im Großraum Manila, einem Ballungsgebiet von immerhin rund vierzehn Millionen Menschen.

»Wie sollen wir beide das alleine schaffen?« fragt sich Zerrudo, »manchmal stehen hier vier oder fünf Patienten vor der Tür und müssen geheilt werden, und es werden immer mehr.« Mehr als eine Teufelsaustreibung schaffe er aber nicht pro Woche, sagt Zerrudo und schwitzt unter seiner pechschwarzen Soutane, Exorzismus ist ein anstrengendes Gewerbe.

Weiß der Himmel, warum der Satan ausgerechnet im Moment so aktiv ist! Die Zahl der Fälle, in denen Menschen vom Teufel besessen sind, steige derzeit geradezu dramatisch an. »Vielleicht liegt es daran, dass immer mehr Menschen vom Glauben abfallen«, glaubt der Exorzist, »da hat der Teufel leichtes Spiel.«

Die Philippinen sind ein streng katholisches Land. Der christliche Glaube gehört zum Erbe der spanischen Kolonisation. Mehr als neunzig Prozent der über neunzig Millionen Filipinos bekennt sich mittlerweile zum Glauben an Jesus, Maria und den lieben Gott – eine Religion, die sich irgendwann mit dem Naturglauben an die Götter des Walds, des Weins und der Weiber vermischt hat.

Herausgekommen ist aus dieser historischen Verschmelzung eine oft bizarre Mischung aus spanisch-katholischer Sittenstrenge und südseeinsularem Ahnenkult und Geisterglauben – zumindest eine »naive Frömmigkeit«, so Peter Scholl-Latour, »die dem ehemaligen iberischen Mutterland längst abhanden gekommen ist«. In der Osterwoche lässt sich dieses Phänomen am besten beobachten, wenn durch die Straßen vieler philippinischen Städte Frömmler ziehen, sie sich mit mehrschwänzigen Peitschen den Rücken in blutige Fetzen geißeln oder sich wie Jesus an Kreuze nageln lassen. Es sei eines der traurigen Kapitel des hispanischen Vermächtnisses, lässt der britische Romancier James Hamilton-Paterson einen seiner Protagonisten sagen, »daß wir ihren düsteren, pathologischen Schwachsinn erben mußten«.

Michael Joe Zerrudo verzieht den Mund. Pathologischer Schwachsinn – wenn er so etwas schon hört. Überhaupt werde sein Beruf notorisch falsch dargestellt – spätestens seit 1973 der Horrorstreifen *Der Exorzist* in die Kinos kam. »Exorzismus ist eine ziemlich ernste Angelegenheit«, versichert der Priester dagegen, »ich habe das extra in Rom studiert.« Gerade erst habe er sich mit sechzig anderen Exorzisten auf einem Seminar in der ewigen Stadt getroffen und die Probleme erörtert. Einhellige Meinung: Es gibt zu wenig Exorzisten auf der Welt bei gleichzeitig zunehmender teuflischer Aktivität. Aber womöglich hätten viele Priester Angst vor dem heiklen Job, mutmaßt Zerrudo, schließlich kommt man dem Antichristen nur selten so nah wie bei einer richtigen Teufelsaustreibung. Und die kann sich schließlich hinziehen; nicht selten dauert ein Exorzismus mehrere Tage.

Dabei gibt es klare Regeln in dem Gewerbe. Zunächst wird der Delinquent von einem Psychologen begutachtet, ob er tatsächlich vom Satan besessen ist. Dabei offenbart sich der Teufel meist durch die immergleichen Zeichen. Laut Pater Zerrudo sind die typischen fünf Symptome: 1) Jemand spricht eine Sprache, die er eigentlich nicht beherrscht. 2) Jemand hat Kenntnis von Dingen, die geheim sind. 3) Jemand verfügt über unnatürliche Kräfte. 4) Jemand hasst alles Religiöse. 5) Jemand kann schweben.

Zerrudo hat das alles schon erlebt: Das alte Mütterchen, das urplötzlich die schwere Kirchenbank griff und durch das Gotteshaus schleuderte. Die Frau, die abhob und durch den Raum schwebte. Ihnen allen konnte der Pater aber angeblich helfen – in stunden- und teils tagelangen Sitzungen, in denen er in Anwesenheit eines weiteren Priesters, eines Anwalts und eines Bekannten des Patienten, aus dem *Rituale Romanum* vorlas. Das ist das Handbuch der Exorzisten. In ihm finden sich Dutzende von Gebeten und Befehlen, die den Satan schließlich zermürben sollen. »Ich werfe Dich hinaus, unsauberer Geist«, heißt es dort zum Beispiel, »gemeinsam mit allen satanischen Mächten des Feindes, jedem Gespenst der Hölle und allen deinen Begleitern.« Zerrudo: »Auf diese Art und Weise werden wir den Teufen früher oder später immer los.« Gemein, sagt Zerrudo, sei allen seinen »Patienten«, dass sie sich hinterher an nichts mehr erinnern könnten, ganz so als hätten sie ein anderes Leben gelebt, solange der Teufel von ihrer Seele Besitz ergriffen hätte.

Sein Amtsbruder José Francisco Syquia weiß derweil von anderen satanischen Zeichen zu berichten: »Ich habe gesehen, wie auf der Haut von vom Teufel Besessenen plötzlich Wunden aufgetaucht sind, bei einigen bildeten sich Kreuze auf der Stirn.« Die Opfer hätten später davon gesprochen, es habe sich angefühlt, als wären sie von innen mit Rasierklingen geschnitten worden. Insgesamt seien zehn Priester auf den Philippinen befugt, Teufelsaustreibungen vorzunehmen, so Syquia. Aber er sei der einzige, der einen Rund-um-die-Uhr-Service anbiete. Zwar sei Exorzismus in letzter Zeit etwas unmodern geworden, meint der Exorzist, aber es sei gut, dass Papst Benedikt kürzlich neue Richtlinien herausgegeben habe, die zu mehr Teufelsaustreibungen ermutigen würden.

Es ist spät geworden in der Kirche. Die Messdiener sind schon fort. Schwüle Tropennacht hat sich über die Stadt gesenkt. Es ist die heißeste Zeit des Jahres. Das Osterfest steht kurz bevor. Wieder werden sich auf den Philippinen Menschen ans Kreuz nageln lassen, um die Leiden Christi nachzuempfinden. Zerrudo muss jetzt los. Er kennt diese Nächte; es sind auch die Nächte des Satans. Auf Zerrudo wartet Arbeit.

Wobei mir an dieser Stelle eine andere Geschichte in den Sinn kommt, die ich kürzlich gelesen habe. »Die Philippinen sind eines der katholischsten Länder der Welt«, klärt uns Jörg Metes in seiner Sammlung *Die schönsten Weihnachtskatastrophen der Welt* auf, »die Philippinen sind so katholisch, dass sie Weihnachten nicht weniger als neun Tage lang feiern, mit Heiligen Messen, die vom 16. bis zum 24. Dezember täglich ab vier Uhr morgens abgehalten werden.« Und dann berichtet der Autor vom Brauch der Kinder, in der Weihnachtszeit von Laden zu Laden zu ziehen und dort ungebeten besinnliche Lieder zu singen und auf diese Weise Geld zusammenzubetteln. Manche tun das mit Nachdruck, und manche sind auch im strengen Sinne keine Kinder mehr: »Der Übergang zwischen Bettelei und Straßenraub ist fließend.« Ein richtiggehendes Ärgernis sei der Brauch mittlerweile geworden; so sehr, dass überall im Land »Sonderverordnungen gegen das Singen von Weihnachtsliedern« erlassen worden sein sollen und bisweilen sogar Sondereinheiten der Polizei gegen die Sternsinger vorgingen, um die frommen Musikanten in irgendwelche Knäste zu sperren. Bloß in Calamba City waren sie am 26. Dezember 2009 offenbar nicht rechtzeitig zur Stelle, so dass ein genervter Bäcker keinen anderen Ausweg sah, als ganz unchristlich zum Gewehr oder Revolver, diese Frage lässt der Berichterstatter offen, zu greifen und auf die Bande zu schießen. Das Opfer überlebte, der Täter flüchtete – was aus den beiden geworden ist, bleibt offen. Na ja: *Bahala na ang Diyos* – Gott wird es schon richten.

Mein Treffen mit dem Exorzisten soll mich eigentlich auf den Karfreitag vorbereiten. Ich habe mir vorgenommen, mir den Irrsinn von San Fernando nicht entgehen zu lassen. Die Stadt nördlich von Manila ist schließlich auf der ganzen Welt bekannt für ihre zelebrierten Kreuzigungen. Das Spektakel hier beginnt bereits am frühen Morgen, wenn die ersten Flagellanten durch die Straßen ziehen und sich in monotonem Rhythmus eine Peitsche, an deren Schwänzen rund zwanzig kleine Holzkügelchen befestigt sind, über den Rücken ziehen. Meist sind es junge Männer, die in langen Reihen wie ferngesteuert durch die engen Gassen marschieren. Die Gesichter vermummt, als gehörten sie zum *Ku-Klux-Klan*, und das Blut weit um sich spritzend, könnten sie einem Horrorfilm entstiegen sein. Es dauert nicht lange, dann hängt vielen die Haut am Rücken bereits in Fetzen. Man muss sich als Zuschauer in Acht nehmen, will man nicht in kürzester Zeit von den Frömmlern völlig besudelt sein. »Viele halten sich für Sünder, die auf diese Art gereinigt werden möchten«, klärt mich meine Philippinen-Führerin Charmaine auf, aber angesichts der vielen Schaulustigen aus aller Welt, kommt mir der Verdacht, dass es viele eher auf Andy Warhols Fünfzehn-Minuten-Ruhm abgesehen haben. Ganze Heerscharen von Profi- wie Amateurfotografen sind in San Fernando aufgetaucht, um das Spektakel festzuhalten, und es herrscht Karnevalsstimmung mit Getränke- und Wurstbuden und Souvenirverkauf. Komplette Familien sind angereist. Aber es gibt auch Menschen, die sich mit dem Phänomen wissenschaftlich beschäftigt haben, wie Professor Andreas Schneider von der Texas Tech University.[46] Das Ganze ist nämlich ziemlich kompliziert. »Indem er SCHMERZ (E--, P+, A+-) erleidet, den er sich rhythmisch zufügt, fühlt sich der Flagellant in höchster Zuneigung (E++, P++, A+) zu seinem katholischen Glauben«, schreibt Schneider, der sich den Zirkus auf den Philippinen selbst angeschaut hat: »Während Selbstgeißelungen in intimer Einsamkeit vollzogen werden könnten, sind Kreuzigungen und Auspeitschungen auf Teamwork und Konsensus angewiesen.« Am Ende werde der Schmerz »in Stolz umgewandelt«. Mir sind die Wege der Herren jedenfalls unergründlich.

Um uns die Zeit zu vertreiben, sprechen Charmaine und ich einen Mann an, der sich als Römer verkleidet hat und unter seiner purpurroten Polyesteruniform kräftig schwitzt. Er heiße Danilo Aquino, klärt uns der Mann auf, sei fünfundvierzig Jahre alt und komme direkt aus Cutod, jenem Stadtteil von San Fernando, in dem das alljährliche Karfreitagsschauspiel stattfindet. Eigentlich ist er Müllfahrer, aber nebenberuflich spielt er schon seit fünfundzwanzig Jahren den Römer, berichtet er stolz und zieht vier lange Nägel aus seiner Tasche. Seine Aufgabe sei es, den Jesus gleich einzufangen und zum Kreuz zu schleppen, wo der dann angenagelt werde – aber ich müsse mir keine Sorgen machen, die Prozedur sei nicht sehr schmerzhaft. Er wisse das, denn Jesus sei sein Cousin und heiße eigentlich Arnel Sanggalang. Aber natürlich ist der Cousin des Römers nicht der einzige Jesus an diesem Tag. Insgesamt werden sich heute dreizehn Christen kreuzigen lassen, alte Hasen wie Arnel sind darunter, der das schon zum fünfzehnten Mal macht, und Newcomer wie ein Schweizer, der heute zum ersten Mal den Gottessohn spielen darf. Einmal haben sie sogar eine Frau angenagelt. Wenn das die katholische Kirche wüsste! »Aber es ist schwer, Jesus zu werden«, sagt Danilo, der Römer, »die Rolle ist sehr beliebt, denn man kommt ins Fernsehen damit und vielleicht sogar ins *Guiness-Buch der Rekorde*. Dann müssen die beiden los zur Kreuzigung.

---

[46] *Im Rhythmus der Peitsche*, Social Psychology Quarterly Global, 2010.

»Die Erde bebt, der Berg speit Feuer«

Legazpi City

Es gibt Tage wie diesen, da mag der Vulkanologe Alex Baloloy gar nicht aus dem Fenster seines Observatoriums schauen. Während aus dem Krater des *Mount Mayon* seit Tagen schon weißer Rauch quillt, ballen sich neben der Kuppe des Vulkans ganze Wolkengebirge zusammen. Ein Sturm zerrt an den Bäumen, und der Regen lässt ein Trommelfeuer auf das Dach des Beobachtungspostens niedergehen. Es pfeift und tost, dass Alex Baloloy, 52, sein eigenes Wort kaum versteht. Als suche er Halt, klammert sich der schmächtige Mann immer wieder an sein Teleskop.

»Turbulente Zeiten«, sagt Baloloy tapfer, »der Mayon steht wieder einmal vor dem Ausbruch und Taifun *Mirinae* rast mit Spitzengeschwindigkeiten von hundertfünfundachtzig Stundenkilometern auf die Philippinen zu.« Seit dem Wochenende herrscht in Legazpi City, der Großstadt am Fuße des Berges, nun schon Alarmstufe 2 wegen zunehmender Aktivitäten des Vulkans. Und Mirinae, dessen erste Ausläufer Baloloy gerade zu spüren bekommt, ist bereits der vierte Taifun in den vergangenen vier Wochen, der den südostasiatischen Inselstaat heimsucht. Erst vor zwei Wochen hatte der Tropensturm *Ketsana* mehr als dreihundert Menschenleben gefordert und rund zweihundertvierzigtausend Menschen obdachlos gemacht.

Baloloy arbeitet seit dreiunddreißig Jahren für das staatliche philippinische Institut für Vulkanologie und Seismologie *Phivolcs*. Er hat schon viele Naturkatastrophen miterlebt: den schlimmen Ausbruch des Vulkans 1993, der über siebzig Menschen das Leben kostete und mich damals zum ersten Mal auf die Philippinen führte, den Taifun *Re-*

ming, der 2006 mit Geschwindigkeiten von bis zu dreihundertzwanzig Kilometern pro Stunde über das Archipel hinwegfegte und mehr als zweitausend Menschen tötete. »Doch so schlimm wie jetzt war es noch nie«, sagt der Vulkanologe, »wir kommen kaum noch zur Ruhe: Die Erde bebt, der Berg spuckt Feuer und ein Taifun jagt den nächsten.«

Die Statistik gibt dem Mann recht. So kommt der führende Naturkatastrophen-Versicherer *Munich RE*[47]auf gerade einmal zwanzig Großkatastrophen in den fünfziger Jahren. In den Siebzigern waren es schon siebenundvierzig, und in den neunziger Jahren kam es den Unterlagen der Münchener zufolge zu sechsundachtzig schweren Desastern weltweit.

Die Internationale Vereinigung von *Rotem Kreuz* und *Rotem Halbmond* macht ähnliche Erfahrungen. Die Helfer zählen mehr als sechshunderttausend Todesopfer solcher Katastrophen zwischen 1987 und 1996, aber schon mehr als eine Million seit 2006. Am stärksten betroffen ist Südostasien, eine Region, in der kaum eine Woche vergeht, ohne dass irgendwo die Erdkruste birst oder Wirbelstürme schwere Verwüstungen anrichten.

Die Nichtregierungsorganisation *International Alert* stuft die Philippinen mit ihren mehr als neunzig Millionen Einwohnern als einen der *Klima-Hotspots* ein und setzt das Land auf Position vier ihres Klima-Risiko-Index: Zwanzig der achtzig philippinischen Provinzen seien von einem Anstieg des Wasserspiegels bedroht. Einen der wichtigsten Gründe für die steigende Zahl tropischer Wirbelstürme sehen die meisten Wissenschaftler längst im Klimawandel begründet. Ein Ende ist also nicht in Sicht.

Doch erst das hemmungslose und unkontrollierte Wachstum asiatischer Megastädte wie Manila mit ihren mittlerweile mehr als elf Millionen Einwohnern lässt die Taifune immer häufiger zu wahren Killerstürmen werden. Millionen Menschen leben dichtgedrängt in abbruchreifen Hütten, die bei einem Orkan auch geringer Stärke auseinanderbrechen, an Flüssen, die in Sekundenschnelle anschwellen oder in schlecht konstruierten Betonhochhäusern, die sich schon bei Erdbeben mittlerer Stärke in tödliche Fallen verwandeln, wie kürzlich in Sumatra geschehen.

»Frühere Generationen verfügten noch über das Wissen, wie man

---

[47] Früher: Münchener Rück.

solche Gefahren erkennt und wie man das eigene Risiko minimiert«, sagt Lagazpis oberster Katastrophenschützer Cedric Daep, »Heute jedoch sind diese traditionellen Erkenntnisse weitgehend verschüttet.« Schuld daran seien Migration, Armut und Überbevölkerung, aber auch eine allzu übertriebene Technikgläubigkeit. Dabei könnten viele Menschenleben gerettet werden, wenn man nur stärker auf die Zeichen der Natur achten würde.

So überlebten die auf den Nikobaren ansässigen Völker den tödlichen Tsunami von 2006, weil sie vom Gebrüll der Elefanten, dem ungewöhnlichen Verhalten der Eidechsen und dem Gezwitscher der Vögel rechtzeitig gewarnt wurden. In Vietnam künden tieffliegende Libellen von nahendem Regen, und in Indonesien wissen die Alten noch, dass ein verschmutzter Trinkwasserbrunnen ein untrügliches Zeichen für ein bevorstehendes Erdbeben ist.

»Dieses Wissen müssen wir nutzen, wenn wir nicht hilflos den kommenden Katastrophen ausgesetzt sein wollen«, sagt Daep. Gerade ist er dabei, dreißigtausend Familien vor dem drohenden Taifun zu evakuieren. Und ständig reist er durch die Dörfer und veranstaltet Trainingsprogramme.

Der Katastrophenschutz in der Provinz Albay, in der Legazpi liegt, gilt als vorbildlich. Über zehntausend Menschen wurden in den vergangenen Jahren aus Risikogebieten an den Hängen des Mayon in neugeschaffene Dörfer umgesiedelt. Vier Prozent seines Budgets gibt Albays Gouverneur Joey Sarte Salceda für den Katastrophenschutz aus. Stolz sagt er: »Bei uns steigt die Zahl der Naturkatastrophen, aber die Zahl der Opfer sinkt.« Gerade ist eine neue Flotte von vierunddreißig Krankenwagen eingetroffen, zwölf Schlauchboote und ein hochmoderner Toyota-Geländewagen mit allen möglichen Messgeräten und einer Funkstation, damit der Gouverneur gleich auf Sendung gehen kann, wenn Unheil naht.

»Aber wie viel effizienter könnte der Schutz sein, wenn die Menschen das Wissen ihrer Ahnen selbst nutzen würden?«, fragt Jerry Velasquez, der bei den Vereinten Nationen in Bangkok für die regionale Koordination der Katastrophenschutzprogramme im asiatisch-pazifischen Raum zuständig ist. Immer mehr Wirbelstürme, immer größere Städte, deren Menschen kaum noch rechtzeitig zu evakuieren sind, immer schludriger errichtete Gebäude künden von drohenden Megakatastrophen.

Überall in Asien versuchen die UNO-Leute deshalb nun, Lehrprogramme auf den Weg zu bringen, um uralte Methoden der Katastrophenprävention wieder zugänglich zu machen. Zum Beispiel, wie man in Indien mit eingefügten Holzrahmen das Mauerwerk in erdbebengefährdeten Gebieten flexibler macht; wie Bangladescher sich mit auf Erdwällen errichteten Hütten vor Hochwasser schützen und dass Holz das geeignete Material für den Hausbau auf der regelmäßig von Erdbeben heimgesuchten indonesischen Insel Sumatra ist.

In Kuala Lumpur und Kyoto haben sie schon Workshops veranstaltet, zu denen Regierungsvertreter der am stärksten betroffenen Länder eingeladen waren, und sie haben ein Austauschprogramm für Katastrophenschützer aus diversen asiatischen Ländern auf die Beine gestellt, damit die voneinander lernen können.

Auch Cedric Daep will demnächst eine Broschüre mit seinen wichtigsten Erkenntnissen zusammenstellen. Dafür reist er nun von Dorf zu Dorf, unterrichtet, was er schon weiß, und versucht in Erfahrung zu bringen, was die Dorfbewohner ihm voraus haben. Er hat sich notiert, dass Ameisen, die die Wände nach oben laufen, Schlangen, die in Häuser kommen, und Ratten, die auf den Dachboden rennen, Zeichen für nahendes Hochwasser sind.

Er weiß, dass trichterförmige Wolken, die senkrecht zum Boden führen, auf einen Druck hinweisen, der Erdstöße auslösen kann. Er hat beobachtet, wie wasserscheue Katzen in den Regen liefen und träge Hühner im Angesicht eines Erdbebens zu fliegen begannen. Er hat sich sagen lassen, dass die Tiere den Berg hinunterkommen, bevor der Vulkan ausbricht, und in die Berge flüchten, wenn sich das Wasser, wie vor dem Tsunami geschehen, weit zurückzieht. »Wenn die Frösche das Wasser verlassen und die Quellen versiegen, dann nichts wie weg«, sagt Daep, »denn dann legt der Mount Mayon bald wieder los.«

Ein purpurroter Abendhimmel mag schön anzuschauen sein, auf den Philippinnen kann er aber einen Taifun ankündigen – als Zeichen einer großen Menge an Wasserdampf, der sich in der Luft befindet und in heftigen Regenfall münden kann.

Taifun Mirinae ist derweil über die Philippinen hinweggejagt. Zum Glück für die Menschen in Legazpi änderte er in letzter Sekunde seinen Kurs und verschonte die Stadt. Auf halber Strecke zwischen Manila und Legazpi erreichte er schließlich Festland, das nicht besonders dicht besiedelt war. Dennoch ertranken auf den Philippinen zwölf Menschen, und noch in Vietnam, das der Taifun, mittlerweile auf maximal einhundert Stundenkilometer abgeschwächt, einen Tag später erreichte, kostete Mirinae noch dreiundzwanzig Menschen das Leben. Und der Mount Mayon? »Ascheregen«, hat Baloloy notiert, »Magnabewegungen, einen aufgeblähten Krater und steigenden Druck.« Das sei alarmierend, aber nicht ungewöhnlich. Aus Sicherheitsgründen wurden alle Menschen in einem Radius von sechs Kilometern um den Vulkan herum evakuiert. Doch wenn sich die Nacht über Legazpi senkt, dann können die Menschen die Gefahr förmlich sehen. Blutrot fließt die Lava die Hänge hinab, und hoch droben leuchtet weiterhin das Kraterglühen in den tropischen philippinischen Himmel.

Seiner fast perfekten Kegelform wegen gilt der über zweitausendvierhundert Meter hohe Mayon als einer der schönsten Vulkane der Erde. Im April 1858 war er von den schottischen Bergsteigern Paton und Stewart erstmalig bestiegen worden. Am 25. September 1859 stand auch Fedor Jagor auf dem Gipfel dieses Vulkans. »Der ganze obere Teil des Berges ist ein kahler Schutthaufen. So weit das Gras reicht, wachsen Casuarien; sie bilden ein Gehölz, das sich aber nach oben in kleinen Gruppen und einzelne, zwischen gewaltigen Felsblöcken mühsam fortkommende Bäumchen auflöst«, notierte er, »um ein Uhr erreichten wir den Gipfel. Er war nach allen Richtungen von Spalten zerrissen, aus denen heisse schwefligsaure und Wasser-Dämpfe in solcher Menge drangen, dass wir, um athmen zu können, Mund und Nase mit Tüchern verbanden.« In der Zwischenzeit hat sich ein regelrechter Bergtourismus entwickelt. Vier Tage dauert eine typische Gipfeltour heutzutage – durch grüne Kokosnusswälder und satte Reisfelder hindurch, über Felder erkalteter Lava, dunkle Bergflanken empor. Doch Vorsicht ist geboten. Neunundvierzig Mal brach der Mayon in den vergangenen vierhundert Jahren aus. Dabei bedeutet sein Name *Schöne Dame*, und dazu gibt es, wie man sich denken kann, natürlich unzählige Legenden.

So soll es vor langer Zeit in Bicol einmal eine Prinzessin namens Darangang Magayon (eben: schöne Dame) gegeben haben, die war so anmutig, dass Krieger, Datus und Prinzen sie zur Frau nehmen wollten. Und tatsächlich erhörte sie eines Tages einen jungen Prinzen namens Handiong und schenkte ihm ihre Liebe. Doch das passte den Familien der beiden ganz und gar nicht, schließlich waren sie seit Jahr und Tag bis auf Blut verfeindet. Weil Darangang Magayon und Handiong aber nicht voneinander lassen mochten, entschieden sie sich zur Flucht und verschwanden. Das besänftigte die blutrünstigen Familien aber keineswegs, und sie begannen, sich gegenseitig die Köpfe einzuschlagen, was die Liebenden nun wieder derart betrübte, dass sie beschlossen, sich zusammen das Leben zu nehmen. Die beiden wurden getrennt beerdigt. Aber da, wo Darangang bestattet worden war, erhob sich Monate später ein Vulkan. Der war wunderschön, aber er grollte und zürnte und spuckte Feuer. Es war der Mount Mayon.

Der erste Ausbruch, der registriert wurde, ereignete sich im Februar 1616. »Am 23. October 1766 fand ein furchtbarer Ausbruch statt, der die Ortschaft Malináo gänzlich zerstörte, und in Casáua, Camálig, Budiáo, Guinobátan, Polángui und Ligáo grosse Verheerungen anrichtete. 1800 fand abermals ein verheerender Ausbruch statt, der Berg schleuderte viel Steine, Sand und Asche aus«, schreibt Jagor, der penible Chronist:

> Der Ausbruch vom 1. Feb. 1814 war aber bei weitem der schlimmste. Al. Perrey giebt einen Auszug aus der Beschreibung eines Augenzeugen. Um 8 Uhr Morgens warf der Berg plötzlich eine dicke Säule von Steinen, Sand und Asche aus, die sich schnell bis in die höchsten Luftschichten erhob... Die Seiten des Vulkans verschleierten sich und verschwanden vor unseren Blicken. Ein Feuerstrom stürzte vom Berge herab und drohte uns zu vernichten... Alles floh und suchte die höchsten Punkte auf. Das gewaltige Geräusch des Vulkans setzte alles in Schrecken. Die Finsterniss nahm zu... die Fliehenden wurden zum Teil von den herabfallenden Steinen erschlagen... die Häuser gewährten keinen Schutz, da die glühenden Steine sie in Brand steckten. So wurden die blühendsten Ortschaften von Camarines in Asche gelegt. Gegen 10 Uhr hörte das Herabfallen der grossen Steine auf, ein Sandregen trat an die Stelle; um halb zwei Uhr liess das Getöse etwas nach, der Himmel klärte sich allmählich auf... Der Boden war mit Leichen und Schwerverwundeten bedeckt, in der Kirche von Budiáo waren 200, in einem Haus desselben Ortes 35 Personen umgekommen. Fünf Ortschaften in Camarines sind gänzlich, Albay zum grossen Theil zerstört. Zwölftausend Personen kamen um, viele sind schwerverwundet, die Ueberlebenden haben alles verloren. Der Anblick des Vulkans ist traurig und schrecklich.

Auch am zweiten Februar 1993 grollte der schöne Vulkan, und er traf seine Opfer völlig unvorbereitet. »Wir sahen die Lava in unsere Richtung fließen«, berichteten Anwohner Tage nach der Katastrophe, sie hätten Lava und brennenden Matsch, eine pyroklastische Masse auf sich zufließen sehen. »Sie kam unglaublich schnell auf uns zugeschossen. Die Luft war heiß, und plötzlich wurde es stockdunkel.« Nur eine halbe Stunde dauerte der Ausbruch. Siebenundsiebzig Menschen kostete er das Leben, überwiegend Bauern, die sich am Hang des Vulkans niedergelassen haben. Die meisten erstickten, viele verbannten, andere wurden von Gesteinsbrocken erschlagen. Ein ganzer Landstrich versank in Schutt und Asche. Zwar wissen die Menschen in der Region um die Gefahr, die von dem Mayon ausgeht, doch die Böden sind fruchtbar hier. In den Tagen nach dem Unglück wurden Zehntausende evakuiert und in achtunddreißig verschiedenen Notunterkünften einquartiert. Helfer berichteten, die Menschen litten unter Husten, bronchialem Asthma, Bauch- und Brustschmerzen. Ununterbrochen quoll Schwefeldampf aus dem Krater und hielt die Menschen in Legazpi in Atem. Ein *Big Bang* wurde befürchtet, ein noch größerer Ausbruch. Viele flüchteten sich in den Glauben. Unten am Berghang versammelten unentwegt Priester ihre Gläubigen um sich. »Heute halten wir diese Messe an diesem Ort, um Gott dafür zu danken, dass wir noch leben«, sagte einer, »außerdem wollen wir Gott bitten, weitere Ausbrüche zu stoppen.« Durch verlassene Dörfer patrouillierten schwerbewaffnete Soldaten, als wären sie in einem Bürgerkriegsgebiet. Nur ein paar Tiere waren in aller Eile in den Dörfern zurückgelassen worden, ein paar Hunde, Schweine, Ziegen. Nun suchten die herrenlosen Tiere im Unrat nach etwas Essbarem. In einem der Dörfer trafen wir eine einzelne verzweifelte Frau, Emiliane Marsan. Sie vermisste ihren Mann, der während des Vulkanausbruchs oben auf dem Feld gearbeitet hatte. »Ich weiß nicht, wie wir weiterleben sollen«, klagt sie, »jetzt wo die Kinder keinen Vater mehr haben und wir nicht einmal mehr das Feld haben, um etwas anzubauen.«

Noch steckte den Menschen der Schock des *Pinatubo*-Ausbruchs in den Knochen. Der war im Juni 1991 ausgebrochen, nachdem er sich über sechshundert Jahre lang still verhalten hatte. Eine ganze Region war damals entvölkert worden. Zwanzigtausend Meter schleuderte der Vulkan heiße Asche in die Atmosphäre, ungefähr zehn Milliarden Kubikmeter vulkanisches Material wurden ausgestoßen, und selbst in der mehr als einhundert Kilometer entfernten Hauptstadt Manila war noch ein Ascheregen niedergegangen und hatte die Sonne verdunkelt. Eine Fläche von rund einhundert Quadratkilometern war verwüstet worden. Lawinen von Schlamm und heißer Asche stürzten in die Täler. Die größte Zerstörung aber richteten die sogenannten *Lahars* an, reißende Ströme aus lockerer Vulkanasche, die alles Leben und sogar

Flüsse vergifteten. Hunderttausende mussten fliehen, darunter auch zehntausende in der Nähe stationierte amerikanische Soldaten. Mehr als sechshunderttausend Menschen wurden obdachlos, mehr als fünfhundert starben. Die meisten Opfer waren Bauern. Verschärft wurde das Desaster durch den Taifun *Ted*, der wenig später mit einhundertdreißig Stundenkilometern über das krisengeschüttete Land fegte und die ohnehin verwüstete Region in eine Schlammwüste verwandelte. Natürlich war der Ausbruch des Pinatubo nicht gänzlich ungewöhnlich in einer Gegend mit mehr als zweihundert Vulkanen gewesen, von denen dreizehn jederzeit ausbrechen können.

Und nun also der Mayon. »Wenn man oben am Krater das Glühen sieht, dann glüht mehr oder weniger der ganze Gipfel«, erklärte uns ein Wissenschaftler von Phivolcs, und dann zeigte er uns die Kurve mit den seismographischen Messungen. Die Kurve ging eigentlich nach unten, bis es am zweiten Februar urplötzlich zur Explosion kam. »Wir haben ein sehr ungutes Gefühl«, meinten die Phivolcs-Leute. Nur Imelda Marcos blühte richtig auf. »Mit meiner wenigen Erfahrung aus zwanzig Jahren als First Lady habe ich eine Menge Naturkatastrophen besichtigt: von Taifunen zu Überschwemmungen, von Überschwemmungen zu Vulkanausbrüchen und so weiter«, meinte sie etwas kokett, »wissen Sie, für mich ist das alles eine Frage des Standpunkts. Es ist zu schaffen. Und als Ministerin für Siedlungspolitik, die ich mehr als zehn Jahre lang war, sage ich: Das ist eine große Chance.« Dann hielt sie weitere Ansprachen an ausgemergelte und übernächtigte Bauern, denen sie zurief:

> Sie wissen, dass alles, was der Familie Marcos gehört, dem philippinischen Volk zugute kommt. Präsident Marcos wollte ja nicht nur Präsident werden, um sein persönliches Potential, seine Erfahrungen und sein Talent zu mehren, sondern er wollte auch seine persönlichen Mittel erweitern, um unserem Land zu helfen.

Die wenigsten Opfer aber vermochten eine große Chance in der Katastrophe zu sehen. Viele verloren alles, was sie hatten. »Alles ist weg«, klagte eine Frau, »alles ist zerstört. Wir hatten unsere Arbeit am Berg. Aber jetzt ist alles mit Asche bedeckt. Auch wenn wir hochgehen zum Berg, können wir dort nichts mehr tun. Bis vor ein paar Tagen hatten wir hier unser Gemüse, konnten ein wenig verdienen für die tägliche Ration Reis, jetzt haben wir alles verloren.« Die meisten Todesopfer waren am Südosthang des Mayon zu beklagen gewesen – dort, wo die glühenden Gesteinsbrocken ins Tal hinunter stürzten und eine breite Schneise schlugen. Viele erstickten hier in einer Schwefelwolke, verbrannten oder wurden erschlagen. Nach Schätzungen der Wissenschaftler kann der Vulkan bis zu siebzig Millionen Kubikmeter vulkanisches Gestein ausstoßen.

Haxe im Wunderland

Boracay

Eigentlich, meint Haxe, sei es ein kleines Wunder, dass der Peter kein Magengeschwür bekommen habe – damals, unterm Klinsmann. Den hatte er richtig gefressen und schon ganz am Anfang, als der Schwabe an der Säbener Straße noch Buddhafiguren aufstellen ließ, ein großes Champagnerfrühstück für den Fall ausgelobt, dass der ungeliebte Coach noch bis zur Winterpause entlassen würde. Klinsmann aber blieb und blieb, und Peter litt, und erst im April wurde er erlöst, nach einem Dreivierteljahr Qualen. Nun sind sie erleichtert: der Haxe, 44, der Peter, 49, der René, dem das *Pinjalo Resort* gehört, und der Andy, 41, und stoßen mit einem San Miguel auf die neue Zeit an. Sollen ruhig einmal die anderen Meister und DFB-Pokalsieger werden. Hauptsache diese Horrorsaison ist endlich vorbei.

Obwohl: Viel haben sie vom Elend dahoam ja nicht gerade mitgekriegt. Die *Bildzeitung* und den *Kicker online*, klar, und an den Wochenenden sitzen sie abends vor dem Laptop und hören übers Internet deutsches Radio. So wie damals, als sie klein waren: Konferenzschaltung, Tor in München, Pass nach Hamburg. Nur auf bewegte Bilder müssen die Jungs vom *FC Bayern Fan Club Boracay* verzichten. Im Paradies läuft keine Bundesliga. Noch nicht jedenfalls.

Aber was für eine Aussicht stattdessen! Draußen auf dem türkis schimmernden Ozean ziehen Segler vorbei, am Strand flanieren die Schönheiten des Dorfs, und die Bar vom *Sundown* ist geschmückt in den rotweißen Vereinsfarben nebst Schals vom Linzer *ASK*. »Wenn das nicht ein Traum ist«, jubelt Haxe. Mit der linken Hand hält er sein eiskaltes Pils fest und mit der rechten Schatzi, seine philippinische Freundin. Nachher gibt es *Heißen Stein* mit brasilianischen Steaks, Käsekrainer, Berner »Würschtel« und Marillenschnaps. Aus dem DVD-Player scheppert: »Hey, hey Du da, bist Du vielleicht ein kleines Luder?« von GG Anderson. Kann das Leben schöner sein?

Zumindest nicht für Haxe und Konsorten, die uns wie die kompletten Antipoden jenes schwedischen Einsiedlers Heyst aus Joseph Conrads Inselgeschichte *Sieg* erscheinen mögen. Diesen Träumer und »Wanderer des Archipels«, dem es gegeben war, »zuweilen die Musik der Sphären«, aber nie GG Anderson, »zu hören«, hatte es auf ein malaiisches Eiland verschlagen, wo er Einsamkeit und Stille genoss. »Die Inseln sind besonders ruhig«, schwärmte Conrad, »man sieht sie in ihrem dunklen Blätterwald daliegen, umgeben von einem grandiosen Schweigen aus Silber und Azur, wo das Meer ohne Wellengemurmel in einem Klang zauberischer Stille den Himmel berührt. Eine Art von heiterer Verträumtheit liegt darüber.«

Wir befinden uns auf Boracay, der philippinischen Trauminsel, nordöstlich von der Visayas-Insel Panay gelegen und ungefähr dreihundertfünfzig Kilometer südlich von Manila. Das sei hier »nicht mehr das schläfrige tropische Nebengewässer, das es einmal war«, warnt der *Rough Guide to the Philippines*, dennoch sieht es hier immer noch ein bisschen so aus wie in der TUI-Werbung, weißer Sand und Palmen, türkisfarbenes Meer und Segelboote, die vorübergleiten. Insider nennen so etwas »fun in the sun resort destination«. Und der Reiseführer schreibt: »One of the most popular activities in Boracay ist simply doing nothing.« Das machen eine ganze Menge Leute, und so kommen zu den rund achttausend eigentlichen Bewohnern des Eilands fast dreimal soviel Touristen und andere Gäste und erhöhen die Zahl derjenigen, die die Insel permanent zu verkraften hat, auf gut dreißigtausend.

Der Sand ist lauwarm jetzt und schmeichelt Haxes nackten Füßen, es weht eine sanfte Brise herüber, und Meer und Himmel vereinen sich in einem violettrotblauen Farbenwunder. So etwas kann auch des hartgesottenen Allgäuers Herz erweichen. »Dies ist der schönste Platz der Erde«, schwärmt er, und das findet auch Andy aus dem Schwarzwald, und natürlich denkt Peter Packy das gleiche. Schließlich ist er seit nunmehr zweiundzwanzig Jahren der Eigentümer von *Sundown Restaurant und Cocktail Bar* und nebenbei auch noch Chef des Fan Clubs, der auf dem philippinischen Eiland beheimatet ist und dreiunddreißig Mitglieder hat. Gründungsjahr 1999.

Sechs Jahre lang ist der Österreicher Peter Packy aus Linz an der

Donau zur See gefahren, als Steward auf der *MS Europa*. Er war schon mit fünfzehn von zu Hause ausgerissen, hatte sich in der Gastronomie bis in den Schwarzwald durchgeschlagen, und plötzlich führte er ein Leben zwischen Hans-Albers-Seemannsromantik und *ZDF*-Traumschiffkitsch: erst *Sankt Pauli*, dann die Südsee, und am Tresen des Luxusliners saß jahrelang Günter Mast von *Jägermeister* festverwurzelt. In der Woche ließ der legendäre *Mäzen von Eintracht* Braunschweig locker tausend Mark Trinkgeld springen. Und plaudern konnte man mit ihm über Gott und die Welt und natürlich seine Fußball-Heroen Popivoda, Franke und den Breitnerpaul.

Die Leute vom Paradiesdampfer sahen die weite Welt, und manchmal sahen sie auch in die Abgründe der Menschheit. »Das Leben auf dem Schiff bestand nur noch aus Essen, Essen, Essen«, sagt Packy. Ein Wunder, dass sich niemand totgefressen hat, so wie bei Udo Jürgens in *Aber bitte mit Sahne*, »Durchschnittsalter an Bord immerhin sechzig Jahre, die Gäste, versteht sich«. Schee wars dennoch. Auf vier Monate Schiff folgten zehn Wochen Urlaub. Es hätte endlos so weitergehen können. Doch dann, 1987, irgendwann zwischen Rio und Shanghai, zwischen Bali und Hawaii, legte die MS Europa in Hongkong an. Peter und ein paar Kumpels gingen an Land, entschieden sich für einen Urlaubs-Trip auf die Philippinen und landeten auf Boracay.

Boracay war damals noch nicht besonders erschlossen. Es sei eine »paradiesisch schöne, der Nordwestspitze Panays vorgelagerte Badeinsel«, schwärmte zum Beispiel der *DuMont*-Reiseführer von 1986 und lobte die »sanfte ländliche Idylle« mit »dschungelüberwucherten Hügeln« und »milchpulverfeinem Sand«. Nach dem Luxusschiff voller klunkerbehangener Senioren muss sich Peter Packy wie Robinson auf seiner Schicksalsinsel vorgekommen sein. »Es gab kein Telefon und keinen Strom«, sagt Packy, »das Bier wurde in Gaskühlschränken gekühlt, das Lokal anfangs mit Petromaxlampen beleuchtet und die Musik lief mit Hilfe einer Autobatterie.« Strom sollte es erst 1991 geben. Für Peter begann ein neues Leben.

Aus dem DVD-Player schallt mittlerweile ein Bayern-Schlachtgesang, »FC Bayern, Deutscher Meister, ja so heißt er ...« »Bin i narrisch«, sagt Christie. Christie ist die Angetraute von Peter Packy. Die beiden haben sich vor zweiundzwanzig Jahren auf der Insel kennengelernt und mittlerweile drei gemeinsame Kinder. Christie hat in der Zwischenzeit ein bißchen österreichisch und bayerisch gelernt und ganz hervorragend, wie man Schweinsbraten, Gulasch und Schnitzel macht. Natürlich ist die Filipina auch Mitglied in dem für philippinische Verhältnisse eher merkwürdig anmutenden Fußballtrachtenverein, den ihr Peter vor ein paar Jahren gegründet hat. Fürs Gruppenfoto am Strand streift sie sich das schwarze Auswärtstrikot über. Und wenn Oktoberfest ist, wird bei Peter in Boracay in der Lederhosn serviert.

Andy und Haxe stießen vor zehn, zwölf Jahren zu der Truppe. Während rund herum immer mehr gebaut wurde, »Halligalli« und Diskotheken den Charakter der Trauminsel veränderten, bis so mancher kaum noch wusste, ob er auf Malle, in der Domrep oder auf Ko Samui gestrandet war, blieb unten im Sundown fast alles beim alten. Das Arrangement aus roten Sonnenschirmen, weißen Plastikstühlen und den Holztischen mit den rotweiß-gestreiften Deckchen reicht immer noch fast bis an den Strand, und die einzige Musik, die herüberweht, ist die aus der eigenen Bar. Gerade läuft »Über den Wolken muß die Freiheit wohl grenzenlos sein«, und Haxe ist ein wenig traurig, dass Andy morgen schon wieder zurück nach Deutschland muss und er selbst in drei Wochen. Über seine beiden nackten Ellenbögen spreizen sich ausladende auftätowierte Spinnennetze.

Vier Monate Deutschland, acht Monate Philippinen ist ihr gegenwärtiger Rhythmus. Und auch, wenn sie manchmal Inselkoller kriegen, fällt der Abschied immer schwer. Demnächst heißt es wieder schuften und sparen und in Deutschland von zweihundert Euro monatlich leben. Andy renoviert Häuser, und Haxe macht eigentlich alles: Landschaftsgärtner, Schlosser, Landmaschinenmechaniker und auf Boracay Tauchlehrer. Nebenbei ist er Spezialist für Kässpätzle.

Ein paar Stunden haben sie jetzt noch gemeinsam. Auf dem Teller liegen duftende Würschtel. Sie wurden von Roland Sager, dem deutschen Metzger aus Manila geliefert. Der Sagerroland ist zudem Präsident des FC-Bayern-Fan-Clubs Manila. Das passt natürlich ganz gut. »Da muscht in Deutschland weit springen, dasst so a Qualität krigscht«, sagt Haxe genießerisch. Die philippinische Küche, nun ja, bei aller Liebe, könne man eher »knicken«: »Die essen gegrillte Hühnerkrallen.«

In Boracay kommt man heute aber zum Glück ganz gut ohne philippinisches Essen aus, finden die Bayernfreunde. Auf den gut vier Kilometern am beliebten *White Beach* reiht sich mittlerweile ein internationales Restaurant an das nächste, und so müssen die Engländer hier nicht auf ihre Fish'n'Chips verzichten, die Schweizer nicht auf ihr Fondue und die Dänen auf ihre Hotdogs. Und neben den Faulenzern und Sonnenanbetern kommen auch zappelige Fitnessfanatiker zu ihrem zweifelhaften Vergnügen ins Kajak, aufs Pferd oder an den Paraglider, aufs Bananaboat, das Wakeboard oder den Jetski, und um diese ganzen Menschenmassen zu beherbergen, gibt es sage und schreibe zweihundert Unterkünfte auf dieser Insel, die gerade einmal sieben Kilometer lang und an ihrer schmalsten Stelle einen Kilometer breit ist.

Natürlich fördert dieses Gedränge im schwülen Isotop auch allerhand kulturelle Missverständnisse zutage. Als Anfang 2011 im philippinischen Fernsehen ein Video gezeigt wurde, auf dem sich ein allem Anschein nach westliches Urlauberpärchen am Strand der Liebe hingibt, hagelte es in dem erzkatholischen Land Protest. »Es wird Zeit, dass die Behörden von Boracay den Sex an öffentlichen Orten unterbinden«, schäumte José Al Leonidas, ein Soziologie-Professor von der Miriam-Universität:

> Boracay liegt auf den Philippinen. Das philippinische Volk möchte, dass es ein gesundes und für den Familienurlaub geeignetes Ferienziel wird. Dieses Pärchen hätte seinen Akt in ihrem Hotel vollziehen sollen. Es sollte an erster Stelle die Kultur der Filipinos respektieren. In unserem Land wird schon die öffentliche Zurschaustellung von Zärtlichkeit als unmoralisch angesehen – wie viel schlimmer ist dann erst ein sexueller Akt an einem öffentlichen Ort?

Die Zeitung *Manila Bulletin* vergaß in diesem Zusammenhang nicht zu erwähnen, dass »China die Urlaubsinsel kürzlich als eines der besten Honeymoon-Reiseziele der Welt eingeschätzt hat«.

Das Bier fließt, die Hotels sind belegt, am Strand herrscht Remmidemmi – Boomland Philippinen. »Ein großes Potential« biete der Tourismus, findet das Berliner Auswärtige Amt auf seiner Homepage: »Die Zahl der ins Land kommenden Touristen hat 2009 mit rund drei Millionen zwar erstmals seit einigen Jahren stagniert. Für die Zukunft sind die Aussichten aber durchaus positiv.«[48] 2009 war, wohlgemerkt, das Jahr der Weltwirtschaftskrise. Dabei sind die Filipinos, wie es scheint,

---

[48] Da wir derzeit in Bangkok leben und vorher für ein paar Jahre in Nairobi stationiert waren, an dieser Stelle ein völlig willkürlicher Vergleich zur Einordnung: Thailand hat jedes Jahr ungefähr 15 Millionen Besucher, also fünfmal soviel wie die Philippinen, während sich Kenia in guten Jahren über eine Million freut, was einem Drittel entspricht.

immer weniger auf die Europäer als Touristen angewiesen. Auf den ersten beiden Plätzen der Philippinen-Besucher liegen beharrlich die Vereinigten Staaten als ehemalige Kolonialmacht und Korea, mit jeweils etwa einer halben Million Gäste pro Jahr, gefolgt von den asiatischen Großmächten Japan und China. Als reisefreudigste europäische Gruppe finden sich erst auf Platz zehn die Engländer wieder, von denen im Jahr 2009 rund einundneunzigtausend kamen. Die Deutschen, deren Anteil im selben Jahr bei 1,85 Prozent lag, landeten mit fünfundfünfzigtausend Besuchern auf Platz zwölf – abgehängt unter anderem von Malaysiern, Hongkong-Chinesen, Taiwanesen und Singapurern. Allein diese Zahlen machen die globale Kräfteverschiebung von West nach Ost deutlich. Die asiatische Region holt gewaltig auf, auch wenn es in Europa noch immer viele nicht wahrhaben wollen.

Hoffen wir, dass die Jahr für Jahr gebetsmühlenartig wiederholten Warnungen des Auswärtigen Amts nicht allzu viele ängstliche Teutonen von einem Besuch jenes Landes abschrecken, das sein bekanntester Dichter José Rizal einst als »Kind der Sonne, Perle des östlichen Meeres, verlorenes Paradies« besang. In den deutschen Beamtenberichten heißt es nämlich ziemlich unpoetisch: »Die allgemeine Kriminalitätsrate einschließlich schwerer Gewaltverbrechen ist hoch.« Glaubt man den Berlinern, lauern sprichwörtlich überall Gefahren. »Führen Sie keine größeren Geldbeträge mit sich. Nutzen Sie Ihre Kreditkarte nur in renommierten Geschäften und Hotels und beobachten Sie den Abrechnungsvorgang persönlich«, steht düster auf deren Homepage. In der Stadt soll man als Autofahrer die Türen verriegeln und die Fenster schließen. Eine Todsünde ist es, von Fremden Drinks anzunehmen (»Gefahr von K. O.-Tropfen«) und bei Strandfesten möge man, bitte, bitte, mit Alkohol vorsichtig sein, »da unvermittelt Gewalttätigkeiten ausbrechen und es dabei zu Todesfällen kommen kann«.

Wenn das Haxe wüßte! Mittlerweile dudelt Markus mit seiner Fistelstimme »Ich geb Gas, ich will Spaß« aus dem Rekorder, und Haxe lobt die vermeintliche philippinische Mentalität des Müßiggangs. Auf dem Fünfhundert-Peso-Schein stehe »Study today, pay tomorrow«, und das komme seinem Lebensmotto »Live today and pay tomorrow« ja schon verdammt nahe.

Wenn er aber an die verbitterten Gesichter in Deutschland denke, sagt Haxe, bekäme er es manchmal richtiggehend mit der Angst zu tun. Aber besser als Klinsmann sei das allemal. Und wenn sie daran denken, dass es nun mit einem neuen Trainer in der neue Saison geht, haben sie wieder alle gute Laune im Sundown und prosten sich zu. Auf ein neues. Schon bald, wenn die neue Saison beginnt, werden sie sich ja alle wiedersehen auf ihrer Trauminsel und vor dem Laptop sitzen und die Konferenzschaltung hören. Hoffentlich mit einem Tor in München. Während hinter ihnen die rote Sonne im Meer versinkt, und auch die härtesten Bayern-Kerle weich werden lässt.

Aber sicher: Das Glück von Haxe mit Schatzi und Peter mit seiner Christie ist selbstredend nur den wenigsten Wandervögeln vergönnt. »Viele männliche Touristen, wenn nicht die meisten,« suchten die Inseln »wegen den vielen schönen exotischen Filipinas« auf und heim, erklärt uns dankenswerterweise der Schweizer Eduard Brachetto in seinem selbstverlegten Werk *Philippinen – Paradies im permanenten Entwicklungszustand*. Viele hätten mit den »emanzipierten und anspruchsvollen Frauen zu Hause Mühe«. Aber ach! Meist folge der anfänglichen Begeisterung »über den westlichen Lebensstil der Filipinos und ihre fröhliche unbeschwerte Natur« bittere Enttäuschung schon auf dem Fuße. Brachetto, »seit 20 Jahren verheiratet mit einer Filipina«[49], muss es wissen. Der Mann aus dem Kanton Zug hatte einst seinen Job in der Versicherungsbranche hingeschmissen und war voller Sturm und Drang in die Philippinen ausgewandert. Doch wo er seitdem auch hinschaut: nichts als »Schlitzohren, die herumhängen und ihn ausnehmen wollen« und Ausländer, »die vernachlässigt und allein gelassen werden«. Statt unbeschwerter Liebesnächte am Strand bloß jede Menge »Menschen mit anderen Wertvorstellungen und komplizierten Verhaltensweisen«. Statt Harmonie »ein regelrechter Kulturschock« und überall »Geldgräber«, die »vom reichen Ausländer profitieren und an seinem Reichtum teilhaben« wollen. Statt südseeinsularer Heiterkeit nichts als »betrügen und betrogen werden«, Schmarotzer mit einem »angeborenen Festtrieb« und allerorten »gespielte Heiterkeit«. Das ganze also eher »eine Einbahnstraße, auf der das Geld nur in einer Richtung fließt, aber nichts zurückkommt«, als ein unbeschwerter Karneval der Kulturen. Kurz und gut: »Das Leben eines Ausländers auf den Philippinen entpuppt sich je länger je mehr als eine frustrierende Lebenserfahrung« – als »Alptraum« pur. Und selbst das »tropische Klima, von dem sie früher geträumt haben«, werde den reiselustigen

---

49 Rechtschreibung wird beibehalten.

Nordlichtern schnell gram und sie sehnten sich nach den »vier schönen Jahreszeiten« in der Heimat zurück. »Nach vielen frustrierenden Erlebnissen« kehrte Brachetto 1999 heim nach Kloten und schrieb ein mahnendes Buch über sein Missgeschick.[50]

Geht es nach unseren besorgten Freunden vom Auswärtigen Amt, sollte man sich natürlich auch vorm Anblick des nackten Ozeans in Acht nehmen: »Sollten Sie sich auf den Philippinen aufhalten und sollten sich Taifune, Erdbeben oder Tsunamis ereignen, benachrichtigen Sie bitte umgehend Ihre Angehörigen.« Gefahren lauern eben überall.

Sollte das Meer aber nachts tatsächlich grollen und der Wind pfeifen, und es hört sich an, als weine die See, dann ist es gut möglich, dass Haxe, Andy und der Packypeter Zeuge eines Phänomens werden, von dem sich die Menschen auf den Philippinen schon seit vielen Jahren erzählen. Laut einer uralten Tagalog-Sage gibt dort den Meeresgott *Nabi*, der eines Tages die wunderschöne Prinzessin des Korallen-Königreichs ehelichte. Drei Töchtern schenkten die beiden das Leben: sie nannten sie *Muntiya*, also Diamant, *Blowon*, Gold, und *Tipay*, die Perle. Alle fünf lebten langte Zeit glücklich in ihrem Reich auf dem Grund des Meeres. Eines Tages jedoch erblickte Nabi den bezaubernden Abendstern am Firmament und verliebte sich unsterblich. Weil er immer so unglücklich dasaß und grübelte, ließ ihn seine Frau eines Tages die langersehnte Reise in den Himmel unternehmen: auf dass er sich die Hörner abstoße und danach reuig zu seiner Familie zurückkehre. Doch das sollte sich als folgenschwerer Fehler erweisen. Wie abgemacht, blieb der Meereskönig zwar nur einen Monat fort, doch als er bei seiner Familie wieder auftauchte, verkündete er, er habe den Abendstern zur Zweitfrau genommen und wolle fortan jedes Jahr einen Monat mit der Neuen verbringen. Widerwillig akzeptierte die Korallenprinzessin den Deal. Doch der Meeresgott brach sein Versprechen. Nach einem Jahr blieb er zwei Monate fort, im zweiten Jahr schon drei Monate, im dritten vier – bis er gar nicht mehr zurückkehrte. Seitdem rufen und winken die vier Zurückgelassenen bisweilen so wild und verzweifelt den Meeresgott, dass das Meer schäumt und kocht, und sie weinen gar bitterlich, und manchmal, wenn man ganz genau hinschaut, verraten sie sich durch ein Glitzern an der Meeresoberfläche.

---

50 Mittlerweile ist ein ganzes Genre derartiger, vorwiegend in Südostasien spielender Frustrationsliteratur entstanden.

Die Waffenschmiede

Danao

Was für ein Gewehr, welch ein Schmuckstück. Filicisimo Juntillas Rechte streichelt den Stahl, fährt über das Magazin, prüft den Schlagbolzen. »Präzisionsarbeit«, murmelt er, »neun Millimeter, halbautomatisch, Rückstoßlader, kostet bei uns fünfunddreißigtausend philippinische Pesos, also etwa neunhundert Dollar.« Juntilla, 58, muss es wissen. Der Mann ist Präsident der Waffenkooperative *World-MPC* im philippinischen Danao. Und da werden die Maschinenpistolen hergestellt.

In Danao werden überhaupt allerhand Waffen produzoert. Die Stadt gilt als größte Waffenschmiede der Philippinen, und die Philippinen versorgen halb Asien mit dem Schießzeug – die philippinischen Rebellen von der *National People's Army* genauso wie deren Gegner von der Polizei. Und nebenbei versorgen sie auch die japanischen Mafiosi. »Säckeweise« seien die Waffen bei der *Yakuza* gelandet, sagt der Bürgermeister des Orts Ramon Durano III, und damit müsse jetzt endlich Schluss sein, »darum haben wir ja Juntilla geholt«.

Eigentlich war der Mann schon im Ruhestand – nach seiner Jugend als Waffenproduzent und vielen Jahren bei der philippinischen Luftwaffe. Zuletzt war er im Geheimdienst gewesen, zuständig für Rebellengruppen, und hatte es bis zum *Second Lieutenant* gebracht. Dann kam der Anruf vom Bürgermeister. Er habe da ein Problem. Ob er helfen könne?

Dass in Danao Waffen hergestellt werden, ist nichts Neues. Das Geschäft hat hier eine sehr lange Tradition. Schon die Spanier ließen in Danao, das mitten auf der Touristeninsel Cebu liegt, ihre Bombarden in Schuss bringen, die japanische Besatzungsmacht setzte das Treiben fort, später orderte die philippinische Armee. In Danao, sagt der Bürgermeister, »ist die Waffenproduktion eine der wichtigsten Einnahmequellen: Die Menschen leben davon.« Die Väter bringen die Fertigkeiten ihren Söhnen bei und die wieder ihren Kindern. So geht es in Danao seit Jahrhunderten, und eigentlich soll sich daran auch nichts ändern.

Nur das sich Mafia- und Rebellengruppen aus der halben Welt hier eindecken, das reichten der Präsidentin und der Armee dann doch irgendwann. Und deshalb kündigten sie einen scharfen Kurs gegen das muntere Treiben an, und deshalb folgte Filicisimo Juntilla auch dem Ruf des Bürgermeisters und wurde Präsident der Waffenkooperative. Denn nur hier können all die Colts und Maschinenpistolen aus Danao kontrolliert hergestellt werden: mit einer Seriennummer versehen, ordentlich bestellt von Armee, Polizei oder Sicherheitsfirmen und nicht von irgendwelchen Ganoven, die die Mordinstrumente nachts auf irgendeine Dschunke schmuggeln und außer Landes bringen.

Doch Juntilla hat da fast eine unlösbare Aufgabe übernommen. »Über tausend illegale Waffenschmieden gibt es in der Gegend von Danao«, schätzt er, »verteilt auf sechsunddreißig Dörfer, die zur Gemeinde gehören.« Da kommt eine Menge zusammen: Drei Woche benötigt ein Waffenschmied für eine Pistole im Schnitt – da liegt seine Jahresproduktion bei etwa fünfzehn Pistolen und die aller Hersteller aus dem Umkreis von Danao bei fünfzehntausend.

»Die meisten Kleinproduzenten haben nie etwas anderes gelernt«, sagt Juntilla. Also muss er harte Überzeugungsarbeit leisten und durch die Dörfer tingeln. So wie heute. Eine halbe Stunde ungefähr ist es von Danao hoch ins Dörfchen Manlaytag; eine Asphaltstraße, immerhin, windet sich in Serpentinen hinauf. Juntilla will mal nach dem Rechten schauen und für seine Kooperative werben. Natürlich muss er nicht lange suchen. Der dreiunddreißigjährige Boboy feilt gerade an einer Maschinenpistole herum. Neben ihm zwei Kumpane.

Sie haben gemeinsam eine kleine Manufaktur und gehen arbeitsteilig vor, der eine feilt am Griff, der zweite bearbeitet das Magazin mit Sandpapier, der dritte ölt das Rohr. Das ist alles höchst illegal natürlich, eine Seriennummer wird diese Waffe nie bekommen. Dennoch grüßen die drei Handwerker den Besucher von der Kooperative höflich. Man kennt sich, man schätzt sich, und Juntilla hat ja auch keinen Haftbefehl in der Tasche.

Die Strategie der Stadtverwaltung sieht auch gar nicht vor, den vielen Waffenproduzenten die Arbeit zu verbieten. Sie will sie lediglich bewegen, sich den Kooperativen anzuschließen. Zwei sollen jetzt zusätzlich in den Bergen gegründet werden – damit der Weg zur Arbeit nicht zu weit ist. Eine Dreiviertelstunde müsste Boboy jeden Tag hinunter ins Tal fahren, und dafür müsste er sich extra ein Moped kaufen. Bei einem Monatseinkommen von achttausend Pesos, rund einhundertsechzig Dollar, schafft er das nicht, sagt er. Und Juntilla nickt verständnisvoll: »Der Mann muss zwei Kinder und eine Frau und noch ein paar Verwandte ernähren, und als Bauer würde er vielleicht die Hälfte verdienen.«

Was soll er machen? Das Leben ist hart auf den Philippinen, und alte Gewohnheiten ändern sich nicht so schnell. Aber Juntilla steckt nicht auf. »Wenn wir hier oben eine Kooperative gründen, dann bist Du doch dabei?«, will er von Boboy wissen, und der lächelt zahnlos und treuherzig, und für einen Moment hat es fast den Anschein, als habe sich der Abstecher in die Berge diesmal gelohnt.

»Kurz, schnell, gnadenlos« – der Boxer Manny Pacquiao

General Santos

Es war wieder eine lange Nacht für den Champ gewesen. Bis fünf Uhr morgens hatte er mit seinen Kumpels in der Bar neben der Shelltankstelle Bier getrunken und Dartpfeile geworfen. Danach hatten die Leibwächter wie immer für die gesamte Runde die Zeche bezahlt, fünfzehntausend Pesos, bescheidene zweihundertfünfundzwanzig Euro diesmal, den zierlichen Boxer auf die Rückbank des gepanzerten Toyota-Geländewagens gewuchtet, ihn neben ihre Maschinenpistolen gebettet und ihn dann möglichst behutsam nach Hause in die Villa chauffiert. Einmal quer durch General Santos City, diese leicht heruntergekommene Hafenstadt auf Mindanao, die man einst nur für ihren Thunfisch rühmte und neuerdings für ihn, den Boxer.

Kein Wunder also, dass Manny Pacquiao nach so einem Programm um ein Uhr mittags noch tief und fest schläft. Auch wenn sich auf der Hollywoodschaukel schon seit Stunden sein amerikanischer Berater Michael Koncz (blaues Hawaiihemd und Dauergrinsen) fläzt und Verträge studiert, und auch Gattin Jinkee, die gestern den ganzen Abend damit verbrachte, mit Familienangehörigen um Geld zu pokern, bereits durch die langen Flure des eierschalenfarbenen Palasts huscht.

Vorm Tor warten derweil ein paar Bittsteller auf mildtätige Gaben, und unruhig hampeln die Teilnehmer einer Delegation von Senatoren aus Palau über den gestutzten Rasen. Sie haben irgendeinen Kongress, auf dem es um strittige Fischereifragen geht, zu einem Abstecher genutzt, um dem berühmtesten Boxer der Welt zu huldigen. Und dann taucht er nicht auf. Dabei ist er doch »ein Held, ein Superstar, ein Idol für die Jugend« – wie der Anführer der Palauer nicht müde wird zu versichern. Jetzt müsste er sich nur endlich einmal sehen lassen! Der alte Mann vor dem Tor wartet schon seit zwei Tagen. Er hatte im Fernsehen gehört, *Pacman* sei heimgekommen und verteile Almosen. Nun harrt er aus. Mindestens fünfundsiebzig Pesos, etwas mehr als einen Euro, braucht er für die Heimreise in sein dreißig Kilometer entferntes Heimatdorf. Geduldig starrt er auf das Spruchband, das vor dem Haus flattert. »Herzlichen Glückwunsch, Sir Manny«, steht darauf, »wir sind stolz auf Dich – den größten Kämpfer, den die Welt jemals gesehen hat.«

Es gibt kaum einen Superlativ, der nicht bemüht wird, wenn es um den Filipino Emmanuel Pacquiao, genannt Manny, verehrt als Pacman, geht. Die philippinische Tageszeitung *Daily Inquirer* vergleicht seine Kämpfe schon mit denen Muhammed Alis: »Kurz, schnell und gnadenlos.« Sein Promoter Bob Arum schwärmt: »Manny ist ein Monster.« Der britische *Independent* bescheinigt dem schmächtigen Mann mit dem sanften Blick »einen Robin-Hood-Charakter«.

Endlich kommt Bewegung in die mikronesische Delegation auf dem Rasen. Alle starren aufs Haus, dessen gläserne Schiebetür sich zum Garten hin geöffnet hat. Ein freundlicher junger Mann tritt daraus hervor. Er wirkt etwas schüchtern, aber nicht unhöflich, und lächelt unbeholfen. Die lange Nacht hat in seinem knabenhaften Gesicht jedenfalls kaum Spuren hinterlassen. Auf dem Kopf trägt er eine Art Mafiosi-Strohhut und dazu passend ein Siebziger-Jahre-Hemd mit weitabstehenden spitzen Kragen in der Eierschalenfarbe, in der schon das Haus gehalten ist, Jeans, Goldkettchen und eine teure Uhr. »Kommt nur alle herein«, sagt der Gastgeber und bittet in seinen Empfangsraum mit der gutsortierten Whiskeybar, über der auf einem Flachbildschirm die *Oprah-Winfrey-Show* flimmert.

Was für eine Freude zaubern diese dürren Worte in die Gesichter der Senatoren! Alle schnattern jetzt ganz aufgeregt durcheinander, während Mannys Leibwächter gelangweilt in Waffenmagazinen blättern und sich gegenseitig die neusten Pumpguns zeigen. Dazu knarzen ihre Walkie-talkies.

Wie er diesen Engländer in Las Vegas zugerichtet hat!, jubeln die Senatoren. »Ich hab doch nur meine Arbeit gemacht«, wiegelt Pacquiao ab. Und welche Freude er den Menschen überall auf der Welt bereitet! »Aber ich gebe doch nur etwas zurück, was ich von den Menschen bekommen habe.« Und ob er nicht mal nach Palau kommen wolle, da könne man ganz hervorragend tauchen. »Ich tauche sehr gerne und komme vielleicht mal vorbei«, sagt Pacquaio. Er sagt das ganz leise, man versteht ihn kaum.

Und dann sagt einer, das nächste Mal soll er aber seine Gegner nicht so schnell k.o. schlagen, bitteschön. Neulich sei der Kampf ja schon vorbei gewesen, bevor in Palau alle vor dem Fernseher Platz genommen hätten. Sie hätten für den Kampf extra ein Hotel gemietet – was für eine Geldverschwendung! Und dann lachen sie und klopfen sich gegenseitig auf die Schulter, und Manny Pacquiao gibt Autogramme und posiert mit seinen Gästen vor der Fotowand, die mit Bildern von seinen Kämpfen tapeziert ist. Danach muss die Delegation wieder zu dem Fisch-Kongress, und auch Manny muss los, in die Kirche. Es ist Sonntag, bald halb drei jetzt schon, und in der *Our Lady of Peace and Good Voyage Parish* wartet der Pastor mit seinem Gottesdienst nicht auf Superhelden.

Manny Pacquiao, dreißig Jahre alt, hundertvierzig Pfund schwer, eine Frau, vier Kinder, sammelt derzeit Rekorde wie andere Leute Briefmarken. Nach dem berühmten Oscar de La Hoya ist er der zweite Boxer, der Weltmeister in sechs Gewichtsklassen wurde. Er ist der einzige, der das nacheinander in vier aufsteigenden Gewichtsklassen schaffte. Er ist unangefochtener *Pound-for-Pound-Champion*, wo es um das Verhältnis von Schlaghärte zu Körpergröße geht.

Den Briten Ricky Hatton hat er gerade erst in Las Vegas vermöbelt und ihm damit den Titel der *International Boxing Organization* im Halbweltergewicht abgeknöpft: in genau fünf Minuten und zweiundfünfzig Sekunden. Dann lag *Hitman* niedergestreckt auf dem Boden und war die längste Zeit Weltmeister gewesen. Eine gute Viertelstunde brauchte der Geschlagene hernach, um überhaupt wieder zu sich zu kommen und den Ring zu verlassen. Welch eine Demütigung.

Nicht viel besser erging es zuvor Oscar de La Hoya. Den hatte er vor nicht einmal einem halben Jahr übel zugerichtet und mit einem Trommelfeuer an kurzen präzisen Schlägen eingedeckt. Nach der achten Runde hatten die Ringrichter mit dem amerikanischen Boxheroen endlich ein Erbarmen und brachen den Kampf zugunsten Pacquiaos ab. Da konnte de La Hoya durch seine geschwollenen Augen kaum noch sehen. »Jetzt bist Du mein Idol«, stammelte er müde und ziemlich froh, der unbarmherzigen Prügelorgie entkommen zu sein.

Boxer für den Frieden

Diese beiden Schlachten haben Pacquiao nicht nur reich gemacht und weit über dreißig Millionen Dollar eingebracht. Seitdem wird er daheim wie ein Messias verehrt. Täglich belagern Anhänger das von Bougainvillea umwucherte Anwesen und seinen Paradiesgarten. Und die Präsidentin Gloria Macapagal Arroyo hat Manny nach seinem Blitzsieg gegen Hitman Hatton sogar zum »Botschafter für Frieden und Verständigung« ernannt. Nun soll er auch noch das arg ramponierte Ansehen der als korrupt und unfähig geltenden Politikerin richten.

Immerhin sind nächstes Jahr Präsidentschaftswahlen auf den Philippinen, und immer noch schlägt sich die Regierung mit allen möglichen Guerillatruppen herum, von denen die meisten ausgerechnet in Mannys Heimat ihr Unwesen treiben: die muslimische *Moro Islamic Liberation Front*, die kommunistische *New People's Army* oder die Radikalmohammedaner von *Abu Sayyaf*. Die sind für eine ganze Serie von Entführungen und grausamen Morden verantwortlich. Noch immer befindet sich ein italienischer Mitarbeiter des *Internationalen Roten Kreuzes* in ihrer Gewalt, und gerade haben sie einem einheimischen Tischler den Kopf abgeschnitten, weil dessen Familie das Lösegeld nicht zahlen konnte, während die MILF auf Mindanao ein paar Bomben gelegt und vorübergehend zwanzig Dörfler verschleppt hat.

Zum Glück sind wenigstens ein paar Kommunisten übergelaufen. Jetzt will die Präsidentin sie gemeinsam mit Manny Pacquiao, dem Friedensbotschafter, der Öffentlichkeit präsentieren. Das Fernsehen ist eingeladen, Zeitungsleute und ein paar hochrangige Generäle. Aber Manny hat keine Lust, deswegen auf die andere Seite der Insel zu reisen, und der Präsidentin deshalb ausrichten lassen, wenn sie gemeinsam mit ihm die abtrünnigen Kommunisten ehren wolle, dann müsse sie sich schon in seine Stadt bequemen – nach *Gen-San*, wie die Leute auf Mindanao General Santos City nennen.

Natürlich hat die Predigt schon begonnen, als Manny mit seinem Gefolge ankommt. Artig verstauen die Bodyguards ihr Schießgerät unter den Sitzen, dann folgen sie ihrem Schutzbefohlenen in das Gotteshaus. Huldvoll schreitet Manny dem Tross voran, bestaunt von Hunderten frommer Filipinos, und verschwindet zielstrebig in der Menge. Ihm scheint seine Unpünktlichkeit etwas peinlich zu sein. Der Pastor aber blickt nicht einmal von seinem Katheder auf. Zum üblichen Menschenauflauf kommt es erst nach dem Gottesdienst, als nach schüchternen Annäherungsversuchen die ersten Gläubigen um Fotos und Autogramme bitten.

Es scheint, als brauche Pacquiao diese Nähe. »Er kann einfach nicht Nein sagen«, sagt Michael Koncz, 48, Mannys Medienberater. Diese Sitzecke hinter der Villa, die immer von Wartenden bevölkert wird, habe erst seine Frau eingerichtet. »Bis vor kurzem lungerten ständig fünfzig bis hundert Leute im Haus herum: sogar im Schlafzimmer«, sagt Koncz, »und das Geld streut er mit vollen Händen unters Volk.«

Nun muss er aber weiter. Manny will noch Basketball spielen, mit seinem Bruder Bobby und ein paar alten Freunden. Und darum braust die ganze Armada weiter ins Elendsviertel von General Santos, dort wo die Pacquiaos gelebt haben, bevor Manny ein Weltstar wurde.

Es ist die übliche Geschichte vom Aufsteiger aus ärmlichsten Verhältnissen. Der Vater verließ die Familie früh; Manny brach nach der sechsten Klasse die Schule ab; um ihre sechs Kinder durchzubringen stand Mutter Dionisia Pacquiao von morgens bis abends auf dem Markt. Manny half ihr, wann immer er konnte, und verkaufte Donuts. Mit elf fing er an zu boxen. Zwar war er nicht gerade der Kräftigste, aber dafür schnell und wendig und zäh. Und er konnte einstecken, gab niemals auf. »Ich habe immer nur in kleinen Schritten gedacht«, sagt Pacquiao, »ich denke immer nur an den nächsten Kampf.« So wurde er erst Meister seines Viertels, dann von General Santos, danach von den Philippinen. Es folgten diverse Weltmeisterschaftstitel in allen möglichen Gewichtsklassen. Für weniger als fünf Millionen Dollar steigt er heute gar nicht mehr in den Ring.

»Ich habe alles erreicht«, sagt Manny, »nun will ich etwas für die Menschen in meiner Heimat tun.« Wenn nächstes Jahr auf den Philippinen Wahlen stattfinden, kandidiert Pacquiao deshalb für einen Posten im Kongress. Es ist bereits der zweite Anlauf. Vor einigen Jahren fiel er noch gnadenlos durch. Doch damit das diesmal anders wird, hat er eigens eine Partei, das *People's Champ Movement*, gegründet. »Damals haben mich die Menschen nicht gewählt, weil sie wollten, dass ich weiterboxe«, glaubt Pacquiao, »doch jetzt, nach all den Titeln, ist die Zeit günstig.« Wenn er gewählt werde, sei erst einmal Schluss mit dem Boxsport, dann wolle er sich ganz dem neuen Beruf widmen. In seiner Autobiographie *Pacman* behauptet er, er wolle als *Congressman* »für mein Land leben. Ich will für mein Land bluten«.

Das halten auf den Philippinen nicht alle für eine gute Idee. Manny Pacquiao, dieser Volksheld und Philanthrop, will ausgerechnet in die Politik, dieses schmutzige Gewerbe, das auf den Philippinen besonders diskreditiert ist. »Wir haben ihm alle davon abgeraten«, sagt Michael Koncz, »aber er ist unbelehrbar.« Nun hoffen seine Anhänger, dass er wenigstens diesen einen Kampf verliert. »Manny wird doch von Kampf zu Kampf besser«, sagt Koncz, »der kann noch leicht und locker vier, fünf Jahre weiterboxen, der darf gar nicht aufhören.« In der Politik ramponiere er nur sein tadelloses Image. Doch Manny lächelt alle Einwände weg.

Mittlerweile sitzt er im Büro des Bürgermeisters von Malungon, eine knappe Autostunde von General Santos City entfernt. Malungon ist Mannys Wahlkreis, Manny besitzt hier eine Farm, in der er über tausend Kampfhähne züchtet, und Manny bekleidet in der Kleinstadt das Amt des Vorsitzenden des Tourismusrats. Zur Feier des Tages hält er eine kleine Rede und erklärt, dass er der Gemeinde zwei Feuerwehrautos, zwei Krankenwagen und einen Bus spendieren will.

Danach gewährt er noch ein paar angereisten Generälen Audienz. Die Männer in den Tarnuniformen wollen wissen, ob sich Manny vorstellen könne, in die Rebellengebiete zu reisen und die Kombattanten zur Aufgabe zu überreden. Und ob sich Manny das vorstellen kann! »Wird gemacht«, sagt er zur Freude von General Raymundo Ferrer. »Wenn Manny boxt, herrscht in unserem Land Frieden«, erklärt Ferrer und strahlt, »dann sitzen selbst die Rebellen vor der Glotze – vielleicht hören sie ja auf ihn, immerhin ist er ein Held.«

Über Manny Pacquiaos Heimatstadt kreisen derweil die Helikopter der Präsidentin. Natürlich ist Gloria Macapagal Arroyo der Bitte des vielbeschäftigten Boxers nachgekommen. Nun werden die übergelaufenen kommunistischen Rebellen eben in General Santos präsentiert. Im großen Sitzungssaal des *Phela Grande Hotels* kauern die sieben junge Männer schon auf ihren Stühlen, sie sind fast noch Kinder. Neben ihnen, auf einem festlich dekorierten Tisch, liegen ihre Waffen, selbstgebastelte Karabiner.

Nacheinander müssen nun alle auf die Bühne. Manny, die Präsidentin und die sieben ehemaligen Guerilleros. »Manny Pacquiao ist ein Apostel des Friedens«, sagt die Präsidentin. »Herzlichen Glückwunsch, dass ihr euch der Regierung ergeben habt«, sagt Manny Pacquiao. »Wir geloben, nie mehr zu kämpfen«, sagen die Rebellen und danken für ihr persönliches Erscheinen ganz besonders Manny Pacquiao und, wie hieß noch einmal diese Frau?, »Gloria Maga ... Mapa ... Macapgal«.

Rambos und Rebellen

Cotabato

General Ben Dolorfino guckt bekümmert. Seit gerade einmal zweieinhalb Monaten ist er Kommandeur des *Western Mindanao Command* mit Sitz in der Küstenstadt Zamboanga, und schon hat er einundzwanzig seiner besten Leute verloren. »Kein guter Einstand«, gibt er seufzend zu, »aber immerhin konnten wir fast vierzig unserer Feinde töten und ihre wichtigste Stellung einnehmen.« Dann verschluckt der Lärm aufsteigender Kampfhubschrauber seine Stimme. Wieder werden Truppen losgeschickt – auf Aufklärungsmission auf die Rebelleninseln Basilan und Jolo. In einen Krieg, der schon seit vielen Jahren tobt, und den ausgerechnet General Dolorfino, 54, nun gewinnen soll.

Die philippinische Präsidentin Gloria Macapagal Arroyo hat die Offensive angeordnet. Es ist also ein Befehl von allerhöchster Stelle. Nächstes Jahr sollen auf dem Archipel Präsidentschaftswahlen stattfinden, und da macht es sich nicht gut, dass die Radikalislamisten von *Abu Sayyaf* ungestört Menschen entführen und enthaupten. »Allein seit Dezember 2008 hatten wir hier in meinem Abschnitt siebzehn Kidnapping-Fälle«, rechnet der General vor, »darunter ein Italiener und ein Schweizer vom Internationen Komitee des Roten Kreuzes, die erst nach monatelanger Geiselhaft wieder freikamen.« Der Befehl der Präsidentin sei nun, dem Spuk »bis zum Ende des Jahres eine Ende zu bereiten«. Und der General ist überzeugt: Wir schaffen das auch.

Wenn Commander Dolorfino über die Kräfteverhältnisse redet, hört sich seine Aufgabe tatsächlich machbar an. Die Terroristen von Abu Sayyaf, was übersetzt soviel wie »Träger des Schwerts« bedeutet, »verfügen über rund vierhundert Kämpfer, minus die vierzig, die wir kürzlich getötet haben, und verstecken sich auf zwei Inseln.« Der General hat auf Basilan und Jolo jeweils fünf Bataillone à fünfhundert Soldaten stationiert. Das ist also eine Übermacht von eins zu zwölf ungefähr. Außerdem befinden sich seit Jahren rund sechshundert amerikanische Militärberater im Land, Spezialgebiet Terrorismusbekämpfung, und dennoch wollen die Regierungstruppen nicht recht vorankommen in ihrem Kampf. Der Krieg gegen Abu Sayyaf tobt nun schon seit achtzehn Jahren, und keinem von Dolorfinos vielen Vorgängern war auch nur ein minimaler Erfolg beschieden. Dolorfino hat es kürzlich ja selbst erlebt. Am 12. August schickte er vierzig Männer aus seiner Spezialeinheit los, um eine Rebellenfeste auf der Insel Basilan einzunehmen.

Er hat darüber genau Buch geführt:

> Der Angriff begann frühmorgens um 3.47 Uhr unter Einsatz eines Panzers und eines 6x6-Panzerwagens; gegen fünf Uhr zogen sich die Abu-Sayyaf-Leute in die Berge zurück; um 10.00 begann urplötzlich eine wüste Schießerei, denn nun mischten Rebellen der Moro Islamic Liberation Front (MILF) im Getümmel mit, und so waren aus den fünfzig bis sechzig Abu-Sayyaf-Kämpfern im Nu hundertfünfzig Feinde geworden; abends um 18.00 Uhr endete der Kampf.

Als sich der Schlachtenlärm gelegt hatte, bargen Dolorfinos Marines einundzwanzig tote eigene Männer und mehr als vierzig von der anderen Seite. Wie viele allerdings genau starben, ließ sich nicht genau rekonstruieren – im unübersichtlichen Terrain wollten seine Soldaten nicht ein zweites Mal in eine Falle tappen und zogen sich schnell wieder zurück. Dolorfino denkt, dass sich der Einsatz dennoch gelohnt hat. Das Lager der Abu Sayyaf befindet sich nun in der Hand seiner Leute. Die nächste Offensive soll bald starten – »die Vorbereitungen dafür laufen auf Hochtouren, es herrscht Alarmstufe rot«.

Der verlustreiche Kampf vom August wirft ein Schlaglicht auf das philippinische Dilemma. Zwar zählt General Ben Dolorfino nicht allzu viele aktive Abu-Sayyaf-Krieger – denen Verbindungen zu international operierenden Terrororganisationen wie *Al Kaida* und *Jemaah Islamiya* nachgesagt werden. Doch allein auf Jolo sollen sich noch zusätzlich rund sechshundert MILF-Guerilleros befinden, und zu denen gesellt sich, wenn es darauf ankommt, eine kaum zu überblickende Zahl von Feierabendterroristen – die tagsüber auf dem Feld arbeiten und sich in ihrer Freizeit Kidnapping-Kommandos anschließen. Dolorfino ist selber Muslim, und steckt nun mitten im Religionskrieg.

Bis vor vierzig Jahren lebten auf Mindanao Moslems und Christen friedlich nebeneinander, bis Präsident Ferdinand Marcos eine christliche Besiedlung von den dicht bevölkerten Inselgruppen Visayas und Luzon förderte und sich als Reaktion darauf auf Mindanao islamische Rebellengruppen bildeten. 1972 rief Marcos das Kriegsrecht aus. Es wurde 1980 wieder aufgehoben, obwohl die Kämpfe nie richtig endeten. Mittlerweile sind die Muslime eine Minderheit im eigenen Land und stellen nur noch fünfundzwanzig Prozent der Bevölkerung Mindanaos. Doch der Krieg zwischen islamischen Rebellen und der Regierung in Manila tobt unerbittlich wie selten. Ganze Landstriche sind verwüstet.

Der katholische Pater Eduardo Vasquez, 36, den alle nur Vater *Ponpon* nennen, lebt direkt an der Frontlinie zwischen den verfeindeten Linien. Oben in den grünen Hügeln, keine fünf Kilometer entfernt, haben sich die Rebellen der MILF eingegraben, und durch seine Gemeinde Datu Piang marschieren schwerbewaffnete Armeesoldaten – wie Rambos sehen sie aus, mit verspiegelten Sonnenbrillen und Cowboyhüten. Vater Ponpon, ganz Zivilist in ausgebleichter Jeans und weißem T-Shirt, über dem ein schlichtes Holzkreuz baumelt, grüßt die martialischen Regierungssoldaten freundlich. Aber ob sie den Ort eher schützen oder in Gefahr bringen, vermag der Geistliche nicht zu sagen. Immer wieder kursieren Horrorgeschichten über Gräueltaten der Militärs in der Gemeinde. »Der Gouverneur hetzt diese Männer in den Krieg«, sagt Vasquez, »er ist ein zweiter Herodes; er haust in einem Palast und lässt auf alles schießen, was sich bewegt.« Seinen Namen wagt Ponpon kaum laut auszusprechen. »Er heißt Ampatuan«, flüstert er, als wir seine bonbonfarbene Villa passieren. Ponpon wäre froh, wenn sich seine Beschützer wieder in ihre Kasernen zurückzögen.

Fünfzigtausend Einwohner zählt der Ort nördlich von der Stadt Cotabato, darunter befinden sich gerade einmal sechshundert Christen. Zudem ist Datu Piang überfüllt mit einigen tausend überwiegend muslimischen Flüchtlingen. Etwas unsicher bewegen sich die Christen derzeit durch die Kleinstadt. Es ist sechs Uhr dreißig an diesem Sonntag, und ein paar Dutzend haben sich in der Kirche *Oblates of Mary Immaculate* versammelt und verfolgen Ponpons Gottesdienst.

»Lasst euch nicht vom Gift des religiösen Hasses verzehren«, predigt der Mann auf der Kanzel, »lebt friedlich zusammen und lasst uns beten, dass dieser Krieg bald ein Ende findet.« »Amen« antwortet die

Gemeinde. Dann verlieren sich die Christen wieder im Menschengewirr der belagerten Stadt.

Im August 2008 waren die Kämpfe hier wieder aufgeflammt und hatten einige Jahre der relativen Ruhe jäh beendet. Dabei war das Land damals dem Frieden so nah wie noch nie seit Ausbruch des Gemetzels Ende der sechziger Jahre gewesen. Nach endlosen Verhandlungen hatten sich die Islamisten von der MILF und die Regierung endlich auf ein Abkommen geeignet, dass den *Moros* mehr Rechte und größere autonome Gebiete zusichern sollte. Doch dann verhinderte der von Christen angerufene Oberste Gerichtshof der Philippinen mit einer einstweiligen Verfügung die Unterzeichnung des Abkommens und erklärte es für verfassungswidrig. Zwei MILF-Kommandeuren, Bravo und Kato, brannten daraufhin die Sicherungen durch. Sie legten christliche Dörfer in Schutt und Asche und massakrierten die Bevölkerung. Nicht viel anders machten es kurz darauf Regierungstruppen mit muslimischen Dörfern. Seitdem befinden sich mehr als sechshunderttausend Menschen in Mindanao auf der Flucht, und obwohl derzeit um Cotabato herum eine beiderseitige »Aussetzung der Kampfhandlungen« verkündet wurde, wagt sich kaum jemand von den Vertriebenen zurück.

»Ich kann sie verstehen«, sagt Vater Ponpon, »diese Menschen kennen doch kaum etwas anderes als den Krieg – alle glauben, dass es hier bald wieder losgeht.« Gerade hat er mit einigen Flüchtlingen gesprochen. Sie hausen in Reisighütten, die nur wenig Schutz vor den Regen des Monsuns bieten, und Wasser schöpfen sie aus völlig verdreckten Brunnen. »Das Wasser macht krank«, sagt Ponpon, »aber was sollen sie tun?« Ihre Häuser sind abgebrannt, ihre Felder verrottet, und der nächste Angriff steht womöglich schon bevor.

»Die Armee rüstet doch schon zur nächsten Attacke«, sagt Kadilon Magalayon, 43, der sich mit Frau und sieben Kindern nach Datu Piang gerettet hat. Er hat eine gelbe Adidas-Mütze auf dem Kopf und blaue Plastiksandalen an den Füßen, unter denen der Matsch schmatzt. Sein Dorf sei aus der Luft angegriffen worden, erzählt er dem Pater, zwanzig Meter von seinem Haus entfernt seien die Bomben eingeschlagen.

Da habe er Reißaus genommen, und zurück wolle er nicht so bald – jedenfalls nicht ehe sich das Militär zurückgezogen habe. »Nur die MILF bietet uns Schutz, sie kämpft für unsere Interessen, sie führt einen Krieg für unsere Selbstbestimmung«, will er wissen, »wir haben den Krieg nicht gewollt, aber ohne die Rebellenarmee sind wir den Soldaten schutzlos ausgeliefert.«

Wie die meisten in Datu Piang glaubt Magalayon, auf Mindanao sei ein Ethnozid im Gange: Die Kultur und Religion der Moros solle vernichtet werden. Und weil die Regierungen in Manila das militärisch nicht geschafft hätten, versuchten sie es eben, indem sie immer mehr Christen auf Mindanao ansiedelten; solange bis von der muslimischen Kultur nicht mehr viel übrig sei.

So sagt es auch die MILF. Sie nennt ihren Bürgerkrieg einen Kampf um Selbstbestimmung. Ein eigenes muslimisches Sultanat in den Grenzen des vierzehnten Jahrhunderts ist ihr Kriegsziel. Doch mittlerweile ist sie auch zu Verhandlungen bereit. In vier Mindanao-Provinzen hat sie bereits eine Autonomie durchgesetzt. Für eine Erweiterung dieser Gebiete kämpft sie derzeit. Es könnte ein ewiger Krieg werden, den keine Seite gewinnen kann.

In der Nähe von Cotabato haben sich die Rebellen eingegraben. Von verwegen aussehenden MILF-Kämpfern bewachte Checkpoints kündigen das Lager schon von weitem an. Männer im grünen Drillich, mit Panzerfäusten ausgestattet und Kalaschnikows geschultert, lugen aus dem Unterholz. Eine halbe Stunde bloß ist es mit dem Auto von Cotabato hierher. Cotabato befindet sich fest in der Hand der sechsten Infanteriedivision, doch hier im Wald herrschen die Rebellen. Beide Seiten belauern sich argwöhnisch. Keine Armeepatrouille wagt sich in dieses Feindesland, und die MILF kommt nur zu Verhandlungen in die Provinzhauptstadt.

»Wir sind hier sicher«, sagt *Base-Commander* Badz, 54. Um ihn herum robben Kämpfer in Uniform über den geradezu englisch gestutzten Rasen und rufen »Allahu Akbar«. Sie trainieren für den Krieg. Denn dass der schon bald wieder losgehen wird, davon sind sie alle überzeugt im Camp Darapanam. »Wenn wir aufhören zu kämpfen, massakriert uns die Armee«, sagt Badz und wirft einen Blick auf das militärische Treiben um ihn herum.

Was soll Badz auch anderes sagen? Er kennt kaum einen anderen Zustand als den des Kriegs. 1972 hat er sich den aufständischen Muslimen angeschlossen – damals als Präsident Marcos das Kriegsrecht ausgerufen hatte. Seine drei Brüder taten es ihm nach. Einer, Abdulrasid, fiel schon 1973 durch eine feindliche Kugel. Er wurde nur sechsundzwanzig Jahre alt.

Badz hat jetzt hinter einer islamischen Fahne Platz genommen. Es fällt ihm nicht schwer, seinen Krieg zu begründen: die massive Besiedlung durch Christen von den übervölkerten Inselgruppen Luzon und Visayas. Der Landraub durch korrupte, christliche Politiker aus dem Norden. Die Militärgewalt gegen die Einheimischen. Der Diebstahl der Bodenschätze, die es hier so reichlich gibt: denn Mindanao steckt voller Öl und Erdgas, Gold und Silber, Aluminium, Nickel, Kobalt, Tropenholz.

»Wir verlieren unsere Heimat«, sagt Badz, »und wir haben den Krieg nicht begonnen, wir schießen lediglich zurück.« Auf dreißigtausend »reguläre Soldaten« sei die Rebellenarmee mittlerweile angewachsen, auf hunderttausend brächte es sie, wenn man alle Freizeitkrieger mobilisiere, behauptet Badz. Und es sei leicht, neue Männer zu rekrutieren: »Schließlich führen wir einen gerechten Krieg.«

Aber wie gerecht kann ein Krieg sein, wenn er so grausam geführt wird? All die Gräuel zum Beispiel? Die niedergebrannten Dörfer der Christen? »Wurden von abtrünnigen MILF-Kommandeuren angerichtet, vielleicht sogar von der Armee selbst«, sagt Badz. Die ständigen Entführungen? »Werden von Abu Sayyaf begangen. Und mit denen haben wir nichts zu tun.« Der gemeinsame Kampf von MILF und Abu Sayyaf auf der Insel Basilan? »Fand nur statt, weil es dort verwandtschaftliche Bande zwischen den beiden Gruppen gibt, und wir angegriffen wurden.«

Kann er wenigstens die Angst der Christen vor einer Machtübernahme der MILF verstehen? »Nein«, sagt Badz, »es gibt sogar viele Christen, die unseren Kampf unterstützen – in Wirklichkeit haben diese Menschen mehr Angst vor der Armee als vor uns.« Und außerdem wolle die MILF die Scharia nur für Muslime einführen. Christen seien davon ausgenommen.

Über den Staat, den Badz und seine Männer errichten wollen, redet der Kommandeur nicht so gerne wie über die Kriegsgründe. Doch er studiert regelmäßig den Koran, und er hat sehr präzise Vorstellungen vom kommenden Gottesreich auf Mindanao. So sei klar, dass die Frauen sich mit einem *Hidschab* verschleiern müssten – jenem in Saudi Arabien und dem Iran getragenen Ganzkörpergewand.

»Den Dieben muss die Hand abgehackt werden«, sagt er, »und Musik und Filme werden verboten, wenn sie zu sexy sind.« Die Christen müssten von Mindanao verschwinden, wenn sie sich das Land unrechtmäßig angeeignet hätten. Die anderen dürften bleiben, und bei denen rechne er mit Verständnis für seine Ideen vom Selbstbestimmungsrecht der Moros. Dann verschwindet der Commander, er muss zu seiner Truppe zurück. Die marschiert nun schon seit einer halben Stunde immer im Kreis um die Kommandantur herum und präsentiert das Gewehr stramm wie eine Preußengarde.

Vater Ponpon hat es nicht leicht. Er ist ein Mann der Versöhnung, des Dialogs. Manchmal schwant auch ihm, dass die Vorstellungen der Rebellen nicht recht mit den Prinzipien einer modernen, christlich geprägten Demokratie übereinstimmen könnten. Und dann sieht er die Verkommenheit der politischen Führer und die Brutalität des Militärs. Und die haben mit christlicher Nächstenliebe und Demokratie auch nicht viel im Sinn.

»In diesen Momenten ist es nicht leicht, alle Hoffnung fahren zu lassen«, sagt Ponpon. Dennoch wird er bleiben. Er wird in seine Kirche in Datu Piang kommen und den Glauben an eine friedliche Zukunft predigen. Was soll er auch anderes tun? Er wird hier stehen. Er kann nicht anders.

Menschliche Schutzschilde – der Mord an den Journalisten

Koronadal

Es grenzt an ein Wunder, dass er die aktuelle Ausgabe überhaupt zusammenbekommen hat; ganz alleine. Freddie Solinap, Herausgeber der Wochenzeitung *Periodico Ini,* studiert noch einmal die Schlagzeile. »Andal Junior ist der reichste der Ampatuans« steht in dicken Lettern auf der Frontpage. »Kann so durchgehen«, befindet Solinap. Er spricht zu sich selbst. Knapp, routiniert, Journalist durch und durch. Tage- und nächtelang hat er wieder einmal recherchiert.

39,3 Millionen Pesos habe Andal Ampatuan, der Bürgermeister des Orts Datu Unsay auf dem Konto, hat Solinap, 41, herausgefunden, fast fünfhundertneunzigtausend Euro – daneben besitze er vier Häuser, drei Eigentumswohnungen, zwei Ländereien und eine Tankstelle – unter anderem. Das ist ein enormes Vermögen für ein bettelarmes Land wie die Philippinen. Unter der Schlagzeile auf der Seite eins blickt den Leser ein teigiges Gesicht an: herausfordernd, selbstbewusst, siegessiche: Andal Ampatuan.

Solinap, der einsame Journalist, blickt sich müde um. Das Büro ist leer, auf die rosa Plastiktischdecken hat sich bereits eine Staubschicht gelegt. Der Aufenthaltsraum, in dem noch eine Akkreditierung achtlos neben Tabascoflaschen und Nescafétüten herumliegt, verwaist. Vorne an der Rezeption sitzt aushilfsweise Solinaps Frau Normelita.

Solinap hat an einem einzigen Tag im November 2009 fünf Mitarbeiter verloren, seine komplette Redaktion: den erfahrenen Rey Merisco, seinen Chefredakteur, verheiratet, ein Kind, 41 Jahre alt; den Büroleiter aus dem Ort Sultan Karabat, John Caniban, 29, der gerade Vater geworden war und bald die Mutter seines Kindes heiraten wollte; Fernando Razon, 43, den Marketingdirektor, der sich so gerne als Kameramann erprobte und mit den Reportern loszog, wann immer er konnte; Noel Decena, den Jüngsten, fünfundzwanzig Jahre alt, einen Nachwuchsjournalisten, der mit dem ersten selbstverdienten Geld die Ausbildung seines sechszehnjährigen Bruders finanzierte. Schließlich Arturo Betia, 53, den Anzeigenaquisiteur, unverheiratet, der sich nebenbei um seine alte Tante und seine Neffen kümmern musste.

Sie alle starben im Kugelhagel. Einunddreißig Medienleute, Reporter, Kameraleute, Fotografen, Verlagsangestellte wurden am 23. November 2009 von einer Privatmiliz auf der südphilippinischen Insel Mindanao ermordet. Der Anführer dieser Miliz war Andal Ampatuan Junior. Er wurde von Zeugen am Tatort gesehen. Er soll selber geschossen haben. Gegen ihn läuft derzeit ein Verfahren wegen Mordes. Aber es ist unklar, ob er jemals seine Strafe verbüßen muss.

Andal Ampatuan Junior ist der Spross einer der mächtigsten Familien Mindanaos. Sein Vater Andal Ampatuan Senior ist Gouverneur der Provinz Maguindanao. Sein älterer Bruder Zaldy ist Gouverneur der fünf Autonomen Provinzen des Muslimischen Mindanaos, um die seit Jahrzehnten ein Bürgerkrieg mit muslimischen Separatisten tobt. Insgesamt bekleiden sechzehn Familienmitglieder der Ampatuans Bürgermeisterposten im Sprengel. Und: Die Ampatuans waren bis zum Massaker vom November Mitglieder von *Lakas Kampi CMD*, der Partei von Präsidentin Gloria Magacapal Arroyo.

Für die Regierung hatten sie schon 2004 kräftig Wahlen gefälscht. In einigen Ortschaften erhielten sie hundert Prozent der Stimmen, in anderen sogar noch mehr. Ohne die Ampatuans wäre Arroyo nie an die Macht gekommen. Dafür durften die Amaptuans in ihrem Reich schalten und walten, wie es ihnen beliebte. Sie stellten eine Miliz auf, die von der Regierung gegen die Islamisten hochgerüstet wurde und zuletzt bis zu viertausend Mann zählte. Politische Gegner räumten die Ampatuans aus dem Weg. Zweihundert Morde werden dem Klan schon seit langem zur Last gelegt. Doch Folgen hatte das Treiben bisher nicht.

Im April 2010 sind auf den Philippinen Wahlen. Für den Posten des Gouverneurs von Maguindanao, den bislang der Patriarch der Ampatuans innehatte, wollte diesmal Andal Ampatuan Junior kandidieren. Der Senior, der im freudlosen Städtchen Ampatuan City eine von Panzerfahrzeugen gesicherte rosafarbene Märchenvilla bewohnt, wollte sich zurückziehen.

Esmael Mangudadatu, genannt Toto, entstammt einer anderen einflussreichen muslimischen Sippe Mindanaos. Die Mangudadatus pflegen seit Jahren engen Kontakt mit den Ampatuans. Sie haben es mit einer Bananenplantage und einer Fischzucht zu Wohlstand gebracht. Es gibt Fotos, die zeigen beide Sippen fröhlich vereint. Doch weiter als bis zum Posten des Vizebürgermeisters von Buluan, einer kleinen Ortschaft in South Cotabato, nicht weit vom Herrschaftsbereich der Ampatuans entfernt, hatte es Toto bislang nicht gebracht. Das wollte er nun ändern. Richtig mächtig ist auf den Philippinen nur, wer auch politische Macht hat. Der südostasiatische Inselstaat irrlichtert als einer der letzten seiner Art immer noch im Zeitalter des Feudalismus umher, ist eine Welt der Provinzcaudillos und Popen. Toto Mangudadatu wollte für den Posten des Gouverneurs von Maguindanao kandidieren.

Am Mittwoch, dem 18. November griff Esmael Mangudadatu zum Telefon und wählte die Handynummer des Radiojournalisten Henry Araneta. Araneta, 46, arbeitete seit drei Jahren für den Sender *DZRH*, er galt als alter Hase im Journalistengeschäft, hatte früher schon bei Periodico Ini gearbeitet, kannte die meisten Kollegen in der Region. Zudem war er ein alter Bekannter Mangudadatus aus der Bruderschaft der *Mindanao Guardians*.

»Toto Mangudadatu bat meinen Bruder, so viele Journalisten wie möglich zusammenzutrommeln«, erinnert sich Homer Araneta, 43, »er sagte, er wolle am kommenden Montag einen Konvoi auf die Beine stellen, um im Revier der Ampatuans seine Kandidatur für den Gouverneursposten einzureichen.« Umgehend setzte sich Henry Araneta ans Telefon und ging seine Kontakte durch. Wenig später schon konnte er Vollzug melden: siebenunddreißig Journalisten erklärten sich bereit, den Tross zu begleiten.

Erwähnte Mangudadatu, wie gefährlich der Trip werden könnte? Homer Araneta kann sich nicht daran erinnern, dass sein Bruder Henry beunruhigt gewesen wäre. Der Mutter habe er nur gesagt, am Montag solle sie den Fernseher einschalten, da sei er bestimmt zu sehen. Auch Rey Merisco, 34, der Chefredakteur von Periodico Ini, hatte keine Bedenken, seine Teilnahme an der Journalistenfahrt zuzusagen. Freddie Solinap hatte sich schon am Mittwoch auf den Weg in die Großstadt General Santos gemacht, um dort die kommende Ausgabe zu layouten. Weil die Zeitung immer dienstags erscheint, würde er bis Montag wegbleiben. Deshalb war klar, dass Merisco den Mangudadatu-Klan begleiten würde.

Seiner Frau erzählte er wenig vom bevorstehenden Termin. »Er wusste, dass das heikel war«, sagt seine Witwe, die Schulsekretärin Jean Merisco, 31, »immer mal wieder bekam er per SMS Morddrohungen wegen seiner Arbeit.« Aber um sie nicht zu verängstigen, habe er ihr die Details so gut es ging vorenthalten.

Am Sonntagabend um 19.30 Uhr machte er sich gemeinsam mit dem Kollegen »Bart« Maravilla von *Bombo Radyo* auf den Weg nach Tacurong, in die Heimatstadt der Mangandadatus, und quartierte sich dort in einem Hotel ein. Eigentlich hätte er erst am nächsten Morgen fahren wollen, aber das Risiko sei zu groß, dass er den Konvoi verpassen würde, hatte der Kollege gewarnt und auf eine frühzeitige Abreise gedrängt.

Zu dieser Zeit war Henry Araneta bereits in Tacurong eingetroffen. Toto Mangudadatu hatte ihn zu sich nach Hause eingeladen, und nun plauderten die beiden Männer über den bevorstehenden Tag. Es ist sehr wahrscheinlich, dass der Kandidat seinen Freund vom Radio da schon darüber informierte, dass er selber nicht gedenke, nach Shariff Aguak, wo die Kandidatur eingereicht werden musste, mitzufahren. Er wollte lieber seine dritte Frau Genalyn mitschicken, seine Schwester und ein paar Kinder aus der Verwandtschaft. »Moslems töten eigentlich keine Frauen und Kinder«, rechtfertigte er später in einem Fernsehinterview sein Kalkül. Am nächsten Morgen trafen immer mehr Medienleute vor Ort ein. Um 6.30 meldete sich Rey Merisco von seinem Handy zum letzten Mal bei seiner Frau und erzählte, dass er nun auf dem Weg sei, er sitze mit anderen Kollegen in einem Van und sei guter Dinge.

Rey Merisco wird sich gewundert haben, wen er alles traf. Natürlich den Büroleiter Caniban, der hatte schließlich einen Auftrag. Aber auch der Marketingmann Razon, der sich von seinem Bruder eine Videokamera ausgeliehen hatte, rannte plötzlich inmitten des versammelten Berichterstattervolks umher. Jungjournalist Decena mochte noch der Reporterehrgeiz hergetrieben haben. Aber was hatte Anzeigenaquisiteur Betia in dieser Gruppe verloren?

Herausgeber Solinap hatte keine Ahnung, dass sich sein kompletter Mitarbeiterstab auf den Weg gemacht hatte. »Hätte ich es gewusst, ich hätte es ihnen untersagt«, sagt er heute. Hat er eine Ahnung, warum diese Reise so attraktiv war? Solinap schüttelt den Kopf. Warum soviele Medienleute den Politikerkonvoi begleiten wollten, wird in Mindano nur gemunkelt. Zwischen zwanzigtausend und einhunderttausend Pesos, also dreihundert und tausendfünfhundert Euro, soll Toto Mangudadatu den Journalisten geboten haben, wenn sie als menschliche Schutzschilde seinen Tross begleiteten. Das sagen Anwälte und Polizisten, die nicht namentlich genannt werden wollen.

»Rey hat von Politikern immer mal wieder Geld für Interviews bekommen«, sagt seine Witwe Jean Merisco, mal tausend Pesos, mal fünftausend.» Bei einem Einkommen von umgerechnet rund dreihundertvierzig Euro im Monat ist das viel Geld. Dass er für seine letzte Reportagefahrt Geld erhalten hat, will sie dennoch nicht glauben. „Er fuhr als Journalist, er musste fahren«, sagt sie.

Um neun Uhr am 23. November 2008 stoppten rund einhundert mit Sturmgewehren und Pumpguns bewaffnete Milizionäre einen Konvoi von sieben Fahrzeugen, darunter der *Pajero* von Radioreporter Henry Araneta. Unter den Bewaffneten befand sich aller Wahrscheinlichkeit auch Andal Ampatuan. Vorbeikommende Motorradfahrer wollen gehört haben, wie er den ihm bekannten Journalisten Henry Araneta gefragt habe, was dieser in der Mangudadatu-Gruppe zu suchen habe, und wie dieser antwortete, er sei Journalist. Wenig später hörten Zeugen Schüsse. Alle achtundfünfzig Teilnehmer des Konvois wurden massakriert. Die Witwe des Kandidaten Toto Mangudadatu soll Andal Ampatuan Junior höchstpersönlich füsiliert haben. Die Massengräber für die Opfer waren zuvor schon ausgehoben wurden.

Und die Regierung in Manila? Die ist zwar mit Militär in Mindanao eingerückt und hat die Ampatuans und etliche ihre Milizionäre verhaften lassen, danach erklärte sie allerdings das Blutbad zur Rebellion. Und bei einer Rebellion, anders als bei einem Massenmord, kann sie später die Angeklagten amnestieren.

III Anhang

Nützliche Seiten im Internet

(sofern sie nicht schon im Glossar aufgeführt sind)

www.abs-cbnnews.com: Seite des philippinischen Fernsehsenders ABS-CBN

www.asienhaus.de: Seite des Essener Asienhauses, das diverse Nichtregierungsorganisationen, darunter das »philippinenbüro«, beherbergt

www.icg.org: Seite des Brüsseler Thinktanks »International Crisis Group« mit etlichen Berichten zur Lage auf den Philippinen

www.fnf.org.ph: Seite des philippinischen Büros der »Friedrich-Naumann-Stiftung«

www.goethe.de/ins/ph/map/deindex.htm: Goethe Institut Manila

www.gov.ph: »Official Gazette« der philippinischen Regierung

www.hrw.org: Seite der Menschenrechtsorganisation »Human Rights Watch«

www.inquirer.net: Homepage der Tageszeitung »Philippine Daily Inquirer«, die man auch hier findet: www.inquirer.com.ph

www.manila-airport.net: Seite des »Ninoy Aquino International Airport« in Manila

www.manila.diplo.de: Deutsche Botschaft Manila

www.manilamaildc.net: Seite der in Virginia herausgegebenen Zeitung »The Manila Mail«, die sich an Filipinos richtet, die in den USA leben

www.philippinenforum.net: deutschsprachiges Philippinen-Forum mit vielen Nachrichten

www.philippinen.cc: deutschsprachige Seite über die Philippinen

www.philstar.com: Seite der Zeitung »The Philippine Star«

www.philippineairlines.com: Seite der Fluggesellschaft »Philippine Airlines«

www.philippinen-life.de: Seite des Philippinen-Fans Erwin Schelling aus Lüdge mit Informationen zur Geschichte und Geographie des Landes

www.servantsasia.org: Christliche Hilfsorganisation, die sich um Menschen in urbanen Elendsgebieten kümmert

www.upd.edu.ph: Seite der »University of the Philippines Diliman«

Glossar und Abkürzungen

AA: Auswärtiges Amt; betreibt eine Homepage, auf der sich einige nützliche Informationen zu diversen Ländern befinden, auch zu den Philippinen: www.auswaertiges-amt.de.

Abu Sayyaf: (übersetzt: das Schwert) Muslimische Terroristengruppe, die in der Sulu-See, vorwiegend auf den Inseln Jolo und Basilan, ihr Unwesen treibt und im Jahr 2000 traurige Berühmtheit erlangte, als sie die deutsche Familie Wallert aus ihrem Urlaubsdomizil in Malaysia nach Jolo verschleppte und dort wochenlang gefangen hielt. Die Abu Sayyaf ist eine Abspaltung der MNLF und wurde 1991 gegründet. Zur Zeit der Drucklegung dieses Buches soll die »Abu Sayyaf Group« (ASG) über einige hundert bewaffnete Kämpfer verfügen.

Aguinaldo, Emilio (22. März 1869 bis 6. Februar 1964): philippinischer General und Unabhängigkeitsheld, der sowohl bei der Auflehnung gegen die Spanier wie beim Kampf gegen die Amerikaner eine herausragende Rolle spielte. Von 1899 bis 1901 war er Präsident der Ersten Philippinischen Republik.

ARRM: Abkürzung für »Autonomous Region in Muslim Mindanao«

Animisten: Anhänger einer Religion, für die Spiritualität die eigentliche Realität darstellt. Heilig ist die Natur in allen Ausprägungen. Häufig wird mit Animismus Ahnenverehrung und Gräberkult verbunden.

Barangay: Gemeinde

BMZ: Bundesministerium für Zusammenarbeit, deutsches Entwicklungshilfeministerium, www.bmz.de.

Conquistadores (Konquistador): span.: Eroberer; wird als Begriff für die Kolonialisten, die im 16. und 17. Jahrhundert für die spanische Krone weite Teile Amerikas und die Philippinen in Besitz nahmen, verwendet.

Datu: Dorfvorsteher, Häuptling

Dynamic Teen Company: Nichtregierungsorganisation, die 1997 von Efren Peñaflorida ins Leben gerufen wurde, und sich um die Bildung von Slumkindern in Cavite kümmert, www.dtc.org.ph.

Flagellant: Geißler (vom lat. flagellum, das Geißel oder Peitsche bedeutet)

Geomant: Hellseher

Germany Trade and Invest: Wirtschaftsförderungsgesellschaft der Bundesrepublik Deutschland, www.gtai.de.

IRRI: International Rice Research Institute, 1960 gegründetes Forschungszentrum, das sich mit Reis beschäftigt und sich in Los Baños befindet, www.irri.org.

Jeepneys: oft bunt bemalte Kleinbusse auf den Philippinen; ursprünglich waren die Jeepneys umgebaute amerikanische Willy-Jeeps, welche die US-Streitkräfte nach dem Ende des Zweiten Weltkriegs auf den Philippinen zurückließen und die so umgerüstet wurden, dass sie bis zu dreißig Passagiere transportieren konnten. Später wurden die Jeepneys auf den Philippinen nachgebaut. »Die ganze Stadt quoll über von den wild geschmückten und umgebauten Minibussen«, schreibt der britische Autor Alex Garland in seinem Roman *Manila*, »Jeepneys waren wie die Gesichter von Verwandten oder Gummisandalen an den Füßen. Jeepneys waren wie der Geschmack von Reis.«

Kapitunan: Gesellschaft, Kurzform für: Ang Kataastaasang Kagalagalangan Kapitunan ng mga Anak ng Bayan – Die höchste, ehrenhafteste Gesellschaft von Töchtern und Söhnen dieses Landes; 1892 von Andrés Bonifacio gegründete Widerstandsorganisation gegen die spanische Kolonialherrschaft.

Konstantinopel: heute Istanbul; als Byzantion 660 v. Chr. von griechischen Siedlern gegründet; bis zur Eroberung durch die Osmanen 1453 Hauptstadt des Oströmischen Reichs.

Kreole, Criollo: auf den Philippinen geborener Nachkomme von Spaniern; in Amerika werden die Nachkommen afrikanischer Sklaven als Kreolen bezeichnet.

Lumad: (Kurzform von: Katawhang Lumad) Indigene Völker im Süden Mindanaos, die nicht den Moslems oder Christen zugerechnet werden, zum Beispiel die Bilaan, Mamanwa, Manobo, Mandaya, Mansaka, Kalagan, T'boli, Subanu.

Magellan, Ferdinand (1480-1521): (portugiesisch: Fernão de Magelhães, spanisch: Fernando de Magellanes), portugiesischer Seefahrer, der für die spanische Krone westwärts segelte, das Kap Hoorn umschiffte und später die Philippinen entdeckte, wo er schließlich von Einheimischen getötet wurde.

Malacañang: Präsidentenpalast in Manila.

Mangyanen: Naturvölker altmalaiischer Herkunft, die auf der zu Luzon gehörenden Insel Mindoro leben; ursprünglich Animisten. Es gibt noch schätzungsweise 100.000 Mangyanen auf den Philippinen. Mangyan bedeutet übersetzt Menschen. Zu den acht verschiedenen Stämmen gehören: Iraya, Alangan, Tadyawan (Norden), Tau-Buid, Buhid, Bangon, Hanunoo (Süden), Ratagnon (Südwesten), www.mangyan.org, auch: www.mangyanen-mission.de.

Martaban: Stadt in Burma, die einer bestimmten Art von Keramiktöpfen ihren Namen geliehen hat.

Mayon: Vulkan auf der Hauptinsel Luzon, nahe der Stadt Legazpi City.

Mestizen: Mischling von Weißen und »Indios«.

Metropolitan (Metro) Manila: 1975 geschaffenes Städtekonglomerat, das aus achtzehn Städten und Gemeinden besteht: unter anderem Manila City, Quezon City, Kalookan City und Pasay City. Auf den 636 Quadratkilometern sollen mehr als elf Millionen Menschen leben, die meisten, mehr als 2,6 Millionen, davon in Quezon City, gefolgt von Manila (mehr als 1,6 Millionen) und Kalookan City (mehr als 1,3 Millionen). Quelle: National Statistics Office 2011, www.census.gov.ph.

Über die Besiedlung schreibt Hamilton-Peterson, der selber jahrelang auf den Philippinen gelebt hat: »Anno 1100 war das Gebiet, auf dem Metro-Manila liegt, flaches, sumpfiges Grasland mit ausgedehnten Wildbeständen, das von Monsunregen, Taifunen oder jahreszeitlich bedingtem Hochwasser schnell überflutet wurde ... Gleichwohl machten sich die Menschen zu Beginn des zwölften Jahrhunderts auf und zogen in das Sumpfgebiet rings um die Bucht, um mit den Südchinesen besser Handel treiben zu können, die in ihren Dschunken angesegelt kamen und Getöpfertes, Stoff und Eisenwaren mitbrachten.«

MILF: Moro Islamic Liberation Front, offizielle Seite: www.luwaran.com

MNLF: Moro National Liberation Front, ehemalige islamische Rebellengruppe, die Anfang der siebziger Jahre gegründet wurde, am 2. September 1996 aber ein Friedensabkommen mit dem damaligen Präsidenten Fidel Ramos unterschrieb und den bewaffneten Kampf aufgab.

Moro: (spanisch für Mauren) Ursprünglich bezeichneten die Spanier die philippinischen Muslime so, sie bilden mit rund fünf Prozent Bevölkerungsanteil die größte nicht-christliche Gruppe auf den Philippinen und leben überwiegend im Süden. Mittlerweile wird der Begriff von vielen Muslimen selbst verwendet. Die sogenannten Moro-Kriege mit den Spaniern begannen 1578 und dauerten rund dreihundert Jahre an.

Nationalhymne: Lupang Hinirang, Ausgewähltes Land; 1898 von Julian Philipe komponiert, 1938 vom philippinischen Kongress zur offiziellen Hymne erklärt. Die aktuelle Version, die 1998 bestätigt wurde, stellt eine Überarbeitung von 1966 dar. Nach einem 2010 verabschiedeten Gesetz kann jemand, der die Hymne falsch singt, zu zwei Jahren Gefängnis oder einer Geldbuße von umgerechnet rund 1700 Euro verurteilt werden. Das philippinische Repräsentantenhaus: »Lupang Hiranang sollte im Tempo eines Marsches gesungen werden.«
Oh, geliebtes Land/ Perle des Orients/ die Leidenschaft des Herzens/ in deiner Brust lebt fort. Auserwähltes Land/ Wiege tapferer Helden/ den Eroberern/ wirst du dich nie ergeben.
Durch deine Meere und Berge/ durch deine Luft und deinen blauen Himmel/ wehen prächtige Gedichte/ und das Lied der geliebten Freiheit.
Das Funkeln deiner Fahne/ ist glänzender Sieg/ ihre Sonne und ihre Sterne/ werden nie verglühen!
Land der Sonne, Herrlichkeit und Liebe/ in deinen Armen ist das Leben himmlisch/ Es ist uns eine Freude, falls dich einer unterdrückt/ deinetwegen zu sterben.

NPA: New People's Army (Neue Volksarmee oder Nuevo Ejército del Pueblo), Guerillatruppe, die 1969 als bewaffneter Arm der 1968 neugegründeten Kommunistischen Partei Partido Komunista ng Pilipinas) gebildet wurde, offizielle Seite: www.philippinerevolution.net.

Philippine Christian Foundation: Hilfsorganisation, die sich unter anderem um die Menschen von der Müllkippe »Pier 18« kümmert, www.pcf.ph.

PERC: Political and Economic Risk Consultancy, 1976 gegründete Beratungsfirma mit Sitz in Hongkong, www.asiarisk.com.

Pinatubo: 1760 Meter hoher Vulkan auf der Hauptinsel Luzon; am 15. Juni 1991 brach er nach über 600 Jahren wieder aus. Mindestens achthundert Menschen starben. Die Eruptionswolken sollen bis zu 25 Kilometer hoch gewesen sein, rund 80.000 Hektar Ackerfläche wurden vernichtet.

Pinoy: Bezeichnung für Filipino.

Rizal, José: philippinischer Dichter und Nationalheld, geboren am 19. Juni 1861 in Calamba, Laguna, studierte Medizin, Literaturwissenschaft und Philosophie und lebte unter anderem in Madrid, Paris, Heidelberg und Berlin. 1887 erschien in Berlin sein kolonialkritischer Roman *Noli Me Tangere* (dt.: »Rühre mich nicht an«), der allerdings in Rizals Heimat von der spanischen Zensur verboten wurde. 1892 kehrte der Poet auf die Philippinen zurück und gründete die Bewegung *Liga Filipina*. Kurz darauf wurde er verhaftet und nach Mindanao verbannt, später wegen Anstiftung zur Rebellion zum Tode verurteilt und am 30. Dezember 1896, kurz nach Ausbruch der Philippinischen Revolution, durch Erschießen hingerichtet. Berühmt wurde sein Gedicht: »Mi Ultimo Adios« (dt.: »Mein letztes Lebewohl«), welches er, eingekerkert in Manilas Fort Santiago, in der Nacht vor seinem Tod schrieb.

RSIS: S. Rajaratnam School of International Studies, Thinktank in Singapur, www.rsis.edu.sg.

Sulu-Inseln: Archipel von rund 350 Kilometern Länge, der sich zwischen der auf Mindanao gelegenen Zamboanga-Halbinsel und Borneo befindet. Von den 958 Inseln sind nur 67 größer als eine Quadratmeile: oft nur unfruchtbare Korallen- oder Felseninseln ohne eigenen Namen. Über die Sulu-Inseln erreichte der Islam gegen Ende des 14. Jahrhunderts das Gebiet der heutigen Philippinen. Der deutsche Geographielehrer Werner Wallert schrieb über das Sulu-Eiland Jolo: »Der Anblick der großen Insel läßt mein Geographenherz ein bißchen höher schlagen: Vulkane mit ihrem klassischen konischen Profil, bedeckt von reichem, tropischem Grün, Palmen auf Küstenhöhe, davor Mangrovensümpfe, und an der abgeflachten Uferregion das Fischerdorf. Eine schöne Landschaft.« Nach einigen Wochen Geiselhaft bei den Terroristen der Abu Sayyaf bemerkte er in einem Brief an Bundeskanzler Gerhard Schröder allerdings auch: »Es ist schon die Hölle, bevölkert von einer extrem gewalttätigen Gesellschaft, von der niemand im schicken, fernen Berlin eine Vorstellung hat.«

Stegodon: elefantenähnliches Rüsseltier, das in Asien und Afrika beheimatet war und vermutlich vor rund viertausend Jahren ausgestorben ist.

Tagalog: Am weitesten verbreitete Sprache auf den Philippinen. Ursprünglich Sprache der Tagalen, welche die Gegend um die Hauptstadt Manila herum bevölkern. Der Begriff Tagalog wird aus den Wörtern *Tagá* (Herkunft) und *ílog* (Fluss) gebildet.

Tawalisi: Ein Königreich, das der arabische Reisende Ibn Battuta (*Reisen ans Ende der Welt*) in seinen Aufzeichnungen beschrieb. Battuta will hier auf dem Weg vom heutigen Indonesien nach China vor Anker gegangen sein. Es wird vermutet, dass es sich bei Tawalisi um die philippinische Region Panganisan auf Luzon handelt.

Transparency International: In Berlin gegründete Nichtregierungsorganisation, die sich der weltweiten Bekämpfung der Korruption verschrieben hat, www.transparency.org.

Literatur

Aguilar, Marlene: *Myths and Legends of the Philippines* (in zwei Bänden). Quezon City 2007.

Aubeck, Heinz: *Die Philippinen. Geschichte eines verloren gegangenen Paradieses.* München 2010.

Bacareza, Hermógenes E.: Philippine-German Relations. *A Modern History: 1834-2006* (in zwei Bänden). Manila 2007.

Battuta, Ibn: *Reisen ans Ende der Welt*, Lenningen 1985.

Bello, Walden: *The Anti-Development-State: The Political Economy of Permanent Crisis in the Philippines*. Manila 2009.

Bello, Walden: *Politik des Hungers*. Hamburg 2010.

Bertschi, Hannes: *Boracay: The Island Guide*. Hongkong 2008.

Brachetto, Eduard: *Philippinen. Paradies im permanenten Entwicklungsnotstand.* Norderstedt o. D..

Conrad, Joseph: *Sieg. Eine Inselgeschichte*. Frankfurt 1995.

Dalton, David: *The Rough Guide to the Philippines*. New York 2007.

Dacanay, Barbara Mae: *Mt. Pinatubo 500 Years After*. Manila 1991.

Dawe, David C.; Moya, Piedad F.; Casiwan, Cheryll B. (Hrsg.): *Why Does the Philippines Import Rice? Meeting the Challenge of Trade Liberization*. Manila 2006.

Dayley, Robert; Neher, Clark D.: *Southeast Asia in the New International Era*. Boulder, USA 2010.

Diaz, Cristine L.: *The Other Philippine History Textbook* (in zwei Bänden). Manila 2009.

Diaz, Patricio P.: *Understanding Mindanao Conflict*. Davao City 2003.

Dusik, Roland; *Richtig Reisen: Philippinen*. Köln 1990.

Eckert, Andreas: *Kolonialismus*. Frankfurt am Main 2006.

Ephraim, Frank: *Escape to Manila. From Nazi Tyranny to Japanese Terror*. Chicago 2008.

Feldbauer, Peter: *Die Portugiesen in Asien 1498-1620*, Essen 2005.

Francia, Luis H.: *A History of the Philippines. From Indios Bravos to Filipinos*. New York 2010.

Gama, Vasco da: *Die Entdeckung des Seewegs nach Indien. Ein Augenzeugenbericht 1497-1499*. Stuttgart 1986.

Garland, Alex: *Manila*. München 1999.

Haas, Wolf: *Silentium!* Hamburg 2009.

Haberer, Claude: *Between Tiger an Dragon. A Histoty of Philippine Relations With China and Taiwan*. Pasig City 2009.

Hamilton-Paterson, James: *Die Geister von Manila*. Frankfurt am Main 2000.

Hart, Henry H.: *Vasco da Gama und der Seeweg nach Indien*. Darmstadt 1950.

Hirn, Wolfgang: *Angriff aus Asien*. Frankfurt am Main 2007.

Hirn, Wolfgang: *Der Kampf ums Brot. Warum Lebensmittel immer knapper und teurer werden*. Frankfurt am Main 2009.

Hitchcock, Michael; King, Victor T. Parnwell, Michael: *Tourism in Southeast Asia and New Directions*. Kopenhagen 2009.

Jagor, Fedor: *Reisen in den Philippinen*. Aurich 1982.

Jiménez, David: *Kinder des Monsuns. Alltag in Asien abseits des Wirtschaftsbooms*. Frankfurt am Main 2009.

Jubair, Salah: *Bangsamoro. A Nation Under Endless Tyranny*. Kuala Lumpur 1999.

Kipling, Rudyard: *Gesammelte Werke* (in drei Bänden). München 1978.

Kirchhoff, Bodo: *Infanta*. Frankfurt am Main 2006.

Kracht, Christian: *Der gelbe Bleistift*. Köln 2000.

Maugham, Somerset W.: *Ost und West. Gesammelte Erzählungen* (in zwei Bänden). Zürich 2005.

Metes, Jörg: *Die schönsten Weihnachtskatastrophen der Welt*. Köln 2010.

Milner, Anthony: *The Malays*. Chichester, UK, 2008.

Nathan, K. S.; Kamali; Mohammad Hashim (Hrsg.): *Islam in Southeast Asia. Political, Social and Strategic Challenges for the 21st Century*. Singapur 2005.

Owen, Norman G.: *The Emergency of Modern Southeast Asia*. Singapur 2010.

Pacquiao, Manny: *Pacman. My Story of Hope, Resilience and Never-Say-Never Determination*. Manila 2010.

Pigafetta, Antonio: *Mit Magellan um die Erde. Ein Augenzeugenbericht der ersten Weltumseglung 1519-1522*. Wiesbaden 2009.

Postma, Antoon: *Mangyan Traesures. The Ambahan: A Poetic Expression of the Mangyans of Southern Mindoro*. Manila 2005.

Penson-Juico, Margie (Hrsg.): *Cory. An Intimate Portrait* (in zwei Bänden). Pasig City, Philippinen 2009.

Peters, Jens: *Philippinen Reise-Handbuch*. Bremen 2008.

Pineda, Maida: *Dos and Don'ts in the Philippines*. Bangkok 2005.

Reese, Niklas; Werning, Rainer: *Handbuch Philippinen. Gesellschaft, Politik, Wirtschaft, Kultur*. Bad Honnef 2009.

Roces, Marian Pastor: *Cory Magic. Her People's Stories*. Quezon City 2009.

Saravanamuttu, Johan: *Islam and Politics in Southeast Asia*. Abingdon, UK, 2010.

Schaefer, Albrecht G.: *Philippinen*. Bremen 1999.

Schneider, Christian; Schneider, Christine: *Himmel und Straßenstaub. Unser Leben als Familie in den Slums von Manila*. Gießen 2011.

Scholl-Latour, Peter: *Die Angst des weißen Mannes. Ein Abgesang*. Berlin 2009.

Schult, Volker: *Mindoro. A Social History of a Philippine Island in the 20th Century*. Manila 1991.

Sievert, Antonio R.: *Across the Sea. Three Brothers Find New Lives in Colonial Philippines*. Quezon City 2004.

Stahr, Volker S.: *Südostasien und der Islam. Kulturraum zwischen Kommerz und Koran*. Darmstadt 1997.

Sy, Geronimo L.: *Here I Stand. Insights. Ideas. Solutions. Essays on the End of the Republic*. Manila 2007.

Terzani, Tiziano: *In Asien. Mentalität, Kultur, Politik*. München 2003.

Terzani, Tiziano: *Asien, mein Leben. Die großen Reportagen*. München 2008.

Villacorta, Wilfrido V.: *»Noynoy. Triumph of a People's Campaign«*. Manila 2011.

Wallert, Werner: *Hostage Terror. Abducted by the Abu Sayyaff*. Singapur 2009.

Warren, James Francis: *The Sulu Zone 1768-1898. The Dynamics of External Trade, Slavery, and Ethnicity in the Transformation of a Southeast Asian Maritim State*. Quezon City 1985.

Zweig, Stefan: *Magellan*. Augsburg o. D.

(Alle Angaben beziehen sich auf die dem Autor zur Verfügung stehenden Ausgaben.)